나만 알고 싶은
창업 끝판왕

이광수 I 김가현 I 박인엽 I 이진영 **지음** I 정동완 **기획**

박영story

책을 펴내며

정답은 AI에게 물으면 되는 시대,
우리 아이들은 어떤 '질문'을 던져야 할까요?

인공지능(AI)이 인간처럼 사유하고, 인간을 닮은 로봇(휴머노이드)이 우리 곁을 걷는 '피지컬 AI'의 시대가 펼쳐지고 있습니다. 기술의 발전 속도는 인간의 적응 속도를 아득히 앞질러, 어제의 지식은 오늘의 낡은 것이 되고 오늘의 혁신은 내일의 당연한 일상이 되어버립니다. 이런 거대한 변화의 물결 앞에서, 우리 미래의 일꾼이 될 아이들은 과연 어떻게 살아가야 할까요? 정해진 답을 빠르고 정확하게 찾아내는 능력은 이제 AI의 몫이 되었습니다. 그렇다면 우리 아이들에게, 그리고 우리 자신에게 진정으로 필요한 능력은 무엇일까요?

이 책은 바로 그 질문에 대한 가장 현실적이고 구체적인 해답을 찾아가는 한 소녀의 경이로운 여정을 담고 있습니다.

주인공 '서로나'는 처음부터 특별한 학생이 아니었습니다. 하지만 '한국발명창업가고등학교'라는 놀라운 교육 현장에서, 그녀는 세상에 없던 자신만의 질문을 던지는 법을 배우기 시작합니다. 이 학교는 지식을 머릿속에 쏟아붓는 대신, 학생들이 직접 문제를 발견하고 자신만의 해답을 만들어갈 수 있는 놀이터를 제공합니다. 이곳은 AI가 결코 대체할 수 없는 인간 고유의 역량, 즉 세상에 없던 문제를 발견하는 능력, 다양한 재능을 가진 동료와 협력하여 창의적인 해결책을 만드는 능력, 그리고 수많은 실패를 딛고 기어코 일어서는 회복탄력성을 길러주는 미래 학교의 살아있는 모델입니다.

독자 여러분은 주인공 서로나의 여정을 함께하며, 단순한 성공 신화를 넘어선 다음과 같은 생생한 경험을 하게 될 것입니다.

첫째, 아이디어가 비즈니스로 탄생하는 현실적인 과정을 숨 가쁘게 목격하게 됩니다. 엄마의 카페에서 버려지는 플라스틱 빨대라는 작은 관찰에서 시작된 아이디어가, 밤샘으로 만든 시제품과 창업대회 수상의 환희를 거쳐, 마침내 실제 투자 유치 계약서에 서명하는 사업체로 성장하는 모든 과정을 함께합니다. 이는 상상 속 아이디어가 어떻게 냉정한 시장의 평가를 받고 세상의 가치로 증명되는지에 대한 가장 구체적이고 현실적인 사례 연구가 될 것입니다.

둘째, 성공 뒤에 숨겨진 진짜 창업의 민낯을 가슴 졸이며 마주하게 됩니다. 반짝이는 성공 신화 뒤에는, 감당할 수 없는 주문량 앞에서 터져버린 대량 생산의 위기, 예상치 못한 품질 불량, 고객의 차가운 불만과 같은 뼈아픈 현실이 존재합니다. 이 책은 그러한 실패를 혼자서 감당하려다 무너지는 모습, 그리고 결국 팀원들과의 협력을 통해 문제를 해결하고 한 단계 더 성장하는 모습을 통해 창업의 본질이 화려한 성공이 아닌, 끈질긴 위기 극복에 있음을 보여줍니다.

셋째, 미래를 여는 창업 교육의 현장을 바로 눈앞에서 체험하게 됩니다. 어느새 성장한 주인공이 거꾸로 중학생들의 멘토가 되어 창업 캠프를 이끄는 모습을 통해, 우리는 진정한 교육의 힘을 발견하게 됩니다. 지루한 이론 주입이 아닌, 놀이와 협업, 그리고 '5 Whys'나 'SCAMPER' 같은 실제적인 문제 해결 기법을 중심으로 진행되는 캠프를 통해, 학교 현장에서 창업 교육이 어떻게 이루어져야 하는지에 대한 올바른 방향과 살아있는 방법론을 배우게 될 것입니다.

이 책은 단순히 한 고등학생 CEO의 성장 스토리가 아닙니다. 중학생, 고등학생, 대학생에게는 교과서 밖 세상에서 자신의 꿈을 현실로 만드는 용기와 구체적인 로드맵을, 학부모와 교사에게는 AI 시대에 우리 아이들에게 진정으로 필요한 교육이 무엇인지에 대한 깊은 통찰과 확신을, 현직 창업가와 창업 교육 강사에게는 다음 세대의 잠재력을 이끌어낼 교육적 영감을 제공할 것입니다.

자, 이제 서로나와 함께 세상에 없던 질문을 던지고,
자신만의 답을 만들어가는 가슴 벅찬 도전, 그 위대한 여정을 시작해 볼까요?

차례

나만 알고 싶은 창업 끝판왕: 고등·성인편

서로나의 창업 꿈 이야기

서로나의 창업 꿈 이야기

등장인물 소개

서로나

서로나의 엄마

서로나의 아빠

김도현 선생님

이민재 학생회장

강하다 선배

서로나: 이야기의 주인공. 창업이라는 꿈을 찾아 성장하는 중학생(이후 예비 고등학생)

서로나의 엄마: 전직 스튜어디스 출신으로 '엠버카페'를 운영. 딸의 꿈을 처음에는 걱정하지만 점차 지지하게 됨

서로나의 아빠: SR전지 회사원. 딸에게 현실적인 조언과 함께 지지를 보내며, 지식재산대전 방문 등 성장의 계기를 마련해 줌

김도현 선생님: 한국발명창업가고등학교의 창업과 부장 교사. 서로나에게 학교를 안내하고 깊은 인상을 줌

이민재 학생: 한국발명창업가고등학교 2학년 학생회장. 서로나에게 학교를 직접 안내하며 학교의 장점을 설명함

강하다 선배: 한국발명창업가고등학교 3학년이자 발명과 회장. 신입생 창업캠프에서 서로나가 속한 3팀의 멘토

내 이름은 서로나

"'서로[互]'와 '나[我]'를 합쳐서 지었단다."

어릴 적 엄마가 내 이름의 의미를 알려주었을 때, 나는 그저 '왜 친구들처럼 예쁜 이름을 안 지어주셨지?' 하는 생각뿐이었다. 하지만 이제는 그 의미가 가슴에 와닿는다. 사람은 서로 도우며 살아가야 하지만, 결국 자신의 삶의 주인공은 '나'라는 것. 그 깊은 뜻을 이제야 이해하게 됐다.

아침 식탁에서 아빠는 매일 똑같은 루틴으로 정장을 차려입고 넥타이를 착용하신다. SK전자에서 15년째 일하고 계시는 아빠는 최근 들어 어깨가 더 무거워 보인다. 엄마는 어쩌면 더 복잡한 상황이다. 대한항공 스튜어디스로 10년을 날았던 엄마는 3년 전, 오랜 로망이었던 '엠버카페'를 오픈했다. 처음에는 SNS에서도 인기가 있어 주말마다 사람들이 줄을 섰지만, 최근에는 바로 옆 건물에 스타벅스 리저브가 생기고, 골목 안쪽엔 인스타에서 뜨는 디저트 카페도 생겨 손님이 눈에 띄게 줄었다.

"오늘 손님이 11명밖에 안 왔어."

엄마의 한숨 소리가 주방에서 새어 나왔다. 아빠는 TV를 끄고 넥타이를 푸시며 식탁에 앉으셨다.

"회사도 요즘 분위기가 심상치 않아. 구조조정 얘기가 자꾸 나와. 직장인도 자영업자도 다 힘든가 봐."

엄마도 고개를 끄덕이며 식탁에 앉았다.

"주말에는 그래도 좀 나았는데, 평일에는 정말 한산해. 월세는 오르고… 그렇다고 포기하자니 지금까지 투자한 게 아까워. 더 투자해서 새 메뉴를 내볼까 싶다가도 또 망하면 어쩌나 싶고…."

부모님의 고민 어린 대화를 듣고 있자니, 내 마음도 무거워졌다.

"엄마, 나 졸업하면 가게 도와줄까?"

갑자기 내 입에서 튀어나온 말에 엄마는 놀란 얼굴로 나를 보더니 곧 손사래를 쳤다.

"너까지 고생시키기 싫어. 넌 공부나 열심히 해."

엄마의 말투는 단호했지만, 눈빛에선 불안함이 느껴졌다. 처음 카페를 시작할 때의 기대에 찬 모습과는 너무 달랐다.

솔직히 말하면, 나도 요즘 내 삶에 대해 답답함을 느끼고 있었다. 중학교 2학년. 매일 학교-학원-집의 루틴이 지겹게 반복된다. 월, 수, 금요일에는 수학학원, 화, 목요일에는 영어학원, 토요일에는 과학학원까지. 시간표대로 움직이는 로봇 같은 내 모습이 거울에 비치면 한숨만 나온다.

성적은? 글쎄, 중상위권을 간신히 유지하고 있다. 엄마는 "좀 더 노력해 보면 어떨까?"라고 하시지만, 솔직히 난 이미 최선을 다하고 있다고 생각한다. 밤 11시에 집에 돌아와 12시까지 숙제하고, 새벽 1시에 겨우 잠들어 7시에 일어나는 생활. 이런 노력에도 시험 성적표를 받을 때마다 입술만 깨문다.

'내가 왜 이렇게 열심히 해야 하지?'

'이게 나한테 어떤 의미가 있을까?'

'내 꿈은 뭐지?'

이런 질문들이 머릿속을 맴돌았지만, 답은 흐릿했다. 초등학교 때 꿈이 많았다. 국제선 여성 비행기 조종사도 되고 싶었고, 외국인 환자를 치료하는 의사도 되고 싶었고, 국제 재판에 서는 검사도 되고 싶었다. 그런데 중학교에 와서 현실의 높은 벽을 마주하니, 꿈꾸는 것조차 포기하였다.

오히려 가끔은 '차라리 엄마처럼 카페에서 일하면 어떨까?' 하는 생각도 들었다. 손님들에게 커피와 케이크를 서빙하고, 한가할 땐 유튜브도 보고. 그런 평범한 삶도 나쁘지 않을 것 같았다. 하지만 부모님의 기대가 부담스럽게 느껴졌다. 내 성적표를 보면서도 여전히 "우리 딸은 더 큰 사람이 될 거야."라고 말씀하시니까.

"로나! 테이블 9번 아이스 아메리카노랑 크렘 브륄레 서빙해 줄래?"

주말이면 나는 엄마 카페에서 아르바이트를 한다. 솔직히 말하면, 학교나 학원보다 이곳에서 일하는 게 더 즐겁다. 학교에서는 성적으로만 평가받지만, 여기선 내가 준비한 음료와 디저트에 "맛있어요.", "고마워요."라는 말을 직접 들을 수 있으니까.

그러던 어느 토요일 오후, 카페 한쪽 테이블에서 들려오는 대화가 내 귀를 사로잡았다.

"너 혹시 들었어? 구미에 사는 중3 애가 환경 문제 해결하는 앱을 만들어서 특허 냈대. 정부에서 청소년 창업 지원금도 받았다던데."

"맞아, 나도 봤어! 요즘 중고생 창업이 대세래. 대학 입시에도 도움되고, 실제로 성공하면 대박이잖아."

테이블을 닦으며 그 대화를 엿들은 나는 '정말 중학생도 창업을 할 수 있다고?' 하는 궁금증이 생겼다. 두 번 정도 지나쳐 길으며 더 들어보려 했지만, 그들은 이미 다른 주제로 넘어간 뒤였다.

집에 돌아온 뒤, 나는 스마트폰으로 '청소년 창업', '중고생 창업 사례'를 검색

해봤다. 놀랍게도 생각보다 많은 기사들이 뜨기 시작했다.

[중2가 만든 분리수거 앱, 환경부장관상 수상]
[고1 학생들의 아이디어로 시작된 '제로웨이스트 카페' 성공 사례]
[청소년 창업가들의 도전, 멘토링부터 자금까지 지원]

가슴이 두근거렸다. 특히 '비즈쿨'이라는 단어가 여러 번 등장했는데, 창업 교육을 체계적으로 진행하는 프로그램이라고 했다. 그 학교에서는 창업동아리 활동, 경진대회 참가, 시제품 제작이 활발하게 이루어진다고 했다.

"엄마, 이거 봐요! 비즈쿨이라는 프로그램을 운영하는 학교가 있대요!"

커피 잔을 닦고 있던 엄마에게 휴대폰 화면을 보여주며 흥분된 목소리로 말했다.

"비즈쿨? 그런 게 있어? 네가 다니는 중학교에는 없잖아."

"그래서 고등학교 갈 때 이런 곳 찾아보면 어떨까요? 저도 창업해볼 수도 있잖아요!"

엄마의 표정이 복잡해졌다. 한숨을 살짝 내쉬더니 내 머리를 쓰다듬었다.

"돈 버는 게 그렇게 쉬웠으면 엄마 카페도 망하지 않았겠지. 창업은 아무나 할 수 있는 게 아니야. 네가 정말 원한다면 반대하지는 않겠지만, 현실을 알고 도전했으면 해."

엄마의 걱정스러운 표정이 이해는 갔지만, 내 마음속에서는 이상하게 불꽃이 타오르는 느낌이었다. 지금까지 느껴보지 못한 설렘과 기대감이 가슴을 채우기 시작했다.

그날 밤, 침대에 누워 손전등으로 휴대폰을 비추며 더 많은 정보를 찾아봤다. 중고생들의 창업 성공 사례, 청소년 창업가 인터뷰, 비즈쿨 학교 목록까지. 내가 이렇게 열중해서 뭔가를 찾아본 것은 정말 오랜만이었다.

한 기사에서는 14살 소녀가 개발한 앱이 1만 다운로드를 돌파했다는 내용이 있었고, 또 다른 기사에서는 여덟 명의 고등학생들이 팀을 이뤄 친환경 빨대 사업을 시작해 월 300만 원의 수익을 올리고 있다는 소식도 있었다. 그들의 인터뷰를 읽으며 눈시울이 뜨거워졌다.

"처음에는 아무도 중학생의 아이디어를 진지하게 듣지 않았어요. 하지만 포기하지 않고 계속 도전했더니, 결국 저희 제품을 믿어주는 투자자를 만났죠."

"학교 공부와 창업을 병행하는 건 쉽지 않았지만, 제가 만든 제품이 실제로 누군가의 문제를 해결할 때 느끼는 보람은 말로 표현할 수 없어요."

"창업." 이 단어가 내 마음속에서 자꾸만 울렸다. 이전에는 드라마나 영화에서나 보던 단어였는데, 갑자기 내 일상으로 들어온 느낌이었다. 오랫동안 답답했던 내 마음에 작은 창문이 열린 것 같았다.

며칠 뒤, 거실에서 드라마를 보고 계시는 부모님께 조심스럽게 다가갔다.

"저기… 나 고등학교 갈 때 비즈쿨 프로그램이 있는 학교 찾아보려고 해요. 혹시 나중에 창업도 해볼 수 있지 않을까요?"

아빠는 리모컨을 내려놓으며 의외의 반응을 보였다.

"창업? 네가 그런 데 관심이 있을 줄 몰랐는데. 공부는 어떡하고?"

엄마도 소파에서 일어나 내 표정을 유심히 살폈다.

"정말 네가 하고 싶은 일이야? 갑자기 왜 창업에 관심을 갖게 된 거니?"

나는 깊게 숨을 들이마시고 내 생각을 솔직하게 말했다.

"그냥… 지금 계속 학원 다니고 공부만 해도 별로 잘 안 되잖아요. 그런데 다른 방법으로 제 인생을 바꿀 수 있다면 해보고 싶어요. 흥미도 생기고, 동기도 생기고…."

내 말에 부모님은 서로 눈빛을 교환하셨다. 잠시 침묵이 흐른 뒤, 엄마가 먼저 입을 열었다.

"네가 정말 원한다면… 엄마도 반대만 하지는 않을게. 하지만 준비는 많이 해야 할 거야. 사업이란 게 말처럼 쉽지 않거든."

아빠도 고개를 끄덕이며 말을 이었다.

"창업에 대해 더 배우고 싶다면, 우선 관련 대회나 행사부터 찾아보는 건 어떨까? 이론만 공부하는 것보다 실제 사례를 보는 것이 도움이 될 거야."

그런 대화가 있은 후, 내 삶에 작은 변화들이 생기기 시작했다. 여전히 학교와 학원은 다녔지만, 이전과는 다른 마음가짐이었다. 엄마의 카페에서도 그저 음료를 나르는 것에서 그치지 않고, 쓰레기 발생량, 손님들의 선호도, 남는 음식물의 양 등을 관찰하기 시작했다.

'매일 이렇게 종이컵과 빨대가 버려지는데, 이걸 줄일 수 있는 방법은 없을까?'

'남는 케이크와 빵은 어떻게 재활용할 수 있을까?'

이런 생각들이 머릿속을 채우기 시작했다. 처음으로 무언가에 진심으로 관심이 생긴 것 같았다.

중학교 2학년을 마무리할 무렵, 나는 '창업을 하려면 뭘 준비해야 할까?' 하는 생각에 자주 사로잡혔다. 아직 구체적인 아이디어는 없었지만, 뭔가 시작하고 싶다는 욕구가 강해졌다.

어느 저녁, 학원을 마치고 "다녀왔습니다!" 하며 현관문을 열자, 거실에 아빠가 혼자 앉아계셨다. 평소라면 이 시간에 아빠는 아직 퇴근하지 않으셨을 텐데, 오늘은 일찍 오신 게 신기했다.

"밥 먹자. 오늘은 내가 직접 차린 거야."

식탁 위에는 간단한 반찬들과 함께 따끈한 된장찌개가 놓여 있었다.

"엄마는요?"

"오늘은 카페 마감이 늦어서, 우리 먼저 먹고 있으래."

식사를 마치고 나니, 아빠가 조용히 말을 꺼냈다.

"로나야, 네가 창업에 관심 있다고 했잖아. 이번 주말에 시간 있니?"

"네? 네, 있어요. 왜요?"

"코엑스에서 '대한민국 지식재산대전'이라는 행사를 한대. 거기 가보면 여러 발명품도 보고, 특허에 대해서도 배울 수 있을 것 같아서. 내일 엄마한테 말해서 카페 일 쉬고 행사에 참여해 보자."

아빠의 제안에 내 눈이 커졌다. '발명'이나 '특허'라는 단어는 창업 관련 자료를 찾아볼 때 자주 봤지만, 정확히 뭔지는 잘 몰랐다.

"정말요? 아빠랑 같이 가는 거예요?"

"응, 내가 데려다줄게. 회사에서도 요즘 젊은 아이디어가 중요하다는 얘기가 많이 나와. 네가 관심 있어 하니까 한번 가보는 게 좋을 것 같아서."

주말 아침, 엄마는 마치 소풍 가는 아이처럼 들떠있는 나를 보며 미소 지었다.

"카페 걱정은 하지 말고, 아빠랑 많이 배우고 와. 꼭 기념품도 사오고!"

아빠와 함께 차를 타고 가는 길, 내 마음은 긴장과 설렘이 뒤섞였다. 코엑스에 도착하자, 생각보다 훨씬 큰 전시장과 많은 사람들이 눈앞에 펼쳐졌다.

"아빠, 여기 엄청 크네요!"

"그럼, 이곳에서는 전국의 우수 발명품과 특허 제품들을 다 볼 수 있어. 특히 학생들 부스도 있으니 그쪽부터 가볼까?"

학생관으로 향하자, 각종 메달과 상장이 걸린 부스들이 줄지어 있었다. 대통령상, 국무총리상, 금상, 은상, 동상… 그리고 그 옆에는 수상작들이 전시되어 있었다.

"와, 이게 다 학생들이 만든 거예요?"

어떤 작품은 재활용 쓰레기를 자동으로 분류하는 시스템이었고, 또 다른 작품은 빗물을 모아 정원에 자동으로 물을 주는 장치였다. 모두 환경 문제를 해결하거나 일상의 불편함을 개선하는 아이디어들이었다.

"어떻게 이런 생각을 했을까요? 저는 이런 아이디어가 잘 안 떠올라요."

아빠는 내 어깨를 토닥이며 웃었다.

"처음부터 완벽한 아이디어가 나오는 게 아니야. 다들 수없이 실패하고 다시 도전하면서 여기까지 온 거지."

그 말이 내 마음에 와닿았다. '실패가 두려워 아무것도 못 하는 것보다는, 실패해도 배우고 재도전하는 것이 낫겠구나.' 하고 생각했다.

전시장을 더 둘러보던 중, 외국인 학생들이 영어로 발표하는 부스 앞에 멈춰섰다. 인도네시아에서 온 중학생들이 유창한 영어로 자신들의 발명품을 설명하고 있었다.

“대단하다. 같은 또래인데 영어를 정말 잘하네요.”

“응, 영어는 이제 그냥 외국어 공부가 아니라 필수 도구야. 회사에서도 해외 바이어와 소통할 때 꼭 필요하거든. 네가 창업을 하게 된다면, 외국 투자자들에게 네 아이디어를 소개할 때도 영어가 필요할 거야.”

그제야 ‘아, 영어 공부가 단순히 시험 점수를 위한 게 아니구나.’라는 생각이 들었다. 지금까지는 영어를 그저 시험 과목으로만 여겼는데, 실제로 내 아이디어를 세계에 알리고 소통하는 도구라고 생각하니 훨씬 배울 의미가 느껴졌다.

카페에서 음료를 마시며 잠시 쉬고 있을 때, 나는 아빠에게 솔직한 질문을 했다.

“아빠, 저는 창업을 하려면 어디서부터 시작해야 할까요? 아직 아이디어도 없는데….”

아빠는 잠시 생각하더니 대답했다.

“로나야, 굳이 거창한 아이디어가 아니어도 돼. 네 주변에서 불편한 점이나 개선하고 싶은 게 뭐가 있을까? 예를 들어, 엄마 카페에서 매일 버려지는 빵 부스러기나 커피 찌꺼기를 활용할 방법은 없을까?”

그 순간, 내 머릿속에 무언가 번쩍 떠올랐다.

“맞아요! 저희 카페에서 매일 엄청나게 많은 음식물 쓰레기가 나와요. 특히 남은 케이크나 빵… 그리고 커피 찌꺼기도 엄청 많고요.”

“그래, 그런 작은 문제부터 해결책을 찾아보는 거야. 혹시 커피 찌꺼기로 화분 퇴비를 만들거나, 남은 빵으로 새로운 제품을 만들 수 있지 않을까? 이런 식으로 아이디어를 발전시키다 보면, 언젠가 사업 모델이 될 수도 있어.”

집으로 돌아오는 차 안에서, 아빠는 또 다른 중요한 얘기를 꺼냈다.

“중3이 되면 고등학교 진학도 생각해야 할 때야. 창업이나 발명에 관심이 많다면, 비즈쿨처럼 창업 교육을 지원하는 학교도 좋은 선택일 거야.”

나는 창문 밖을 바라보며 생각에 잠겼다. 항상 성적과 입시만 강조하는 학교 분위기 속에서, 내가 정말 하고 싶은 일을 찾아갈 수 있는 길이 있다니 설렜다.

"아빠, 국어, 영어, 수학, 과학… 이런 과목들이 저한테는 그냥 시험 점수로만 느껴졌는데, 이제 보니 다 쓸모가 있네요."

"그렇지! 영어는 해외 투자자나 박람회에서 쓰이고, 수학은 사업 비용 계산이나 제품 설계에 필요하고, 과학은 환경 문제 해결 제품을 만들 때 기초가 되지. 사회나 역사는 사람들의 문제를 이해하는 데 도움이 되고, 국어는 설득력 있게 발표하고 글을 쓰는 능력을 키워줘."

갑자기 학교 과목들이 새롭게 보이기 시작했다. 왜 이걸 배워야 하는지 의미를 찾지 못했던 과목들이, 내 꿈과 연결되니 모두 소중한 도구로 느껴졌다.

그날 이후, 내 학교생활은 눈에 띄게 달라졌다. 예전에는 알람 소리에 "조금만 더~" 하며 뒤척이던 내가, 이제는 "오늘도 내 꿈을 위한 하루다!"라고 생각하며 눈을 떴다. 영어 단어장을 펼치면서도 '이걸 외우면 나중에 해외 바이어와 소통할 수 있겠지?'라고 생각하니 암기가 수월해졌다. 수학 문제도 '나중에 사업 계획 세울 때 이런 계산이 필요하겠구나'라는 생각으로 풀다 보니 이해도 잘 됐다.

더 놀라운 건, 중3으로 올라간 첫 중간고사에서 내 성적이 눈에 띄게 올랐다는 거였다. 영어는 20등에서 8등으로, 수학은 32등에서 15등으로 상승했다. 담임 선생님은 "로나가 이번에 많이 달라졌네"라며 칭찬해 주셨고, 부모님도 깜짝 놀라셨다.

"로나야, 무슨 일 있었어? 갑자기 성적이 많이 올랐네!"

엄마의 질문에 나는 자신감 있게 대답했다.

"그냥… 이제 왜 공부하는지 알겠어요. 정말 제 꿈을 위한 거라고 생각하니까 재미도 있고, 집중도 잘 돼요."

엄마는 내 이마에 살짝 입맞춤하며 속삭였다.

"우리 딸, 네가 하고 싶은 거 찾은 것 같아 정말 기뻐. 앞으로 더 응원해 줄게."

방학이 지나고 3학년 2학기가 시작됐을 때, 나는 이미 '창업'이라는 단어가 내 일상에 완전히 스며들었다는 걸 느꼈다. 시험 문제를 풀 때마다 "이걸 실제로 어디에 적용할 수 있을까?"라는 생각을 먼저 하게 됐고, 그러다 보니 단순 암기보다 이해력이 훨씬 좋아졌다.

영어 시간에 'entrepreneur'라는 단어가 나왔을 때, 선생님이 "이건 기업가, 사업가라는 뜻이에요"라고 설명하셨는데, 나는 속으로 '그래, 나도 언젠가 entrepreneur가 될 거야!'라고 다짐했다.

학원 수학 시간에 등비수열과 지수함수를 예습하며 선생님께서 "복리 이자가 이런 방식으로 증가한다."라는 설명을 하실 때, 다른 친구들은 하품을 참느라 바빴지만 나는 귀가 쫑긋 섰다. '사업을 시작하면 처음엔 수익이 적어도, 이런식으로 기하급수적으로 성장할 수도 있겠구나!'라는 생각이 들었기 때문이다.

어느 날 밤, 카페 마감을 도와주고 돌아온 엄마가 내 방문을 살짝 두드렸다.

"로나야, 아직 안 잤니?"

"네, 영어 단어 외우고 있었어요."

엄마는 내 침대 끝에 앉으며 내 머리카락을 쓰다듬었다.

"우리 로나가 요즘 부쩍 밝아 보이네. 예전에는 뭐가 그렇게 고민이었어?"

나는 환하게 웃으며 대답했다.

"엄마, 이제 실패해도 괜찮아요. 정말 좋아하는 걸 찾았거든요! 매일 학원 가고 시험 보는 게 지루했는데, 이젠 그게 다 제 꿈을 위한 거라고 생각하니까 의미가 있어요."

엄마는 살짝 놀란 표정을 지으셨지만, 곧 따뜻한 미소를 지으며 말씀하셨다.

"엄마는 네가 뭘 하든 응원할게. 다만, 창업이 생각보다 어려울 수 있으니, 천천히 배우면서 나아가길 바랄게."

내가 예상했던 것보다 엄마는 훨씬 더 열린 마음으로 내 꿈을 존중해 주셨다. 아마도 엄마도 한때 스튜어디스라는 꿈을 이루기 위해 많은 노력을 했고, 그 후에 카페라는 또 다른 꿈을 좇았기에 내 마음을 이해해 주시는 것 같았다.

중3 기말고사가 끝난 후, 아빠는 회사에서 휴가를 내고 나를 데리고 청소년 창업 캠프에 참가하게 해주셨다. 그곳에서 나는 비슷한 꿈을 가진 또래 친구들을 만났고, 실제로 창업에 성공한 멘토들의 강연도 들었다.

"창업의 첫 걸음은 문제 발견이에요. 여러분 주변에서 불편한 점이나 개선하고 싶은 점을 찾아보세요. 그게 바로 여러분의 창업 아이템이 될 수 있어요."

멘토의 말을 들으며, 나는 엄마의 카페에서 매일 버려지는 커피 찌꺼기와 음식물 쓰레기가 떠올랐다. '이걸 어떻게 활용할 수 있을까?' 고민하던 중, 다른 참가자들과 팀을 이뤄 아이디어를 발전시켰다.

우리 팀은 '커피 찌꺼기로 만드는 친환경 화분'이라는 주제로 발표를 준비했다. 커피 찌꺼기를 말려서 퇴비로 활용하고, 케이크 상자 같은 종이 쓰레기를 재활용해 화분을 만드는 아이디어였다. 이틀 동안 밤을 새워가며 시제품도 만들고, 사업 계획도 세웠다.

발표 당일, 내가 팀의 대표로 나서서 발표를 하게 됐다. 무대에 올라 마이크를 잡는 순간, 긴장으로 심장이 터질 것 같았다. 하지만 깊게 숨을 들이마시고 시작했다.

"안녕하세요, 저희는 '그린커피팟' 팀입니다. 여러분, 혹시 카페에서 매일 얼마나 많은 커피 찌꺼기가 버려지는지 아시나요? 서울 시내 카페에서만 하루 평균 20톤의 커피 찌꺼기가 나온다고 합니다. 이 엄청난 양의 쓰레기를 그냥 버리는 것이 아니라, 친환경 화분으로 재탄생시키는 아이디어를 소개합니다."

발표를 마치고 심사위원들의 질문에 답하는 과정에서, 나는 놀라운 사실을 깨달았다. 예전의 나라면 사람들 앞에서 말하는 것을 두려워했을 텐데, 지금의 나는 내 아이디어를 자신감 있게 설명하고 있었다. 그것도 영어로 된 자료를 인용하면서!

결과 발표 시간, 사회자가 "최우수상은… 그린커피팟 팀!"이라고 외쳤을 때, 나는 눈물이 핑 돌았다. 비록 작은 캠프에서의 수상이었지만, 이것이 내 인생의 첫 번째 성공 경험이었다.

캠프에서 돌아온 후, 나는 더 구체적인 계획을 세우기 시작했다. 고등학교는 꼭 비즈쿨 프로그램이 있는 학교를 가기로 결심했고, 지금부터 준비할 수 있는 것들을 찾아보기 시작했다.

"로나야, 이번 주말에 엄마 카페에서 네 아이디어를 실험해 볼래? 커피 찌꺼기도 모아뒀고, 케이크 상자도 있어."

엄마의 제안에 나는 기쁘게 고개를 끄덕였다. 우리는 주말 내내 실험을 했고, 몇 번의 실패 끝에 예쁜 미니 화분 5개를 만들어 냈다. 엄마는 그걸 카페 한쪽에 전시해 주셨다.

"이건 우리 딸이 만든 친환경 화분이에요. 커피 찌꺼기와 재활용 종이로 만들었답니다."

손님들의 반응은 생각보다 훨씬 좋았다. 어떤 분은 "정말 귀여운데, 이거 살 수 있나요?"라고 물어보기도 했고, 다른 분은 "학생이 이런 생각을 했다니 대단하네요."라며 칭찬해 주셨다.

그날 밤, 가족 식탁에 모여 저녁을 먹으며 아빠가 물었다.

"로나야, 이제 고등학교 준비도 해야 할 텐데, 어떤 학교를 생각하고 있니?"

나는 자신감 있게 대답했다.

"비즈쿨 프로그램이 있는 특성화고를 찾아봤어요. 서울디지털고등학교나 미림여자정보과학고등학교가 좋을 것 같아요. IT와 창업을 같이 배울 수 있거든요."

부모님은 놀란 표정으로 서로를 바라보셨다. 예전의 나였다면 그저 근처 인문계 고등학교에 가는 걸 당연하게 여겼을 텐데, 이제는 내 길을 주도적으로 찾아가고 있었기 때문이다.

"네가 정말 원한다면, 우리도 함께 알아볼게. 하지만 중학교 내신 관리도 소홀히 하면 안 돼."

아빠의 말씀에 나는 고개를 끄덕였다.

"안심하세요. 이제 공부가 예전처럼 힘들지 않아요. 제 꿈을 위한 거니까요."

솔직히 말하면, 중2 말에서 중3으로 넘어가는 그 시기에 내 인생은 완전히 달라졌다. 학원 성적에 일희일비하던 과거와 결별하고, 창업과 발명, 그리고 지식재산이라는 새로운 목표를 향해 한 발 한 발 나아가고 있다.

이제 내 이름의 의미를 정말로 이해하게 됐다. '서로[互]'와 '나[我]'의 조합. 사람들과 서로 도우며 살아가지만, 결국 내 삶의 주인공은 나 자신이라는 것. 엄마가 지어준 이 이름이 내 삶의 나침반이 되어주고 있다.

이젠 아침에 눈을 뜨면 "오늘은 어떤 아이디어가 떠오를까?"라는 기대감으로 하루를 시작한다. 학교 수업도 "이걸 어떻게 활용할 수 있을까?"라는 시각으로 듣다 보니 훨씬 재미있다. 주말에는 엄마 카페에서 새로운 시도를 해보고, 반응을 살피는 재미도 쏠쏠하다.

내 꿈은 앞으로도 계속 변할 수 있다. 창업가가 될 수도 있고, 발명가가 될 수도 있고, 또 다른 길을 찾아갈 수도 있다. 하지만 이제 중요한 건 내가 주도적으로 내 길을 찾아가고 있다는 사실이다.

"세상에 쓸모없는 지식은 없다."

예전에는 이 말이 그저 어른들의 잔소리처럼 들렸는데, 이제는 진심으로 공감하게 됐다. 내가 배우는 모든 것이 언젠가 내 삶을 이루는 데 도움이 될 테니까.

매일 밤 잠들기 전, 나는 마음속으로 되뇌인다.

"나도 할 수 있어. 나는 서로나니까."

그리고 이 확신이야말로, 미래에 내가 진짜 창업가가 되는 데에 가장 든든한 힘이 되어 줄 것이라고 믿는다.

서로나의 꿈의 학교 찾기

"드디어 찾았다!"

나는 컴퓨터 화면을 보며 소리를 질렀다. 밤 11시가 넘은 시각, 방 안의 불빛은 모니터에서 나오는 푸른빛뿐이었다. 주말 밤이라 아직 자지 않은 엄마가 내 방문을 두드렸다.

"로나야, 무슨 일이야? 이렇게 늦게까지 뭘 그렇게 열심히 찾고 있어?"

"엄마, 여기 봐요! 제가 꿈에 그리던 학교를 드디어 찾았어요!"

화면을 가리키는 내 손가락 끝에는 '한국발명창업가고등학교'라는 이름이 선명하게 빛나고 있었다. 엄마는 안경을 고쳐 쓰며 화면을 들여다보았다.

"발명창업가고등학교? 정말 이런 곳이 있단 말이니?"

엄마의 의아한 표정이 이해됐다. 사실 나도 처음 이 학교 이름을 발견했을 때, "설마 또 이름만 번지르르한 학교는 아니겠지?"라고 의심했으니까.

중학교 2학년 무렵부터 '창업가'라는 꿈이 내 머릿속에 자리잡았지만, 내가 다니는 중학교에선 발명이나 창업에 관련된 수업은 찾아볼 수 없었다. 친구들이 "나 의사가 될 거야.", "나는 프로게이머!", "나는 선생님이 되고 싶어."라고 말할 때, 나는 "나는 내가 발명한 물건으로 사업을 해보고 싶어."라고 말했다가 한바탕 웃음거리가 된 적도 있었다.

"뭐야, 네가 스티브 잡스라도 되겠다고?"

"창업? 그거 실패율 99%래. 그냥 공부나 열심히 해."

친구들의 놀림에도 불구하고, 나는 포기하지 않고 '창업 특화 고등학교', '발명 창업 고등학교', '비즈쿨이 잘되는 학교' 같은 키워드로 인터넷을 뒤지기 시작했다. 하지만 진짜 제대로 된 곳을 찾기는 쉽지 않았다.

"우리 학교는 학생 중심의 발명 창업 우수 학교입니다!"

번지르르한 문구만 가득한 학교 홈페이지들이 대부분이었다. 실제 교과 편성표를 들여다보면 발명이나 창업 관련 과목은 한두 개에 불과했고, 그마저도 선택 과목이라 실제로 배울 수 있을지 의문이었다.

한번은 유튜브에 "프로젝트형 혁신 수업"이라는 홍보 영상을 올린 학교를 발견했다. 한껏 기대를 품고 영상을 클릭했는데, 알고 보니 학생들이 책상에 둘러앉아 토론하는 장면을 느리게 재생하고 감성적인 배경음악만 덧입힌 것이었다. 실망감에 한숨을 내쉬며 다음 검색 결과로 넘어갔다.

금요일 오후, 아빠는 회사에 반차를 내고 나와 함께 '희망고등학교'를 방문했다. 비즈쿨을 운영한다는 이 학교는 SNS에서도 꽤 알려져 있었다.

"이쪽이 저희 컴퓨터실입니다. 최신 사양 PC 30대가 구비되어 있죠."

"여기는 동아리실인데요, 창업 동아리와 발명 동아리가 함께 사용하고 있습니다."

안내를 맡은 선생님의 설명을 들으며 학교를 둘러봤지만, 뭔가 아쉬운 느낌이 들었다. 시설은 깔끔했고 컴퓨터실도 좋았지만, 정작 발명이나 창업을 깊이 있게 배울 수 있는 환경은 보이지 않았다. 그저 일반 고등학교에 몇 개의 특별활동이 추가된 느낌이었다.

돌아오는 차 안에서 아빠가 물었다.

"어땠어? 직접 보니까 좀 더 감이 오지?"

나는 입술을 깨물며 솔직하게 대답했다.

"글쎄요, 조금 아쉬워요. 그냥 일반고랑 별로 달라 보이지 않았어요. 컴퓨터실이랑 동아리실은 좋았지만, 진짜 발명이나 창업을 배울 수 있을 것 같진 않았어요."

아빠는 고개를 끄덕이며 "그래, 직접 보는 게 중요하지. 이제 한 학교를 더 알아보자."라고 말했다.

그렇게 몇 주간 더 검색을 이어가던 중, 드디어 눈에 띄는 학교를 발견했다.

"한국발명창업가고등학교." 처음 홈페이지를 열었을 때부터 다른 학교들과는 확연히 달랐다. 전통 교과목을 따로 떼어놓는 대신, 자기주도학습과 동료학습으로 발명·창업·디자인 분야와 긴밀하게 연계한 학점제를 운영한다는 설명이 내 시선을 사로잡았다.

가장 놀라웠던 것은 교과 과정이었다. 국어·수학·과학·사회 같은 과목들이 별도로 존재하는 것이 아니라, '특허 명세서 작성', '사업계획서 작성', '시제품 제작 실습', '지식재산 이해' 같은 실전 과목들과 자연스럽게 융합되어 있었다.

"엄마, 이 학교 진짜 대박이에요! 여기 보세요, '지식재산 일반'이라는 과목을 여러 선생님들이 함께 가르친대요! 국어 선생님은 특허 명세서 쓰는 법을, 수학 선생님은 시장 규모 추정하는 법을, 과학 선생님은 제품의 원리를 설명하는 걸 가르치고…."

내 말에 엄마는 어깨를 으쓱하며 웃었다.

"세상에, 정말 그런 학교가 있다니 신기하구나. 근데 위치가 어디래?"

"음… 집에서 세 시간 정도 걸린대요. 기숙사가 있어서 입학하면 거기서 생활하게 된대요."

엄마의 표정이 조금 어두워졌다.

"세 시간? 꽤 멀구나…."

"그래도 엄마, 제가 정말 가고 싶은 학교에요! 아빠한테도 보여드리고 싶어요. 주말에 직접 가볼 수는 없을까요?"

엄마는 잠시 고민하더니 "그래, 네가 이렇게 열심히 찾아봤으니 한번 가봐야겠지."라고 대답했다.

다음 날 아침, 아빠에게 학교 홈페이지를 보여주자 그도 깜짝 놀랐다.

"와, 이런 학교가 정말 있었구나. 이건 단순히 '발명 동아리 있어요~' 수준이 아니라 완전히 다른 교육 방식이네."

아빠는 곧바로 전화기를 들고 학교에 연락했다.

"안녕하세요, 한국발명창업가고등학교지요? 내년에 입학 지원 예정인 학부모인데요, 학교를 한번 방문해 보고 싶어서요."

전화 통화가 끝나자 아빠는 활짝 웃으며 말했다.

"좋은 소식이야! 이번 주 토요일에 학교 방문이 가능하대. 담당 선생님께서 직접 안내해 주신다고 하셨어!"

"정말요? 와, 너무 좋아요!"

토요일 아침 일찍, 우리 가족은 차를 타고 세 시간이 넘는 거리를 달려 한국발명창업가고등학교에 도착했다. 교문에 들어서자마자 놀라웠다. 기대했던 것보다 훨씬 넓고 현대적인 캠퍼스가 눈앞에 펼쳐졌다. 운동장 한켠에는 학생들이 직접 만든 듯한 기발한 조형물들이 전시되어 있었고, 태양광 패널이 설치된 벤치에서는 몇몇 학생들이 노트북을 사용하며 이야기를 나누고 있었다.

"와, 여기 진짜 대박이다…."

나도 모르게 입에서 감탄사가 흘러나왔다. 아빠가 담당 선생님께 전화를 걸자, 잠시 후 교문 쪽에서 한 남자 선생님이 활짝 웃으며 다가왔다.

"안녕하세요! 전화로 미리 말씀 나눈 김도현 선생님입니다. 저는 이 학교의 창업과 부장 교사를 맡고 있어요. 멀리서 오시느라 고생 많으셨어요."

김도현 선생님은 40대 초반으로 보였고, 딱딱한 정장 대신 캐주얼한 셔츠에 청바지를 입고 있었다. 그의 편안한 분위기에 긴장했던 마음이 조금 풀어졌다.

"토요일인데도 이렇게 직접 안내해 주셔서 정말 감사합니다." 아빠가 인사했다.

"아닙니다. 학생들의 미래가 걸린 일인데요, 뭐. 어떻게 저희 학교를 알게 되셨나요?"

엄마가 내답했다. "사실 이 아이가 작년부터 창업에 관심을 가져서 혼자 이것저것 찾아보고 있었어요. 고등학교 진학 시기가 다가오면서 여러 학교를 알아보다가 우연히 홈페이지를 보고 '이런 학교가 진짜 있을까?' 싶어서요."

김도현 선생님은 미소 지으며 내게 말했다. "창업에 관심이 있구나! 어떤 분야에 특히 관심 있니?"

갑작스러운 질문에 나는 조금 당황했지만, 솔직하게 대답했다.

"아직 구체적인 분야는 정하지 못했어요. 하지만 환경 문제를 해결할 수 있는 제품이나, 사람들의 일상을 더 편리하게 만드는 아이디어에 관심이 많아요. 작년에 엄마 카페에서 매일 버려지는 커피 찌꺼기를 재활용하는 방법을 연구해 보기도 했어요."

"오호, 그거 정말 흥미로운 주제인데! 우리 학교에서는 그런 환경 문제 해결 프로젝트가 활발하게 진행되고 있어. 재학생 중에 소개해줄 만한 친구가 생각나는구나. 잠시만 기다려보세요."

김도현 선생님은 교무실로 들어갔다가 한 학생과 함께 나왔다.

"이쪽은 현재 창업과 2학년이고 학생회장을 맡고 있는 이민재 학생이에요. 학교를 직접 안내해 줄 거예요. 투어가 끝나면 제게 오셔서 더 자세한 질문을 해주세요."

민재 선배는 밝은 미소로 인사했다. 키가 크고 또렷한 이목구비에 자신감이 넘쳐 보였다.

"안녕하세요! 반가워요. 같은 꿈을 가진 후배를 만나게 되어 정말 기뻐요. 저희 학교는 정말 특별하거든요. 제가 자세히 소개해 드릴게요!"

민재 선배의 열정적인 목소리에서 이 학교에 대한 자부심이 느껴졌다. 그는 먼저 우리를 '창의방'이라는 공간으로 안내했다.

"이곳은 저희 학교의 자랑인 '창의방'이에요. 카페처럼 꾸며져 있죠?"

문을 열자 마치 스타벅스 리저브 매장 같은 인테리어가 눈에 들어왔다. 편안한 소파와 테이블, 벽면을 가득 채운 책장, 한쪽에는 커피 머신과 다양한 음료가 준비된 바 카운터까지 있었다. 학생 몇 명이 소파에 편안하게 앉아 노트북을 들여다보며 열띤 토론을 하고 있었다.

"여기서 학생들이 아이디어를 공유하고, 가볍게 토론도 하고, 때로는 음료도 마시면서 프로젝트를 기획해요. 일반 교실보다 훨씬 창의적인 생각이 나오더라고요. 선생님들도 종종 들르셔서 학생들과 아이디어를 나누시죠."

엄마는 놀란 표정으로 공간을 둘러보았다.

"정말 요즘 학교는 다르구나! 우리 때는 상상도 못했던 공간이네."

다음으로 이동한 곳은 '메이커실'이었다. 문을 열자마자 '윙~' 하는 기계 소리와 함께 독특한 냄새가 풍겨왔다.

"여기가 저희 학교의 심장부라고 할 수 있는 메이커실이에요. 3D 프린터가 10대, 레이저 커팅기 5대, CNC 밀링 머신 3대가 있어요. 지금 저기서 작업 중인 학생들은 3학년 선배들인데, 창업 아이템 시제품을 만들고 있어요."

토요일임에도 여러 학생들이 진지한 표정으로 작업에 몰두하고 있었다. 한쪽에서는 3D 모델링 프로그램을 다루고 있었고, 다른 한쪽에서는 레이저 커팅기로 나무를 정교하게 자르고 있었다.

"학생들이 이런 장비를 직접 다룰 수 있어요?" 아빠가 놀란 표정으로 물었다.

"네, 물론이죠! 처음에는 일주일 정도 안전 교육과 기본 사용법을 배워요. 그 후에는 선생님 허락만 있으면 언제든 사용할 수 있어요. 제 경우엔 1학년 때 3D 프린터로 휴대폰 거치대를 디자인해서 130개를 제작했어요. 학교 축제에서 개당 5천 원에 판매했는데, 모두 완판됐죠!"

민재 선배의 자랑스러운 표정이 인상적이었다. 내 마음속에서도 "나도 저런 걸 해보고 싶다."라는 욕구가 강하게 솟아올랐다.

다음으로 방문한 발명학과 실습실에서는 놀라운 광경이 펼쳐졌다. 천장에 드론이 날아다니고 있었고, 바닥에는 작은 자율주행 자동차들이 움직이고 있었다.

"와, 저건 뭐예요?" 내가 흥분된 목소리로 물었다.

"저건 드론과 자율주행차 수업이에요. 발명학과의 핵심 과목 중 하나죠. 재미있는 건, 이 수업이 발명학과만의 것이 아니라는 거예요. 디자인과 친구들은 드론의 외관을 디자인하고, 우리 창업과 학생들은 드론을 활용한 비즈니스 모델을 기획해요. 모든 게 유기적으로 연결되어 있거든요."

"정말 신기해요! 이렇게 학과가 달라도 같이 프로젝트를 할 수 있다는 게 부럽네요." 내가 말했다.

민재 선배는 자랑스럽게 미소 지었다.

"그게 우리 학교의 가장 큰 장점이에요. 실제 창업 세계에서도 혼자 모든 걸 다 할 수는 없잖아요? 협업이 중요하죠. 참, 놀라운 이야기 하나 들려드릴게요. 3학년 선배 둘이 '한글 코딩 회사'를 창업했어요. 영어 코드가 어려운 초중학생들을 위해 한글로 코딩할 수 있는 플랫폼을 개발한 거죠. 벌써 매출이 10억 원을 넘었다고 해요!"

"10억 원이요?" 엄마와 아빠가 동시에 놀란 목소리로 물었다.

"네! 처음에는 저희도 믿기 힘들었어요. 하지만 그 선배들도 처음부터 대단했던 건 아니에요. 1학년 때는 그냥 평범한 학생이었죠. 근데 학교에서 배운 걸 토대로 계속 발전시키다 보니 지금의 성과를 이룬 거예요. 저도 그 선배들처럼 되고 싶어서 열심히 노력 중이에요!"

투어가 끝나고 교무실로 돌아오자, 김도현 선생님이 반갑게 맞아주셨다.

"어떻게 보셨나요? 보통 학교와는 많이 다르죠?"

아빠가 감탄하며 말했다.

"정말 놀라웠습니다. 이런 학교가 있다는 게 신기해요. 근데 실제로 창업을 시도하는 학생이 많다고 들었는데, 비율이 얼마나 되나요?"

김도현 선생님은 자랑스러운 표정으로 대답했다.

"발명창업 중심 학교로 전환한 지 5년밖에 안 됐는데, 이미 놀라운 성과가 나오고 있어요. 2년 전 졸업생의 30%, 작년 졸업생의 50%가 창업을 시도했어요. 물론 모두 성공하는 건 아니지만, 시행착오 자체가 귀중한 경험이죠. 성공 사례가 늘어나니 후배들도 '나도 할 수 있다!'라는 자신감을 얻고, 선배들의 경험을 토대로 성장하고 있어요."

엄마가 질문했다.

"학업은 어떻게 병행하나요? 창업에만 집중하다 보면 기본 과목들이 소홀해질 수도 있을 것 같은데요."

"좋은 질문이세요. 저희는 모든 교과가 융합되어 있어요. 예를 들어, 학생들이 창업 계획서를 쓸 때 국어 선생님께서 논리적인 글쓰기를 지도하시고, 수학 선생님께서는 시장 규모 추정이나 마케팅 비용 계산 등을 가르치세요. 과학 수업에서는 제품의 원리를 배우고, 사회 수업에서는 지식재산권과 창업 관련 법규를 배우죠. 모든 과목이 실제 창업·발명과 연결되니까 학생들이 '이게 왜 필요한지'를 확실히 이해하고 배워요."

김도현 선생님의 설명을 들으며, 내 머릿속에서는 이미 이 학교에 다니는 모습이 그려지고 있었다. 국어, 영어, 수학, 과학… 이 모든 과목들이 단순한 암기 대상이 아니라 내 꿈을 이루기 위한 실제적인 도구로 변하는 상상이 너무 설레었다.

"마지막으로 한 가지 더 말씀드리자면, 저희 학교의 교육 철학은 '남을 이기는 것이 아니라, 내가 잘돼서 남을 도울 수 있는 사람으로 성장하기'입니다. 학생들이 단순히 좋은 성적을 받기 위해 공부하는 게 아니라, 자신의 아이디어로 세상에 긍정적인 변화를 만들어내는 경험을 통해 진정한 성장을 이루길 바라죠."

그 말이 내 가슴을 뜨겁게 울렸다. "내가 잘돼서 남을 도울 수 있는 사람." 이것이야말로 내가 꿈꿔왔던 미래의 모습이었다.

"더 궁금한 점이 있으시면 언제든지 연락해 주세요. 돌아가시는 길에 학교 홈페이지와 학생들의 유튜브 채널도 한번 보시면 좋을 것 같아요. 저희 학교의 교육과정은 기존 학교들과 너무나 달라서 직접 보시는 것이 이해가 빠르실 것입니다."

김도현 선생님은 명함을 건네며 따뜻하게 인사했다.

집으로 돌아가는 차 안에서도 내 마음은 설렘으로 가득했다. 3D 프린터로 시제품을 만들고, 친구들과 함께 아이디어를 발전시키는 모습을 상상하니 가슴이 두근거렸다. 하지만 동시에 현실적인 고민도 있었다.

"세 시간이나 걸리는 거리면 주말마다 집에 오기도 힘들겠네." 엄마가 걱정스러운 표정으로 말했다.

"우리 로나가 이렇게 먼 곳에서 기숙사 생활을 하게 되면 힘들지 않을까? 아직 어린데 혼자 지내야 하니 외롭지 않을까 싶어서…."

나는 엄마의 우려를 이해했지만, 내 마음은 이미 정해져 있었다.

“엄마, 제가 진짜 발명과 창업을 배울 수 있다면, 멀리 살아도 행복할 것 같아요. 또 기숙사 생활을 하면 프로젝트에 더 집중할 수 있고, 친구들과 밤늦게까지 아이디어를 나누는 것도 기대돼요!”

아빠도 내 의견에 동의했다.

“학비나 기숙사비도 생각보다 비싸지 않더라. 그리고 다른 학교보다 실무적인 경험을 쌓을 수 있으니, 우리 딸이 이렇게 의욕을 보이는 건 정말 좋은 일이야.”

결국 온 가족의 의견이 “멀긴 해도 도전해볼 가치가 있다.”로 모아졌고, 나는 더 확고한 결심을 하게 되었다.

중3 후반에 접어들면서 진학 원서를 준비할 때가 다가왔다. 나는 며칠 밤을 새워가며 자기소개서를 작성했다.

“저는 중학교 2학년 때 ‘왜 공부해야 하는지’ 의미를 찾지 못해 방황했습니다. 하지만 우연히 알게 된 청소년 창업 사례를 통해 발명과 창업에 관심을 갖게 되었고, 공부의 진정한 목적을 깨달았습니다. 엄마의 카페에서 나오는 커피 찌꺼기를 재활용한 화분을 만들어 판매해 보기도 했고, 지역 창업 캠프에 참가해 최우수상을 받은 경험도 있습니다. 저는 단순히 돈을 벌기 위한 창업이 아니라, 사회의 문제를 해결하고 세상에 긍정적인 변화를 만들어 내는 창업가가 되고 싶습니다. 한국발명창업가고등학교에서 저의 꿈을 현실로 만들어가고 싶습니다.”

자기소개서에 나의 진심을 모두 담았지만, 걱정이 되는 건 어쩔 수 없었다. 선배들에게 들은 바로는 작년 경쟁률이 5 대 1이었고, 올해는 무려 7 대 1까지 상승했다는 소문이 돌고 있었다.

“7 대 1이라고? 그럼 일곱 명 중 한 명만 뽑는다는 거잖아….”

친구 지연이가 걱정스럽게 말했다.

“그렇게 경쟁률 높은 학교에 정말 갈 수 있을까? 그냥 일반고 가는 건 어때?”

하지만 이미 내 마음은 확고했다. 면접 준비를 위해 밤늦게까지 창업과 발명에 관한 온라인 강좌를 찾아보며 공부했다. 특허법의 기초부터 시작해 비즈니스 모델 캔버스 작성법, 기초적인 코딩 지식까지 닥치는 대로 배웠다.

밤 12시가 넘어 공부하고 있는 나를 본 아빠는 따뜻한 코코아를 들고 내 방으로 들어왔다.

"아직도 공부 중이구나. 너무 무리하지 않았으면 좋겠는데."

"괜찮아요, 아빠. 제가 정말 원하는 거니깐요. 이번에 꼭 합격하고 싶어요."

아빠는 내 어깨를 토닥이며 말했다.

"로나야, 넌 이미 충분히 준비했어. 합격하든, 안 하든 이렇게 목표를 향해 열심히 노력하는 너의 모습이 엄마와 나는 정말 자랑스럽단다."

드디어 면접일이 다가왔다. 밤새 긴장해서 제대로 잠을 자지 못했지만, 아침에 일어나 거울을 보니 오히려 눈빛이 또렷했다. 단정한 블라우스와 치마를 입고, 평소보다 일찍 집을 나섰다.

학교에 도착했을 때, 나와 같은 중3 학생들이 긴장된 표정으로 대기실에 앉아 있었다. 모두가 나처럼 이 학교에 들어오기 위해 열심히 준비했을 거라고 생각하니 가슴이 더 쿵쾅거렸다.

"9번 서로나 학생, 면접실로 들어오세요."

내 이름이 호명되자, 심호흡을 깊게 하고 면접실 문을 열었다. 안에는 세 분의 선생님이 앉아 계셨고, 가운데 계신 분이 밝게 웃으며 말씀하셨다.

"안녕하세요, 로나 학생. 긴장하지 말고 편안하게 대답해 주세요. 먼저 자기소개부터 해볼까요?"

떨리는 마음을 가라앉히고, 준비해온 자기소개를 시작했다.

"안녕하세요, 저는 발명과 창업을 통해 세상에 긍정적인, 더 나은 영향을 주고 싶은 중학교 3학년 서로나입니다."

이어지는 질문들에 최선을 다해 대답했다.

"환경 문제에 관심이 많다고 했는데, 구체적으로 어떤 아이디어를 가지고 있나요?"

"창업과 발명 중에서 더 관심이 있는 분야는 무엇인가요?"

“팀 프로젝트에서 갈등이 생겼을 때 어떻게 해결하나요?”

마지막으로, 한 선생님이 의미심장한 질문을 던졌다.

“로나 학생, 왜 하필 우리 학교에 오고 싶은지 솔직하게 말해볼까요?”

나는 잠시 생각하다가 진심을 담아 대답했다.

“솔직히 말씀드리면, 처음에는 그저 ‘창업’이라는 단어에 막연히 끌렸어요. 하지만 이 학교를 직접 방문하고 민재 선배와 김도현 선생님을 만나면서, 단순히 창업 기술을 배우는 것보다 더 중요한 가치를 느꼈습니다. 바로 ‘내가 잘돼서 남을 도울 수 있는 사람이 되는 것’이라는 교육 철학이요. 저는 그런 가치관을 함께 나눌 수 있는 공동체에서 배우고 성장하고 싶습니다.”

면접을 마치고 나왔을 때, 온몸에 힘이 빠졌다. 최선을 다했지만, 합격 여부는 알 수 없었다. 밖에서 기다리고 계시던 엄마는 “어땠어?”라고 물으셨고, 나는 “할 수 있는 건 다 한 것 같아요.”라고 대답했다.

그렇게 초조한 날들이 흘러, 드디어 합격자 발표일이 다가왔다. 아침 일찍부터 가슴이 두근거려 제대로 밥도 먹지 못했다. 발표 시간이 다가오자, 결과를 함께 확인하기 위해 가족 모두가 내 방에 모였다.

“지금 발표 시간이네! 확인해 볼까?”

아빠가 내 어깨를 토닥이며 말했다.

떨리는 손으로 학교 홈페이지에 접속했다. 수험번호를 입력하고 확인 버튼을 누르자마자, 화면에 큰 글씨로 “합격을 축하합니다!”라는 문구가 떴다.

순간 온몸에 전율이 흘렀다.

“합… 합격이에요! 제가 합격했어요!”

나도 모르게 눈물이 왈칵 쏟아졌다. 엄마도 감격한 눈물을 흘리며 나를 꼭 안아주셨고, 아빠는 “우리 딸, 정말 자랑스럽다!”라며 엄지를 치켜세웠다.

그날 저녁, 온 가족이 모여 내 합격을 축하하는 특별한 저녁 식사를 했다. 엄마가 직접 준비한 스테이크와 갓 구운 빵, 그리고 아빠가 사온 케이크까지. 오랜만에 이렇게 행복한 가족 식사를 하게 되었다.

"로나야, 앞으로 네가 많이 성장할 거라 믿어. 물론 힘든 일도 있겠지만, 언제나 우리가 응원하고 있다는 걸 잊지 마."

아빠의 말에 가슴이 뭉클했다. 그리고 엄마도 의외의 말씀을 하셨다.

"사실 처음에는 집에서 멀어지는 게 걱정됐는데, 이제는 그런 생각이 들지 않아. 우리 딸이 자기 꿈을 향해 날개를 펴는 모습을 보니 오히려 기쁘구나."

합격 소식을 접한 이후, 나는 하루에도 몇 번씩 '이 학교에 들어가면 꼭 해보고 싶은 것' 목록을 떠올렸다.

"3D 프린터로 시제품 만들기"

"특허 명세서 직접 작성해 보기"

"친구들과 팀 창업 시도하기"

"발명 대회 나가서 수상하기"

"선배들처럼 실제 창업해 보기"

머릿속이 온통 상상으로 가득 찼다. 설렘과 함께 '내가 잘 해낼 수 있을까?' 하는 걱정도 있었지만, 부모님은 계속해서 격려해 주셨다.

"고등학교 생활은 지금보다 훨씬 자율적이니, 네가 어떻게 마음먹느냐에 따라 결과가 완전히 달라질 거야."

엄마는 카페를 운영하며 겪은 사업의 보람과 어려움을 이야기해 주셨고, 아빠는 회사에서 경험한 지식재산의 중요성을 알려주셨다.

합격한 지 일주일 후, 학교에서 놀라운 소식이 전해졌다. 합격생들을 대상으로 하는 '창업 캠프'가 열린다는 것이었다! 입학 전에 새내기들이 서로 얼굴을 익히고, 발명·창업의 기본 개념을 체험할 수 있는 특별 행사였다.

"재학생 선배와 교사들이 멘토 역할을 해주고, 해커톤 형식의 아이디어 경진대회도 진행합니다. 많은 참여 바랍니다."

이 안내문을 읽자마자 내 마음은 이미 캠프장으로 달려가고 있었다.

"와, 그럼 입학도 하기 전에 다른 친구들과 팀 프로젝트를 해볼 수 있겠는데?"

밤새 들뜬 마음으로 캠프 준비물을 챙기며, 나는 이 모든 여정이 마치 꿈만 같았다. 중2 때만 해도 "난 꿈이 없어."라고 말하던 내가, 이제는 확실한 목표와 열정을 갖게 되었다.

창업 캠프 출발을 하루 앞둔 밤, 나는 창문을 열고 별이 빛나는 하늘을 바라보았다.

"이게 진짜 내 꿈의 시작이구나…."

가슴 속에서는 설렘과 기대감, 그리고 약간의 두려움이 뒤섞였지만, 한 가지는 확실했다. 내가 지금 걷고 있는 이 길이, 비록 험난할지라도, 정말 내가 가고 싶은 길이라는 것.

"내일부터는 정말 달라질 거야. 내가 꿈꾸던 학교에서, 내가 정말 하고 싶은 일을 배우게 되다니…."

심호흡을 깊게 하고 창문을 닫았다. 내일이 너무 기대됐다. 새로운 친구들, 새로운 도전, 그리고 새로운 나를 만날 생각에 가슴이 두근거렸다.

"나도 할 수 있어. 나는 서로나니까!"

이 확신이야말로, 미래에 내가 진정한 창업가로 성장하는 데 가장 큰 힘이 될 것이라고 믿었다. 그리고 이 모든 여정이 이제 막 시작되었다는 사실이 나를 더욱 설레게 했다.

서로나의 첫 창업캠프

"띠리링, 띠리링…."

아직 별이 선명한 새벽 하늘 아래, 내 방에는 알람 소리가 울려 퍼졌다. 어둑어둑한 방 안에서도 스마트폰 화면의 빛이 유난히 밝게 빛났다. 5시 정각. 평소라면 "아, 5분만 더…." 하며 알람을 끄고 이불 속으로 파고들었겠지만, 오늘은 달랐다. 알람이 울리자마자 눈이 번쩍 떠졌다.

"드디어 오늘이다!"

벌떡 일어나 침대에 앉으니 심장이 쿵쾅거렸다. 오늘은 그토록 기다려온 '한국발명창업고등학교 신입생 창업캠프' 첫날이었다. 합격 통지를 받은 후부터 오늘만을 손꼽아 기다려왔다. 이틀 전부터는 너무 설레서 밤에 잠도 제대로 이루지 못했다.

거실에 놓인 가방을 다시 한번 확인하고, 준비물 목록을 머릿속으로 재점검했다.

'노트북, 충전기, 필기구, 아이디어 스케치북, 세면도구, 여벌 옷…'

욕실 거울 앞에 선 나는 부스스한 머리를 정리하며 내 얼굴을 유심히 바라봤다. 떨리는 마음을 진정시키려 심호흡을 했지만, 눈동자에서 흥분된 기색을 감출 수 없었다.

"오늘이 내 고등학교 생활의 첫걸음이 될지도 몰라!"

스스로에게 용기를 북돋우며 씩 웃어보았다. 전날 밤에 미리 골라둔 너무 캐주얼하지도, 너무 격식 차리지도 않은 스타일의 옷을 입고 짐을 최종 점검했다.

거실로 나가자 아빠가 이미 차 키를 들고 서 계셨다. 새벽부터 일어나 맑은 정신으로 나를 맞이하는 아빠의 모습에 감사함이 밀려왔다.

"로나, 완전 신났네? 얼른 출발하자!"

아빠의 목소리에도 설렘이 묻어났다. 평소와 달리 아빠도 오늘 따라 활기차 보였다. 나를 위해 출근도 미루셨다는 사실이 더 고마웠다.

"아빠, 고마워요. 이렇게 새벽부터 데려다 주시고."

"뭘, 내 딸 인생의 중요한 날인데. 그럼 오늘은 아빠 운전 실력 믿고, 조금 더 자도 돼."

아빠의 너그러운 제안에 고개를 가로저었다. 도저히 더 잘 수 없을 만큼 가슴이 두근거렸다.

"아니요, 잠이 올 수가 없어요. 너무 설레서요."

차에 올라타니 아직 어둑어둑한 하늘이 서서히 푸른빛으로 물들어가고 있었다. 차창 밖으로 보이는 도로는 한산했다. 서울에서 학교가 있는 곳까지 3시간 정도 걸린다고 했지만, 이 시간대라면 훨씬 빨리 도착할 수 있을 것 같았다.

“아빠, 제가 지금 너무 긴장돼요. 다른 친구들은 어떨까? 다들 저보다 훨씬 준비가 잘 되어 있으면 어쩌죠?”

아빠는 핸들을 꼭 쥐고 운전하면서도 따뜻한 미소를 지었다.

“로나야, 너도 충분히 잘 준비했어. 그동안 얼마나 열심히 공부하고 아이디어를 정리했는지 내가 다 봤잖아. 게다가 첫날부터 완벽할 필요는 없어. 오히려 부족한 점을 발견하고 채워나가는 과정이 더 중요한 거야.”

아빠의 말에 조금 안심이 됐다. 창밖으로 지나가는 풍경을 보며, 앞으로 펼쳐질 캠프 생활에 대한 상상으로 마음이 들떴다.

“혹시 내가 잘할 수 있을까?”

“다른 친구들은 어떤 아이디어를 가지고 있을까?”

“내 아이디어가 너무 유치하거나 현실성 없다고 평가받지는 않을까?”

여러 가지 생각들이 머릿속을 맴돌았지만, 그 속에서도 가장 크게 자리잡은 건 기대감이었다.

고속도로를 달리는 동안, 서서히 해가 떠올라 하늘이 붉게 물들었다. 그 모습이 마치 나의 새로운 시작을 상징하는 것 같아 더욱 특별하게 느껴졌다.

“와, 저 일출 정말 아름답다. 좋은 징조인 것 같아요!”

차창 밖 풍경을 바라보며 환하게 웃는 내 모습에 아빠도 함께 미소 지었다.

3시간 가까이 달린 끝에, 드디어 ‘한국발명창업가고등학교’라는 커다란 간판이 눈에 들어왔다. 학교는 생각보다 훨씬 넓고 아름다웠다. 현대적인 건물들 사이로 푸른 잔디가 깔린 운동장과 아름답게 조경된 정원이 보였다.

“저기 봐요, 아빠! 기숙사 앞에 현수막이 걸려 있어요!”

차에서 내려 가방을 메고 기숙사 방향으로 걸어가니, 화려한 현수막이 눈에 들어왔다.

“제5회 신입생 창업캠프에 오신 것을 환영합니다!”

현수막 아래로는 이미 여러 명의 학생들이 삼삼오오 모여 있었다. 다들 나처럼 설렘과 긴장이 뒤섞인 표정으로 주변을 두리번거리고 있었다. 어떤 아이들은 이미 서로 인사를 나누며 웃고 있었고, 또 다른 아이들은 조용히 자신의 짐을 정리하고 있었다.

아빠는 내 어깨를 한번 꽉 안아주셨다.

"자, 이제 진짜 시작이구나. 걱정하지 말고 즐겁게 지내. 무슨 일 있으면 언제든 전화해."

"네, 아빠. 정말 고마워요."

아빠를 배웅한 후, 나는 깊게 숨을 들이마시고 기숙사 입구로 향했다. 입구에는 밝은 미소를 짓고 있는 여자 선생님이 서 계셨다.

"어서 와, 이름이 어떻게 되니?"

"안녕하세요, 저는 서로나입니다!"

내 이름을 들은 선생님은 명단을 확인하고 고개를 끄덕였다.

"음~, 서로나. 기숙사 2층 203호실에 방 배정됐어. 짐 놓고, 9시까지 강당으로 가렴."

선생님의 안내를 받고 기숙사 건물 안으로 들어섰다. 내부는 깔끔하고 현대적인 인테리어로 꾸며져 있었다. 2층으로 올라가는 계단을 오르며, 심장이 더 빠르게 뛰는 것을 느꼈다.

드디어 203호실 앞에 도착했다. 문을 열자 생각보다 넓은 2인실이 나타났다. 한쪽에는 이미 누군가의 짐이 놓여 있었다. 깔끔하게 정리된 침대와 책상, 그리고 세련된 인테리어가 눈에 들어왔다.

"와, 여기 생각보다 좋다!"

방을 둘러보다가 시계를 확인했다. 8시 45분. 강당까지 가려면 서둘러야 했다.

"15분 남았네. 빨리 가야겠다!"

서둘러 가방을 내려놓고 필요한 물건들만 작은 백팩에 담았다. 노트북, 필기구, 아이디어 노트…. 이것저것 챙기다 보니 시간이 더 흘렀다.

복도로 나오니 다른 신입생들도 분주하게 움직이는 모습이 보였다. 모두 나처럼 '지각하면 어떡하지?' 하는 조바심이 얼굴에 그대로 드러나 있었다.

"저기, 혹시 강당이 어디인지 알아요?"

내 앞에 걸어가던 한 여학생에게 말을 걸었다. 그 아이도 나처럼 조금 긴장한 표정이었다.

"저도 방금 물어봤어요. 저쪽 본관 쪽으로 가면 된대요. 같이 가요!"

우리는 서로 자기소개를 하며 강당을 향해 걸었다. 그 친구의 이름은 은서였고, 디자인과에 합격했다고 했다.

"저는 창업과에 지원했어요. 사실 아직도 실감이 안 나요, 이 학교에 합격했다는 게."

"저도요! 포트폴리오 준비하느라 정말 힘들었는데, 합격 통지 받았을 때 울 뻔했어요."

짧은 대화 속에서도 우리는 금세 친근감을 느꼈다. 다행히 은서 덕분에 강당을 무사히 찾을 수 있었다.

강당 입구에는 팀별 명단이 붙어 있었다. 수많은 학생들이 자신의 이름을 찾기 위해 명단 앞에 모여 있었다.

"서로나… 서로나… 아, 여기 있다! 3팀이네."

명단을 확인하고 강당 안으로 들어섰다. 넓은 강당은 이미 수많은 학생들로 북적였다. 각 팀별로 모여 앉을 수 있도록 테이블과 의자가 배치되어 있었고, 3팀이라고 적힌 팻말을 찾아 자리를 잡았다.

강당 앞쪽 무대에는 "제5회 신입생 창업캠프"라는 현수막이 걸려 있었고, 스피커에서는 비발디의 〈사계 중 '봄'〉이 흘러나오고 있었다. 상쾌하고 활기찬 클래식 선율이 내 마음을 더욱 들뜨게 만들었다.

테이블에 앉자 옆에 있던 남학생이 먼저 인사를 건넸다.

"안녕, 너도 3팀이야? 난 민우라고 해. 발명과에 합격했어."

"안녕, 나는 서로나야. 창업과에 합격했어."

우리가 인사를 나누고 있을 때, 갑자기 음악이 멈추고 무대 위로 한 분이 등장했다. 중년의 여성 선생님이 마이크를 들고 단상에 섰다.

"안녕하세요, 신입생 여러분. 저는 교감 김문심입니다."

강당 안의 웅성거림이 순식간에 잦아들었다. 모두의 시선이 무대 위 교감 선생님에게 집중됐다.

"방학 중임에도 오늘 신입생 창업캠프에 적극적으로 참여해 주셔서 정말 감사합니다."

교감 선생님의 목소리는 차분하면서도 힘이 있었다. 그분의 말 한마디 한마디가 내 마음속에 깊이 새겨지는 것 같았다.

"이번 제5회 신입생 창업캠프는, 입학 전 약 한 달 반이라는 시간을 알차게 보내면서 스스로 부족한 점과 보완해야 할 점을 확인할 수 있도록 마련된 자리입니다. 여기에서 마음껏 노선해 보시길 바랍니다."

교감 선생님은 손짓을 크게 하며 계속 말씀하셨다.

"캠프를 통해 발명·디자인·마케팅 등 창업에 필요한 여러 단계를 직접 체험하시게 될 텐데요, 이를 통해 '내가 어떤 부분에 강하고, 또 어디를 더 보완해야 하는지'를 깨달아 미리 준비하면, 3월 2일 고등학교 입학 후에 훨씬 자신 있고 즐거운 학교생활을 하실 수 있을 것입니다."

교감 선생님의 말씀에 나도 모르게 고개를 끄덕이고 있었다. '나의 강점과 약점을 미리 알 수 있다면 정말 좋겠다.'라는 생각이 들었다.

"마지막으로, 서로 협력하고 적극적으로 도전하면 반드시 좋은 결과가 뒤따를 테니, 모든 신입생 여러분께서 최선을 다해주시길 바랍니다."

교감 선생님의 인사가 끝나자, 곧이어 30대 초반으로 보이는 또 다른 선생님이 무대 위로 올라왔다. 젊고 패기 넘치는 인상이었다.

"안녕하세요, 여러분! 저는 신입생 창업캠프를 담당하고 있는 특성화부장 이진영입니다."

이진영 선생님은 교감 선생님보다 훨씬 열정적이고 활기찬 목소리로 말씀하셨다. 그 에너지가 강당 전체에 전해지는 것 같았다.

"이번 캠프는, 먼저 각 팀으로 모여 간단히 자기소개를 한 뒤, 오전 10시부터 멘토 선배들의 지도 아래 전 과정을 함께 진행하는 방식으로 이뤄집니다. 제품 아이디어 발상부터 사업계획서 작성, 그리고 최종 프레젠테이션까지 모든 팀원이 함께 참여해야 합니다."

'프레젠테이션'이라는 말에 나도 모르게 긴장했다. 사람들 앞에서 발표하는 것을 그리 좋아하지 않았기 때문이다.

"시간이 많지는 않습니다. 내일 오후 1시쯤 팀별 발표가 예정되어 있거든요. 하지만 걱정 마세요. 멘토 선배님들이 각 단계를 꼼꼼히 안내해 주실 겁니다. 실제 사업을 운영 중인 분들이니 실무 감각을 제대로 배울 좋은 기회예요."

이진영 선생님은 무대 위를 활기차게 오가며 설명을 이어갔다.

"결국, '좋은 아이디어를 어떻게 찾고, 그 아이디어를 시장에 어떻게 내놓을지 구상한 뒤 발표로 멋지게 전달하는 것'이 이번 캠프의 핵심입니다."

나는 그 말을 들으며 '과연 우리 팀은 어떤 아이디어를 낼까?' 하는 궁금증이 생겼다.

"또한 캠프에 열정적으로 참여해 주시는 분들을 격려하기 위해, 학교에서는 포인트 점수가 가장 우수한 15명을 선정해 상장과 상품을 드릴 예정입니다. 아이디어 기여도, 팀 활동 참여도, 문제 해결 및 실행력, 열정과 성실성 등 다양한 항목을 평가하니, 적극적으로 임해 주시길 바랍니다."

'상위 15명에게 상이라니!' 갑자기 경쟁심이 생겼다. 열심히 참여해서 꼭 상을 받고 싶다는 생각이 들었다.

"그럼 이제 멘토 선배님이 자리에 오시면 시작해 보세요. 이 순간부터 본격적인 캠프가 시작됐습니다. 모두들 파이팅하시고, 멋진 성과 거두시길 바랍니다!"

이진영 선생님의 말씀이 끝나자, 강당 곳곳에서 환호성과 박수가 터져 나왔다. 나도 흥분된 마음으로 박수를 쳤다.

얼마 지나지 않아, 각 팀별로 멘토 선배들이 나타났다. 3팀 테이블로 한 남학생이 다가왔는데, 키가 크고 자신감 넘치는 인상이었다. 교복을 입고 있었지만,

일반 고등학생이라기보다는 어디선가 많은 경험을 한 듯한 여유로움이 느껴졌다.

"안녕하세요, 여러분. 저는 3학년에 재학 중인 '강하다'라고 해요. 발명과 회장이기도 하고, 작년부터는 친구와 함께 안전 물놀이 용품 스타트업을 창업해 운영하고 있답니다."

강하다 선배의 자기소개에 테이블에 앉은 우리 모두 감탄했다. '3학년인데 이미 자기 사업체를 운영하고 있다니!'

"저도 여러분처럼 신입생 창업캠프에 참여했던 적이 있어요. 그때 발명의 중요성과 함께, 실제 창업 과정을 어떻게 밟아야 하는지 확실히 배웠죠. 처음에는 막연히 어렵게 생각했지만, 의외로 체계만 잡으면 도전해 볼 만하더라고요. 덕분에 자신감도 얻고, 지금은 창업이 저를 크게 성장시킨다는 걸 실감하고 있어요."

강하다 선배의 말 한마디 한마디가 나에게 큰 동기부여가 됐다. '나도 언젠가 저렇게 될 수 있을까?' 하는 희망이 생겼다.

"사실 저는 이 학교에 올 때 부모님의 추천이 컸지만, 막상 와 보니 학생 맞춤형 교육과 학생 중심 운영이 정말 인상적이었어요. 그래서 지금까지 학교생활을 만족스럽고 행복하게 보내고 있답니다."

강하다 선배는 노트북을 꺼내며 말했다.

"자, 이제 우리 팀 여러분도 차례대로 자기소개를 해 볼까요? 그리고 이번 캠프에서 기대하는 바도 함께 말해주면 좋겠어요."

나는 주변을 둘러보았다. 아까 인사했던 민우와 은서, 그리고 두 명의 학생이 더 있었다. 우리는 차례대로 자기소개를 시작했다.

첫 번째로 민우가 자신감 넘치는 목소리로 말했다.

"안녕하세요, 저는 발명과에 합격한 정민우입니다. 중학교 때부터 드론 만드는 걸 좋아했어요. 작년에는 직접 설계한 드론으로 ○○시 대회에서 입상하기도 했답니다. 언젠가 AI 드론을 활용해 자가용 드론까지 개발하는 게 꿈이죠."

민우는 말하면서도 손으로 드론 모양을 그리며 설명했다. 그의 눈빛에서 열정이 느껴졌다.

“이번 캠프에서 발명만이 아니라 창업까지 미리 체험할 수 있다고 들어서, ‘오? 이거 나한테 좋은 기회인데?’ 하고 잔뜩 기대했어요. 합격도 했으니, 이제 마음껏 도전해 보고 싶습니다!”

두 번째로 은서가 조금은 수줍은 듯하면서도 또렷한 목소리로 말했다.

“안녕하세요, 전 디자인과에 합격한 김은서라고 해요. 그림 그리거나 브랜드 로고 구상하는 걸 좋아해서, 포트폴리오 준비를 정말 열심히 했죠. 특히 환경 문제와 관련된 로고나 포스터 디자인에 관심이 많아요.”

은서는 얘기하면서 자신의 작은 스케치북을 꺼내 보여주었다. 단순하면서도 메시지가 강한 디자인들이 눈에 띄었다.

“캠프가 창업과 연계된다고 해서 ‘디자인이랑 어떻게 연결되지?’ 궁금했는데, 이 기회에 아이디어 기획 같은 걸 살짝 맛볼 수 있으면 좋겠어요.”

세 번째로 자기소개를 한 여학생은 활기차고 말솜씨가 좋아 보였다.

“안녕하세요, 저는 창업과에 합격한 안수진이에요. 중학교 때 온라인으로 소소하게 물건을 팔아 본 적이 있는데 그때 정말 재밌어서, 고등학교에 가면 제대로 창업을 배우고 싶었거든요.”

수진이는 말하면서도 자신감이 넘쳐 보였다. 이미 사업가의 기질이 있는 것처럼 느껴졌다.

“이 학교가 멋진 프로젝트를 많이 한다는 소문이 자자해서 지원했는데, 합격하고 보니 이렇게 캠프에도 참여하게 되어 기쁩니다. 발명과나 디자인과 친구들이랑 함께 아이디어를 구체화해 보는 시간이 될 것 같아서 많이 설레요.”

마지막으로 조용히 앉아있던 남학생이 입을 열었다.

“안녕하세요, 전 발명과에 합격한 이창욱입니다. 로봇이나 기계 쪽에 관심이 많아요. 집에서 간단한 로봇 키트를 조립하면서 ‘이걸 사업으로 이어갈 수도 있을까?’라는 궁금증이 생겼어요.”

창욱이의 목소리는 조용했지만, 말 속에는 진지함이 묻어났다.

“그래서 이 학교에 지원했고, 창업캠프가 있다고 해서 입학 전부터 뭔가를 해 볼 수 있겠다 싶어서 기대 중입니다. 작은 아이디어라도 실제로 만들어 보는 경험을 꼭 하고 싶어요."

드디어 내 차례가 왔다. 모두의 시선이 나에게 모아지자 갑자기 긴장됐지만, 심호흡을 한 뒤 또렷한 목소리로 말했다.

"안녕하세요, 저는 서로나라고 해요. 창업과에 합격했어요. 아직 입학 전이지만, 이 학교를 선택하고 창업캠프에 참여하게 돼서 정말 기뻐요. 사실, 중학교 2학년 때부터 '나도 창업을 해보면 어떨까?'라는 생각을 했어요. 처음에는 단순히 '내가 만든 물건이나 아이디어를 직접 팔면 재밌겠지?' 정도로 상상했는데, 막상 세상에 어떻게 내놓아야 할지 감이 안 잡히더라고요. 그래서 유튜브나 구글을 찾아보며 혼자 공부해 봤어요."

자기소개를 하면서 마음이 점점 설레는 것을 느꼈다. 여기 모인 모든 사람이 나와 비슷한 꿈을 꾸고 있다는 사실이 신기하면서도 믿기지 않았다.

말을 하다 보니 중학교 때의 기억이 생생하게 떠올랐다. 엄마의 카페에서 버려지는 커피 찌꺼기를 재활용해 화분을 만들었던 일, 친구들과 함께 학교 축제에서 작은 부스를 열어 직접 만든 물건을 팔았던 경험들이 생각났다.

"그런데 혼자 공부하는 데에는 한계가 있더라고요. '비슷한 생각을 가진 친구들과 함께 이야기 나누고 고민할 수 있다면 좋을 텐데….' 하고 늘 아쉬워했어요. 그러던 중, 신입생 창업캠프가 열린다는 소식을 듣고 '드디어 내 이야기를 나눌 친구들을 만날 수 있겠구나!' 싶어서 정말 설렜어요."

잠시 멈추고 주변 얼굴들을 바라봤다. 모두가 공감하는 듯한 눈빛으로 나를 바라보고 있었다.

"이번 캠프가 어떻게 진행될지는 아직 잘 모르지만, 다 함께 웃고, 고민도 하고, 좋은 아이디어를 만들면서 서로에게 힘이 됐으면 좋겠습니다. 아, 그리고 제 이름 '서로나'는 '서로[互]'와 '나[我]'의 합성어예요. 서로 돕고 함께하면서도 자신의 삶을 주도하는 사람이 되라는 의미라고 해요. 이번 캠프에서 그 이름처럼 살아보고 싶네요!"

내 자기소개가 끝나자 강하다 선배가 만족스러운 표정으로 미소를 지었다.

"좋아요! 모두 열정적인 자기소개, 정말 인상적이네요. 이제 본격적으로 아이디어 회의를 시작해 볼까요?"

강하다 선배는 노트북을 열고 프로젝터를 연결했다. 테이블 가운데 놓인 모니터에 디스코드 화면이 나타났다.

"이번 아이디어 회의는 디스코드를 이용할 거예요. '행복을 주는 제품 고안하기 3팀' 채널에 들어가서 자신의 생각과 의견을 적극적으로 작성해 주세요."

선배가 제시한 QR코드를 스캔해 모두 디스코드 서버에 접속했다. 놀랍게도 이 캠프에 참가한 모든 팀이 같은 서버에 있었고, 팀별로 채널이 나뉘어 있었다.

"멘토 옆에 있는 이 큰 모니터를 보세요. 여기에는 우리 팀의 채널 화면이 실시간으로 보일 거예요."

강하다 선배가 커다란 모니터를 가리키며 설명했다.

"하지만 다른 팀들의 활동 내용도 동시에 공유되고 있으니, 여러분이 '다른 팀은 어떻게 하고 있지?' 하고 궁금해진다면 언제든 살펴보셔도 좋습니다. 다른 팀의 좋은 점을 배우는 것은 창업에도, 협업에도 큰 도움이 되니까요."

나는 호기심에 다른 팀들의 채널도 잠깐 둘러보았다. 1팀은 이미 열띤 토론을 시작했고, 5팀은 아이디어 맵을 그리고 있었다.

"아, 그리고 채팅창에 들어갈 때에는 '서로나(창업과)'처럼, 이름(학과) 순으로 닉네임을 설정해 주세요. 그래야 누가 어떤 내용을 제시했는지 쉽게 파악할 수 있거든요."

모두 강하다 선배의 지시에 따라 닉네임을 설정했다. 디스코드 채팅창에는 하나둘씩 "정민우(발명과)", "김은서(디자인과)", "안수진(창업과)", "이창욱(발명과)", 그리고 "서로나(창업과)"가 등장했다.

강하다 선배는 잠시 목소리를 가다듬더니 중요한 내용을 상기시키듯 다시 말했다.

"여러분, 교감 선생님이 말씀하셨듯이, 이번 캠프는 단순히 참여만 하는 것이 아니라 아이디어 기여도, 팀 활동 참여도, 문제 해결 및 실행력, 열정과 성실성 등을 평가받게 됩니다. 포인트가 높은 15명에게는 상장과 상품이 주어질 거예요."

순간 모두의 눈빛이 반짝였다. 상위 15명이라면 경쟁이 치열할 것 같았지만, 그만큼 도전 의식이 생겼다.

"그렇지만 상을 받는 것만이 목표는 아니랍니다. 서로 소통하고 협력하면서, 창업에 필요한 점, 그리고 내가 부족한 점이 무엇인지 깨닫는 것이 더 중요해요. 상은 여러분이 정말 열심히 해줬을 때 보너스로 드리는 거고, 여러분이 이 시간을 통해 배우고 성장하는 일이 훨씬 더 가치 있다는 것을 기억해 주세요."

강하다 선배의 말에 나는 고개를 끄덕였다. '맞아, 꼭 상을 받는 게 중요한 건 아니야. 이 경험 자체가 더 소중한 거지.'

"아, 그리고 디스코드 채널에서 나눈 모든 대화와 아이디어는 디스코드 봇이 자동으로 기록해 둡니다. 그러니 자신의 의견도 열심히 쓰고, 팀원들과 협력하는 모습도 잘 보여 주세요. 혹시 다른 팀의 아이디어가 궁금하면, 그 팀 채널도 살짝 들어가 보셔도 돼요. 좋은 아이디어나 협업 방식을 배우는 건 창업에도, 협업에도 큰 도움이 되니까요!"

선배의 설명이 끝나자 곧바로 디스코드 채팅창이 활성화되기 시작했다.

강하다 (멘토)	아이디어 회의는 일곱 단계로 진행할 겁니다. 정해진 순서에 맞춰 차근차근 의견을 내주세요. 마지막에는 우리가 가장 마음에 드는 아이디어를 결정한 뒤, 캠프 일정 내에 실제로 구현할 수 있는 구체적인 방법까지 고민해 봅시다. 그리고 무엇보다 서로 협력하는 게 중요해요. 문제를 함께 해결하고, 실행력을 높이는 과정도 다 평가 요소로 잡힐 겁니다.

나는 디스코드 창을 보며 가슴이 두근거렸다. 이제 진짜 시작이구나! 첫 번째 단계인 '폭넓게 아이디어 주제를 나누기'가 시작됐다.

강하다(멘토)

1단계: 폭넓게 아이디어 주제를 나누기입니다. 먼저, 여러분이 생각하는 '행복을 주는 제품'이란 무엇일까요? 일상에서 불편한 점이나 해결하고 싶은 문제가 있나요? 머릿속에 떠오르는 아이디어를 자유롭게 공유해 주세요.

잠시 침묵이 흘렀다. 모두 첫 발언을 꺼내는 것을 망설이는 듯했다. 나도 머릿속으로 '어떤 아이디어가 좋을까?' 열심히 생각했다. 갑자기 중학교 때 엄마 카페에서 봤던 장면이 떠올랐다.

서로나(창업과)

안녕하세요! 저는 요즘 카페나 식당에서 일회용 컵과 용기가 너무 많이 버려지는 것이 신경 쓰여요. 특히 엄마가 운영하는 카페에서 매일 산더미처럼 쌓이는 일회용품을 보면 환경에 정말 안 좋겠다는 생각이 들었어요. 어쩌면 '행복을 주는 제품'은 지속 가능한 환경을 만들어 주는 제품이 아닐까요? 예를 들어, 생분해성 소재로 만든 텀블러나 다회용 포장 용기 같은 것들이요.

내 의견을 시작으로 채팅창이 활발해지기 시작했다.

정민우 (발명과)

저도 환경 문제에 관심 있어요! 드론으로 쓰레기를 수거하는 시스템을 구상한 적이 있는데, 물론 지금 우리가 만들기에는 너무 큰 규모지만, 작은 버전으로 시작해볼 수도 있을 것 같아요. 예를 들어, 학교나 공원에서 쓰레기를 자동으로 분류하고 수거하는 소형 로봇이라든지.

김은서 (디자인과)

환경 주제 좋네요! 저는 조금 다른 관점에서, 요즘 많은 학생들이 스트레스로 힘들어하는 걸 보면서 '마음의 행복'을 주는 제품은 어떨까 생각했어요. 예를 들어, 감정 상태를 인식해서 그에 맞는 음악이나 조명을 제공하는 스마트 인테리어 제품이라든지.

안수진 (창업과)

두 아이디어 다 좋아요! 그리고 저는 최근에 어르신들이 스마트폰 사용하시는 걸 도와드리면서 느낀 건데, 디지털 소외계층에게 행복을 주는 제품도 필요할 것 같아요. 버튼 몇 개로 모든 기능을 사용할 수 있는 단순화된 스마트 기기라든지, 음성인식으로 쉽게 조작할 수 있는 제품이요.

이창욱 (발명과)

저는 건강과 관련된 제품이 행복을 줄 수 있다고 생각해요. 특히 요즘 코로나19 이후로 건강 관리에 관심이 많잖아요. 집에서 간단하게 건강 상태를 체크하고 관리할 수 있는 기기나 앱이 있으면 좋을 것 같아요.

모두의 아이디어가 모이자 강하다 선배가 만족스러운 표정으로 채팅을 이어갔다.

강하다
(멘토)

와! 모두 정말 훌륭한 아이디어네요. 환경, 정서적 웰빙, 디지털 격차 해소, 건강 관리까지 다양한 주제가 나왔어요. 이제 이 아이디어들을 조금 더 구체화해 볼까요? 2단계로 넘어가 봅시다. '구체적인 타깃층과 문제 정의하기'입니다. 여러분이 제안한 아이디어 중에서 어떤 것을 더 발전시키고 싶은지, 그리고 그 제품이 해결하고자 하는 구체적인 문제와 타깃 사용자는 누구인지 생각해 봅시다.

나는 조금 더 깊이 생각하기 시작했다. 그냥 막연히 환경 문제를 해결하는 제품이 아니라, 정말 구체적인 문제와 사용자층을 정해야 했다.

서로나
(창업과)

제가 말한 환경 문제와 관련해서 더 구체적으로 생각해 봤어요. 타깃층은 카페나 식당을 자주 이용하는 20~30대 직장인과 대학생들이 좋을 것 같아요. 이 연령대가 테이크 아웃 커피나 배달 음식을 가장 많이 소비하고, 동시에 환경 의식도 높거든요. 해결하고 싶은 문제는 '일회용 컵과 용기로 인한 환경 오염'인데, 특히 플라스틱 쓰레기가 분해되지 않고 바다로 흘러들어가는 문제요.

내 의견을 시작으로 다시 한번 활발한 토론이 이어졌다. 각자가 자신의 아이디어를 더 구체화하고, 다른 사람의 아이디어에 의견을 보태면서 점점 더 실현 가능한 형태로 발전시켜 나갔다.

서로나의 아이디어 발전 과정

서로나의 아이디어 발전 과정

1단계: 아이디어 탐색 및 공유

강하다 선배는 디스코드 채팅창에 올라온 의견들을 주의 깊게 살펴보았다. 그의 눈빛에서 진지함과 기대감이 동시에 느껴졌다. 잠시 생각에 잠긴 듯하더니, 키보드를 두드리기 시작했다.

“여러분의 아이디어를 하나하나 살펴봤는데요, 정말 멋진 생각들이 많네요!“

강하다 선배의 메시지가 화면에 떠오르자 나는 가슴이 두근거렸다. ‘내 의견도 괜찮게 봐주셨을까?’ 하는 기대감이 들었다.

“정민우나 이창욱은 하드웨어에 대한 열정이 넘치는데, 솔직히 우리가 가진 시간과 자원을 고려하면 소프트웨어 쪽이 좀 더 현실적일 것 같아요.”

채팅창에서 민우의 아이콘이 살짝 움직였다. 분명 뭔가 반박하려다 참은 것 같았다. 드론에 대한 그의 열정은 자기소개에서부터 느껴졌으니까.

“김은서의 디자인 아이디어는 정말 좋네요. 어떤 제품이든 시각적 매력은 필수죠. 사용자들이 첫인상에서 호감을 느끼게 하는 건 정말 중요한 부분이니까요.”

은서가 미소 이모티콘을 채팅창에 올렸다. 그녀의 실제 얼굴도 환하게 웃고 있었다.

“안수진의 ‘무언가를 판다’라는 개념은 비즈니스 모델에서 절대 빠질 수 없는 부분이에요. 아무리 좋은 아이디어도 수익 구조가 없으면 지속 가능하지 않으니까요."

수진이 고개를 끄덕이며 메모를 하고 있었다. 그녀는 창업과답게 이미 머릿속으로 수익 모델을 구상하고 있는 것 같았다.

"로나가 제안한 봉사나 멘토링 플랫폼은 공익성과 창업이 결합된 형태라 정말 인상적이에요. 더욱이 다른 친구들의 아이디어와도 잘 어울릴 수 있어 보여요."

내 이름이 언급되자 얼굴이 화끈거렸다. 선배가 내 아이디어를 좋게 평가해준 것 같아 기분이 좋았다. 테이블에 앉은 다른 팀원들도 나를 바라보며 미소를 지었다.

강하다 선배는 모니터 앞에서 고개를 들어 우리를 둘러보더니 말했다.

"지금은 아이디어를 폭넓게 꺼내는 단계라서, 너무 구체적이지 않아도 괜찮아요. 하지만 서로의 아이디어를 듣다 보면, '어? 저거랑 내 거랑 합치면 되겠다.'라는 생각이 들 수 있죠."

그의 말에 모두가 고개를 끄덕였다. 실제로 팀원들의 의견을 들으며 내 머릿속에서도 여러 아이디어가 서로 연결되기 시작했다.

"조금 뒤에 1단계 2차 의견으로 더 깊이 얘기해 봅시다. 그때는 지금 나온 아이디어를 서로 융합하거나, 발전시킬 방법을 고민해 보면 좋겠어요."

선배의 말이 끝나자마자 민우가 채팅창에 메시지를 올렸다.

"하드웨어가 부담되면, 드론 대신에 IoT 센서를 활용한 간단한 시뮬레이션 정도는 가능할 것 같아요. 그래도 이창욱 말대로 앱 위주가 현실적이긴 하겠네요."

민우의 얼굴에서는 아쉬움이 묻어났지만, 현실적인 접근법을 받아들이는 듯했다. 창욱이 그의 어깨를 툭 치며 웃었다.

은서도 곧바로 의견을 보탰다.

"소프트웨어 중심이라면, 시각 디자인을 잘 살려야 할 것 같아요. UI 구성이 깔끔해야 사람들이 쉽게 이해하니까요."

그녀는 말하면서 스케치북을 꺼내 무언가를 그리기 시작했다. 몇 번의 선 그리기만으로도 앱 화면 구성이 훤히 보이는 것 같았다.

수진이 흥분된 목소리로 말했다.

"봉사나 멘토링처럼 공익적인 서비스를 만들면, 정부기관 협력이랑 후원 등을 받기 쉬울 것 같아요. 그럼 자연스럽게 수익이나 유지비를 마련할 수도 있고요."

창업과 학생다운 실용적인 제안이었다. 멘토링이나 봉사 활동이 단순한 선행에 그치지 않고 지속 가능한 사업 모델로 발전할 수 있다는 가능성이 흥미로웠다.

창욱이 고개를 끄덕이며 의견을 보탰다.

"그렇다면 플랫폼으로 확정하고, 거기서 어떤 기능을 넣을지 구체화하면 되겠네요. 기술 요소도 다양하게 섞어 볼 수 있을 듯해요."

나도 더는 참지 못하고 아이디어를 공유했다.

"플랫폼 형태면 발명과 친구들은 기능 구현, 디자인과 친구들은 UI/UX, 창업과 친구들은 사업 모델 쪽을 맡아서 협업하기 딱 좋을 것 같아요."

말을 마치고 보니 모두가 나를 바라보고 있었다. 내 의견이 팀의 방향성을 정리해준 것 같았다. 강하다 선배도 만족스러운 표정으로 고개를 끄덕였다.

1단계에서 두 번의 의견 교환이 끝나자, 자연스럽게 우리 팀의 방향이 앱/플랫폼으로 모이기 시작했다. 강하다 선배는 디스코드 채널에 '2단계 범위 좁히기 & 구체화'라는 안내를 남겼다.

"여러분, 조금 더 구체적으로 '무엇을, 어떻게' 만들지를 이야기해 봅시다."

2단계: 범위 좁히기 & 구체화

은서가 가장 먼저 의견을 내놓았다. 그녀의 눈빛에서 디자이너의 열정이 느껴졌다.

"UI/UX에 관심이 많으니, 예쁘고 직관적인 앱을 만드는 데 집중하고 싶어요. 저한테는 정말 좋은 포트폴리오가 될 것 같아요."

그녀는 이미 스케치북에 몇 가지 화면 디자인을 그리고 있었다. 단순한 선 몇 개만으로도 전문적인 느낌이 물씬 풍겼다.

민우는 아쉬움을 감추지 못하는 표정이었지만, 현실적인 접근법을 선택했다.

"드론 같은 기술적인 요소를 넣고 싶긴 한데, 장비가 없고 시간도 부족하니 온라인 플랫폼이 더 나을 듯해요. 그래도 뭔가 테크니컬한 요소를 조금이라도 넣으면 재밌을 것 같아요."

말을 마치자 민우의 눈빛에서 '그래도 나중에는 드론도 꼭 넣을 거야.'라는 굳은 결심이 느껴졌다. 그의 열정에 나도 절로 미소가 지어졌다.

창욱이 갑자기 탁자를 두드리며 아이디어를 내놓았다.

"게임처럼 '포인트 시스템'을 붙이면 어떨까요? 미션 달성하면 포인트가 쌓이고, 그걸로 아이템을 사거나 레벨업하는 식으로요. 사용자들이 몰입하겠죠."

그의 말에 테이블 주변이 갑자기 활기를 띠었다. 특히 민우의 눈이 반짝였다. 두 발명과 학생들은 서로 눈빛을 교환하며 시스템을 구상하였다.

수진이는 실용적인 측면을 제시했다.

"플랫폼이면 수익 모델을 꼭 고민해야 해요. 사용자 규모도 중요하지만, 결국 사업으로 이어지려면 돈이 어떻게 오가는지 파악이 필요해요."

수진의 말은 냉정했지만, 창업 프로젝트의 핵심을 짚어주는 것이었다. 아무리 좋은 아이디어라도 지속 가능성이 없다면 의미가 없다는 현실적인 조언이었다.

민우가 갑자기 아이디어를 낸 듯 손을 번쩍 들었다.

"그러면 앱에서 GPS를 사용해 주변 봉사활동 정보를 찾는다든지, 간단한 알고리즘으로 맞춤형 멘토·멘티를 추천할 수도 있겠네요."

그의 말에 나도 아이디어가 떠올랐다. 조금 떨리는 마음으로 말했다.

"저는 '서로나 웹'이라는 이름을 제안하고 싶어요."

모두의 시선이 나에게 집중됐다. 나는 자신감을 가지고 말을 이어갔다.

"'서로'와 '나'를 합쳐서, 서로 돕고 각자도 성장한다는 의미를 담아 보면 어떨까요? 멘토링, 봉사 기능에 포인트 제도까지 더하면 동기부여가 될 듯해요."

팀원들의 표정에서 공감이 느껴졌다. 은서는 이미 '서로나 웹'이라는 로고를 스케치하기 시작했다.

수진이는 사업적인 관점을 더했다.

"후원이나 기관 협력, 추가 기능 유료화 같은 수익모델도 고려할 수 있겠네요. 사용자 많아지면, 기업 입장에선 홍보나 협찬하기 쉬울 테니까요."

은서는 펜을 놓지 않은 채 자신의 생각을 공유했다.

"따뜻하고 부드러운 색감으로 브랜딩하면 좋겠네요. 사람과 사람이 연결되는 이미지를 시각적으로 녹여내는 게 핵심일 것 같아요."

그녀의 스케치북에는 이미 '서로나 웹'의 로고 초안이 여러 개 그려져 있었다. 둥근 형태 속에 사람들이 서로 손을 잡는 모습, 그 주변으로 따뜻한 색감의 그라데이션이 펼쳐져 있었다.

강하다 선배는 채팅창에 올라온 모든 의견을 주의 깊게 살펴본 후, 화면을 쳐다보며 말했다.

"좋습니다. 일단 여기까지 정리된 내용을 토대로, 다음 단계에서 기능 목록을 만들어 보고 구성해 봅시다."

선배의 말을 마치자, 모두가 뿌듯한 표정을 지었다. 아직 구체적인 제품은 나오지 않았지만, 방향성이 잡히는 것만으로도 성취감이 느껴졌다.

"좋아요, 그럼 다들 잠시만 휴식을 취하고, 곧이어 3단계로 넘어가 기능 목록을 구체적으로 정리해 봅시다!"

강하다 선배의 말이 끝나자, 우리는 모두 테이블에서 일어나 기지개를 켰다. 오전부터 이어진 회의로 몸이 뻐근했지만, 마음은 한없이 가벼웠다.

"로나, 아이디어 정말 멋져!" 은서가 나에게 다가와 속삭였다. "'서로나 웹'이라니, 네 이름이랑도 연결되고 의미도 깊어서 너무 좋은 것 같아."

"고마워, 은서야. 근데 네가 그린 로고도 정말 예쁜데? 벌써부터 전문가 같아."

은서는 쑥스러운 듯 웃었지만, 그녀의 눈에서는 자부심이 느껴졌다.

민우와 창욱은 커피 자판기 앞에서 이미 기술적인 부분을 논의하고 있었다.

"GPS 기능은 네가 맡아볼래? 난 포인트 시스템 알고리즘을 짜볼게."

"그래, 위치 기반 서비스는 내가 좀 공부했거든. API도 찾아봤어."

수진은 스마트폰으로 무언가를 열심히 검색하고 있었다. 아마도 비슷한 플랫폼의 수익 모델을 조사하는 것 같았다.

복도에서 잠시 바깥 풍경을 바라보니, 학교 캠퍼스가 한눈에 들어왔다. 푸른 잔디와 나무들, 그 사이로 오가는 학생들. '내가 진짜 이곳에 다니게 될 거야.'라는 생각에 가슴이 벅차올랐다.

짧은 휴식 시간이 끝나고 다시 테이블로 모였다. 모두의 표정이 훨씬 생기 있어 보였다. 아이디어가 점점 구체화되면서 프로젝트에 대한 애착이 커지는 것이 느껴졌다.

3단계: 아이디어 기능 목록 작성

강하다 선배가 디스코드 채널에 새 안내 메시지를 올렸다.

"이제 3단계입니다. '어떤 기능이 필요할지' 구체적으로 나눠보도록 해요. 채널에 '3단계 아이디어 기능 목록 작성'이라는 말머리가 있으니, 거기에 생각나는 기능들을 마음껏 적어 주세요!"

민우가 시작을 끊었다.

"일단 소통이 제일 중요하니, 채팅방이나 게시판 같은 건 필수겠죠. 서로 정보를 주고받고, 바로 대화를 할 수 있어야 하니까요."

강하다 선배는 적극적으로 반응해 주었다.

"맞아요, 플랫폼이라면 소통 기능이 없어서는 안 되겠죠! 채팅방, 게시판… 어떤 형태로 구현하면 좋을지 더 생각해 봅시다."

은서는 자신의 강점을 살려 의견을 냈다.

"UI는 단순하고 직관적이면 좋겠어요. 예를 들어, 첫 화면에서 곧장 '봉사활동 찾기', '멘토 신청하기', '고민 상담하기' 같은 메뉴가 눈에 띄면 어떨까요?"

그녀는 말하면서 이미 스케치북에 첫 화면 레이아웃을 그리고 있었다. 단순한 선 몇 개만으로도 전문적인 디자인이 그려지는 것이 놀라웠다.

"UX에 있어, '어디로 들어가야 하지?' 고민하는 일이 없어야 해요. 메인 화면에 명확한 메뉴가 있으면 사용자들이 편하겠죠," 강하다 선배가 공감하며 말했다.

수진이가 실용적인 기능을 제안했다.

"포인트 제도도 구체적으로 설계해야 해요. 참여도에 따라 레벨이 올라가고, 어느 레벨 이상이면 주민센터나 기관에 연계된 봉사 프로그램을 소개받는 식으로요. 재미랑 실질적 혜택을 같이 주면 사용자들이 더 열심히 참여하겠죠."

그녀의 말에 민우와 창욱의 눈이 반짝였다. 아마 게임에서 영감을 받은 레벨 시스템이 그들의 관심을 끈 모양이었다.

"앗, 좋습니다!" 강하다 선배의 목소리에 흥분이 묻어났다. "포인트와 레벨 개념이 들어가면, 이창욱이 말했던 게이미피케이션과도 연결이 되겠네요. 또 창업과 학생답게 실질적 혜택을 생각하는 점이 인상적이군요." 창욱이 진지한 표정으로 보안 문제를 제기했다.

"왕따를 겪는 학생들이나 독거 어르신들이 안전하게 대화할 수 있는 공간도 필요해요. 예컨대 오픈 채팅방이나 1:1 멘토링, 익명 게시판 등을 만들 때, 보안과 프라이버시를 어떻게 지킬지가 관건이죠."

그의 말에 모두가 고개를 끄덕였다. 선의로 시작한 플랫폼이 악용될 가능성도 고려해야 한다는 현실적인 지적이었다.

"취약 계층을 보호하기 위해선 보안이 정말 중요해요. 데이터 암호화라든지, 익명성 보장이라든지…. 이런 부분들은 필요하다면 법적 요건도 살펴봐야 해요," 강하다 선배도 진지하게 대답했다. 내 차례가 되자 잠시 생각을 정리한 후 의견을 냈다.

"연결만 해주는 것이 아니라, 도움을 주고받는 과정이 투명하게 보이면 신뢰가 쌓인다고 생각해요. 예컨대 멘토 프로필에 실제 봉사 이력이나 인증 배지를 표시하고, 도움을 원하는 분들도 구체적인 지원 내용을 명시할 수 있게 하면 어떨까요?"

말을 마치고 보니 모두가 잠시 생각에 잠긴 듯했다. 그러다 강하다 선배가 감탄했다.

"아, 투명성이 핵심이네요! 멘토가 실제로 봉사를 몇 시간 했는지, 어떤 인증을 받았는지, 또 도움을 요청하는 사람도 정확히 어떤 도움이 필요한지 보여준다면, 서로 신뢰하기 쉬워지겠어요."

팀원들의 아이디어가 한꺼번에 쏟아지자, 강하다 선배는 이를 체계적으로 정리해 주었다. 그리고 모든 의견을 한곳에 모아 보니, 우리가 합의한 주요 기능은 다음과 같았다.

1. 소통 기능
    - 채팅방, 게시판, 1:1 멘토링
    - 필요하다면 익명 혹은 보안 모드 지원

2. 직관적 UI
    - 첫 화면에 '봉사활동 찾기', '멘토 신청하기', '고민 상담하기' 등 주요 메뉴 배치
    - 사용자들이 앱 구조를 한눈에 파악할 수 있는 설계

3. 포인트 & 레벨 시스템
    - 활동량에 따라 포인트 적립 및 레벨 상승
    - 지역 주민센터, 기관과 연계해 특별 프로그램 참여 기회 제공
    - 재미 요소 + 실질적 혜택 결합

4. 보안 & 프라이버시
    - 왕따 학생, 독거 어르신 등 취약 계층을 위한 안전장치
    - 익명 게시판, private 대화, 신뢰도 평판 시스템

5. 투명한 도움 주고받기
    - 멘토 프로필에 봉사 이력, 인증 배지 표시
    - 도움 요청자도 구체적인 사연이나 필요한 지원을 기재 → 매칭률 향상
    - 전반적으로 '신뢰 기반의 커뮤니티' 조성

목록을 확인한 우리 모두는 연신 "좋아요!", "괜찮네!"라며 채팅창에 반응을 남겼다. 마치 하나의 골격이 완성된 느낌에, 짧지만 묵직한 성취감이 느껴졌다.

은서는 이미 이 기능들을 구현할 화면 디자인을 스케치하고 있었고, 민우와 창욱은 필요한 기술 요소들을 메모하고 있었다. 수진은 수익 모델과 협력 기관들을 리스트업하기 시작했다.

강하다 선배가 만족스러운 표정으로 말했다.

"훌륭합니다! '서로나 웹'에서 해야 할 기능들이 한눈에 보이네요. 이제 다음 단계에서는 이 기능들을 실제로 구현할 수 있을지, 우리에게 시간과 자원이 충분한지 검토해 봐야겠죠."

나는 문득 스마트폰을 확인하니 시간이 꽤 흘러 있었다. 오전 내내 아이디어를 발전시키느라 시간 가는 줄 몰랐다. 그런데도 전혀 지치지 않았다. 오히려 더 많은 아이디어가 떠올라 들뜬 기분이었다.

4단계: 실현 가능성 검토

강하다 선배가 디스코드 채팅창에 새 메시지를 남겼다.

"멋진 아이디어 목록을 정리했는데, 이제 이것들이 정말 실현 가능할지 검토해 봅시다."

나는 노트북 화면에 떠 있는 기능 목록들을 다시 한번 훑어보았다. '소통 기능', '포인트 & 레벨 시스템', '보안 & 프라이버시', '투명한 도움 주고받기' 등 하나하나가 매력적인 기능들이지만, 현실적으로 모두 구현할 수 있을지 의문이 들었다. 목록을 보며 내 심장이 조금 빠르게 뛰기 시작했다.

'이 모든 걸 내일까지 만들 수 있을까? 우리가 정말 할 수 있을까?'

민우가 먼저 현실적인 고민을 꺼냈다.

"완벽한 웹 개발을 하긴 시간이 너무 촉박한 것 같아요. 차라리 프로토타입처럼 핵심 기능만 시뮬레이션할 수 있는 데모로 보여주면 어떨까요?"

그의 말에 모두가 고개를 끄덕였다. 민우의 표정에서는 아쉬움이 느껴졌지만, 동시에 실현 가능한 방법을 찾으려는 현실적인 접근이었다.

강하다 선배가 안심시키는 목소리로 말했다.

"맞아요, 시간이 짧은 캠프라서 모든 기능을 전부 구현하긴 힘들죠. 사실, 아이디어가 더 중요하지, 완벽한 웹사이트를 만드는 게 핵심이 아니에요."

선배의 말에 팀원들의 표정이 조금씩 편안해졌다. 특히 민우와 창욱의 어깨에서 긴장이 풀리는 것이 보였다.

"중3 졸업한 학생들이라면, 파워포인트 같은 툴을 써서 아이디어 흐름만 간단히 시연해도 충분하답니다. 대회에서도 '어떤 아이디어로 사람들에게 행복을 주는지'가 중요하거든요."

은서가 스케치북에서 고개를 들며 활기찬 목소리로 말했다.

"그럼, UI 목업이랑 클릭 이벤트 정도만 해도, 아이디어를 설명하기에는 충분하겠네요. 그리고 비주얼이 제대로 나오면, 청중들이 '아, 이렇게 사용할 수 있구나.' 하고 쉽게 이해해줄 거예요."

그녀는 이미 스케치북에 간단한 UI 흐름도를 그리기 시작했다. 그녀의 빠른 손놀림에 감탄이 절로 나왔다.

"네, 브랜딩이든 UX 디자인(사용자 경험 디자인)이든, 현장에서 보여 주는 슬라이드만으로도 '이 앱(또는 웹)이라면 이런 사용자 흐름이 될 것'이 잘 전달되거든요." 강하다 선배가 은서의 스케치를 흥미롭게 바라보며 말했다. "프로토타입 방식으로 아이디어만 잘 살리면, 대회에서 '행복을 주는 제품'이라는 주제도 충분히 어필할 수 있어요."

수진이 테이블 위에 펜을 툭 내려놓으며 단호한 목소리로 의견을 냈다.

"창업 아이디어니까, 개발만 중요한 게 아니에요. 홍보, 수익구조, 어떤 기관과 협력할지를 더 깊이 고민해야 해요."

그녀의 눈빛이 진지했다. 창업과 학생다운 실용적인 시각을 보여주고 있었다.

“사실, 이 아이디어가 어떻게 돈을 벌 수 있고, 사람들에게 행복을 주는지를 명확히 보여주는 게 핵심이잖아요.”

강하다 선배가 크게 고개를 끄덕였다.

“맞아요, 아이디어가 제일 중요하죠. ‘서로나 웹’에서 기능을 다 구현하지 않아도, ‘어떤 서비스로 사람들을 행복하게 만들지’, ‘비즈니스 모델은 어떻게 돌아가고, 파트너와는 어떻게 협력할지’가 대회나 캠프에서 더 크게 평가받을 수 있어요.”

그의 말에 용기를 얻어 나도 아이디어를 제안했다.

“그럼 주민센터랑 연계하는 거 어떨까요?”

모든 시선이 나에게 향했다. 순간 얼굴이 뜨거워졌지만, 내 생각을 끝까지 말하기로 했다.

“지역 봉사활동이나 지원 사업 정보를 잔뜩 갖고 있으니까, ‘서로나 웹’이 실제로 도울 수 있는 범위를 증명하기 쉬울 것 같아요.”

내 아이디어에 모두가 고개를 끄덕였다. 특히 수진은 “그래, 그거야!”라며 작은 환호성을 질렀다.

“네, 공공기관과 협력하면, 이 ‘행복을 주는 제품’이 정말 현실에서 유의미하다는 걸 보여줄 수 있죠.” 강하다 선배가 미소를 지으며 말했다. “앱이든, 웹이든, 어떤 형태로 작동하든, 결국 아이디어가 구체적이어야 해요.”

이야기가 진행될수록, 우리는 단순히 ‘아이디어만 낸다’가 아니라 ‘실제로 세상에 내놓을 수 있는 프로젝트’로 발전시키고 싶다는 열망이 커져갔다. 하지만 한정된 시간과 인력, 기술적 역량을 고려하면, 모든 기능을 완벽하게 구현하는 건 현실적으로 어려웠다.

강하다 선배는 자신의 경험을 나누며 우리를 격려했다.

“저도 안전 물놀이 용품 사업을 할 때, 처음엔 많은 기능을 넣고 싶었지만 기본 기능만 먼저 만들었어요. ‘이 아이디어가 사람들에게 행복을 줄 수 있느냐’가 핵심이니까요. 여러분도 핵심 아이디어만 잘 살리면 돼요.”

선배의 말에 나와 팀원들은 눈빛을 교환했다. 모두의 얼굴에 결연한 표정이 떠올랐다. 결국, 우리는 각자의 강점을 살려 역할을 분담하기로 결정했다.

강하다 선배가 디스코드 채팅창에 정리한 내용을 올렸다.

정민우 (발명과)

시연용 데모를 담당한다. 실제 코딩은 너무 무리이니, 로그인·포인트 적립·멘토-멘티 매칭 흐름 같은 핵심을 파워포인트 슬라이드나 간단한 화면 시뮬레이션으로 보여 준다.

김은서 (디자인과)

UI 목업과 발표용 그래픽을 만든다. 웹 전체 구현 대신 슬라이드에서 '이 웹은 이런 모습이다.'를 시각적으로 보여 주는 게 주 임무이다.

안수진 (창업과)

협력·후원 모델과 홍보 전략을 구체화한다. 이 아이디어가 어떻게 행복을 주고, 동시에 사업성을 가지는지 PPT로 정리할 계획이다.

서로나 (창업과)

전체 스토리텔링을 맡는다. 주민센터 연계 시나리오, 왕따 학생 사례 등을 PPT로 풀어내 '행복을 주는' 포인트를 설명할 예정이다.

역할 분담을 확인하자 팀원들의 얼굴에 환한 미소가 떠올랐다. 무거운 짐이 내려간 듯했다.

"이러면 너무 무리하지 않아도 되겠군!" 민우가 밝게 웃으며 말했다.

“디자인 작업에 집중할 수 있어 좋아요!” 은서도 기쁜 목소리로 거들었다.

“수익 모델이랑 행복 포인트를 연결해 봐야지!” 수진은 벌써 노트에 아이디어를 빠르게 적어내려가고 있었다.

나는 마음속으로 뭉클한 감정이 일었다. ‘진짜 우리가 한 팀이 되어 가고 있구나.’ 서로 다른 학과, 서로 다른 성격의 우리가 하나의 목표를 향해 나아가고 있다는 것이 정말 신기했다.

오전부터 뜨겁게 달아올랐던 강당은 점심시간이 되면서 잠시 고요해졌다. 우리는 4단계까지 마치고 도시락을 먹으며 잠깐 숨을 돌렸다. 도시락 뚜껑을 열자 김치볶음밥과 계란말이, 그리고 작은 반찬들이 깔끔하게 담겨 있었다.

“와, 생각보다 맛있어 보인다!” 민우가 젓가락을 들고 환호했다.

은서가 웃으며 물었다. “다들 어떤 고등학교 생활을 꿈꾸고 있어? 난 이렇게 팀 프로젝트 하는 게 정말 재밌을 것 같아.”

“나는 드론 동아리에 꼭 들어가고 싶어. 언젠가는 자율주행 드론을 만들 거야!” 민우의 눈이 반짝였다.

대화가 오가는 동안 나는 창밖을 바라보았다. 맑은 하늘 아래 펼쳐진 학교 캠퍼스가 참 아름다웠다. ‘여기서 정말 3년을 보내게 되는구나.’ 설렘과 기대감이 가슴에 가득 차올랐다.

가볍게 스트레칭도 하고, 팀원들과 잡담을 주고받으며 분위기를 풀자, 한결 기분이 상쾌해졌다. 다시 일에 집중할 준비가 되었다.

5단계: 시각 · 홍보 · 브랜딩 방향

점심시간이 끝나자, 강당 안은 다시 활기를 띠기 시작했다. 여기저기서 웃음소리와 키보드 소리가 들려왔다. 우리 팀도 4단계에서 “실제 구현은 간단한 데모와 파워포인트로 충분하다.”라는 결론을 내리고, 한껏 마음이 가벼워진 상태였다.

강하다 선배가 디스코드 채팅창에 새 공지를 올렸다.

> **강하다 (멘토)**
> 여러분, 이제 5단계입니다. 시각과 홍보, 그리고 브랜딩을 결정해 볼 차례예요. 채널에 '5단계: 시각·홍보·브랜딩 방향'이라는 말머리를 달아 두었으니, 거기에 의견을 남겨 주세요!

우리 모두 곧바로 디스코드 채널로 시선을 돌렸다. 강하다 선배가 계속해서 메시지를 남겼다.

> **강하다 (멘토)**
> 그럼, 먼저 30분 정도 검색 타임을 가질게요! 두 사람 손잡는 로고, 파스텔 톤 디자인, 공익 광고 사례, SNS 마케팅 등등, 여러분이 아이디어를 얻을 만한 키워드로 인터넷을 찾아보세요. 우리가 서로나 웹을 어떻게 '브랜딩'할지 참고할 자료를 마구마구 수집하는 거예요.

나는 노트북을 펼쳐, 검색창에 손가락을 올렸다. '무엇부터 찾아볼까?' 잠시 고민하다가 "두 사람 손잡는 로고", "따뜻한 색감 브랜딩" 같은 키워드를 입력했다.

옆자리에서 은서가 "파스텔 톤 컬러 팔레트"를 검색하는 모습이 보였다. 그녀의 화면에는 다양한 색상 조합이 가득했다. 민트색부터 연한 핑크, 하늘색, 라벤더색까지…. 모두 부드럽고 따뜻한 느낌을 주는 색상들이었다.

수진은 "공익 광고 우수 사례", "NGO 마케팅 전략", "SNS 바이럴 캠페인" 같은 키워드로 검색하고 있었다. 그녀의 노트북 화면에는 다양한 캠페인 포스터와 통계 자료들이 펼쳐져 있었다.

창욱은 "게임스럽지만 따뜻한 느낌"을 검색하며 게임 UI 디자인과 포인트 시스템 사례들을 살펴보고 있었다. 그는 가끔 "이건 어때?"라며 민우에게 화면을 보여주기도 했다.

민우는 고개를 갸우뚱하며 모니터를 들여다보고 있었다. 잠시 후 그가 다른 팀원들에게도 들릴 만한 목소리로 말했다.

"멘토님, 디자인 레퍼런스는 무엇으로 보는 게 좋아요? 혹시 제가 로고 좀 그려볼까 하는데… 솔직히 발명과라서 전문 디자이너 수준은 아니지만, 아주 간단한 아이콘 정도면 가능하지 않을까 해서요."

은서가 미소를 지으며 민우를 바라보았다. "같이 만들면 더 재미있을 것 같아! 나 혼자 하는 것보다 더 좋은 아이디어도 많이 나올 것 같아."

강하다 선배가 민우의 질문에 친절하게 답했다.

"음~, Behance나 Dribbble 같은 사이트가 있어요. 거기 가보면 전 세계 디자이너들이 올린 로고나 아이콘, 컬러 팔레트 예시가 많죠."

민우의 눈이 반짝였다. 선배가 말을 이었다.

"굳이 전문 디자이너 수준까지 갈 필요는 없고, '파스텔 톤 로고', '인상적인 로고', '공익 캠페인 그래픽' 같은 키워드로 검색해 보세요. 그리고 공익 광고 역대 수상작 사례도 쭉 보면, '사람들 감정을 움직이는 디자인'이 어떻게 생겼는지 감을 얻을 수 있답니다."

민우는 신이 난 표정으로 고개를 끄덕였다.

"아~ 공익 광고까지 살펴볼 생각은 못 했네요. 그러면 색감이나 이미지가 어떻게 사람들의 마음을 움직이는지 잘 볼 수 있겠어요. 파스텔 톤 검색도 해볼게요. 덕분에 협업해서 로고 간단하게라도 만들어 볼 수 있겠네요. 감사합니다!"

그의 열정적인 반응에 선배도 미소를 지었다.

"네, 디자인과가 아니라도 얼마든지 기초 그래픽 작업을 해볼 수 있어요. 중요한 건 아이디어와 의미니까, 간단한 아이콘이라도 플랫폼에 맞게 녹이면 됩니다."

선배의 말에 은서도 고개를 끄덕였다. 그녀가 스케치북을 펼쳐 민우에게 보여주며 "이런 스타일은 어때?" 하고 물었다.

강하다 선배가 계속해서 조언을 이어갔다.

"색감이나 폰트도 너무 복잡하게 고르지 말고, '이거다!' 싶은 레퍼런스 하나를 골라 조화롭게 바꾸면 돼요. 우리 서로나 웹이 '행복을 주는 제품'이니까, 부드럽고 따뜻한 느낌에 공익 광고 분위기를 좀 섞어도 괜찮겠죠?"

민우는 눈을 반짝이며 대답했다.

"네, 알겠습니다! Behance랑 Dribbble, 그리고 공익 광고 수상작도 한 번 찾아볼게요. 하, 갑자기 의욕이 솟네요!"

그의 열정적인 모습에 나도 덩달아 미소 지었다. 강하다 선배는 다정한 목소리로 덧붙였다.

"좋아요, 정민우. 혹시 검색하다가 '이것도 예쁘다, 저것도 좋다' 해서 오히려 혼란스러워지면, 팀원들과 같이 골라 보세요. 브랜딩은 개인의 취향도 있지만, 팀 전체가 만족해야 하니까요."

우리 모두 고개를 끄덕이며 검색에 열중했다. 디자인 사이트들을 탐색하면서 "이거 좋다.", "저거 괜찮은데?" 하는 대화가 끊임없이 오갔다. 이 과정에서 서로의 취향과 선호도도 자연스럽게 알게 되었다. 은서는 깔끔하고 미니멀한 디자인을 좋아했고, 민우는 약간의 재미 요소가 들어간 것을 선호했다. 수진은 지나치게 귀엽거나 화려하지 않은 신뢰감 있는 디자인을 골랐고, 정욱은 기술적인 요소가 은근히 녹아있는 스타일을 좋아했다.

나는 여러 사례들을 살펴보며 '우리 서로나 웹에 딱 맞는 느낌'을 찾고 있었다. 여러 사이트를 돌아다니다 문득 한 로고가 눈에 들어왔다. 두 사람이 서로를 향해 손을 뻗는 단순한 형태였지만, 그 안에 담긴 의미가 직관적으로 전달되었다. '바로 이거야!'

30분이 눈 깜짝할 사이에 지나갔다. 강하다 선배가 손뼉을 치며 말했다.

“자, 검색 시간이 끝났어요! 이제 찾은 자료들을 공유하면서, 돌아가며 아이디어를 발표해 봅시다!”

우리는 한 명씩 노트북을 들고 디스코드 채팅창에 이미지를 올리거나, 링크를 공유하기 시작했다. 먼저 은서가 자료를 공유했다.

“제가 파스텔 톤 컬러 팔레트를 찾았는데요, 연한 민트나 옅은 코랄 계열이 ‘행복’과 ‘안정’을 잘 표현한대요.”

그녀의 화면에는 부드러운 색상 조합들이 나열되어 있었다. 특히 하늘빛 민트색과 연한 복숭아 색이 조화롭게 어우러진 팔레트가 눈에 띄었다.

“로고는 ‘두 사람 손을 맞잡는 그림자’ 같은 게 눈에 띄었고, 여기 참고 링크 공유합니다!”

은서가 공유한 링크를 클릭하자 아름다운 로고 디자인들이 화면에 펼쳐졌다. 그중에서도 단순하면서도 의미가 담긴 디자인들이 우리 모두의 시선을 사로잡았다.

“좋아요, 민트와 코랄이 조화롭게 섞인다면 확실히 따뜻한 느낌 줄 수 있겠네요. 그리고 손잡는 이미지도 딱 ‘서로나’라는 이름을 잘 나타낼 것 같아요!” 강하다 선배가 감탄했다.

다음으로 수진이 자신이 찾은 자료를 공유했다.

“홍보 문구로, ‘서로나 = 서로 + 나’, ‘함께한다는 즐거움’이 눈에 띌 수 있게, SNS나 공익 광고처럼 간단한 해시태그를 쓰면 어떨까요? #함께, #행복, #서로나 이런 식으로요.”

그녀는 성공적인 해시태그 캠페인 사례들을 보여주며 말을 이었다.

“검색해 보니, 단순한 해시태그로도 확산이 꽤 잘 되더라고요. 특히 의미가 담긴 짧은 해시태그가 기억에 오래 남아요.”

“오, 해시태그 좋죠! 사람들 기억에 잘 남기도 하고, 마케팅에 활용하기도 쉬워요. 간단하고 직관적인 해시태그 몇 개만 정해도, 공익 광고나 SNS 확산에 유리합니다.” 강하다 선배가 호응했다.

민우도 자신만의 아이디어를 내놓았다.

"저, 디자인과 아니지만 '드론'이나 '봉사활동' 아이콘 같은 걸 그려보고 싶어요. 제가 찾은 예쁜 아이콘 스타일이 있어서, 로고 옆에 조그맣게 넣으면 어떨까요?"

그가 노트북 화면을 돌려 보여주자, 모두가 감탄했다. 단순하지만 의미가 명확하게 전달되는 아이콘들이었다.

"네, 협업이 중요하니까, 발명과라도 얼마든지 그래픽 부분 도와줄 수 있어요. 로고 옆에 아이콘이 들어가면, '이 서비스가 뭔가 다양한 활동을 포함한다'는 메시지도 줄 수 있겠네요!" 강하다 선배가 민우의 아이디어를 지지했다.

창욱도 자신의 생각을 공유했다.

"저는 메인 화면에 큰 슬로건을 노출했으면 해요. '서로나, 서로를 돕고 내가 성장한다' 같은 문구를 거대 폰트로 배치해 두면, 처음 들어온 사람이 '이건 사회적 안전망이구나.' 하고 바로 알 수 있잖아요."

그의 말을 들으며 나는 슬로건이 화면에 크게 배치된 모습을 상상했다. 정말 효과적일 것 같았다.

"그렇죠! '한 번에 눈에 띄는 구절'이 있어야 서비스 정체성을 바로 알 수 있어요. 웹이든 앱이든, 슬로건이 핵심 화면에 큼직하게 들어가면 효과 만점입니다." 강하다 선배가 창욱의 의견에 힘을 실어주었다.

마지막으로 내가 정리 차원에서 말했다.

"파스텔 톤 배경, '두 사람 손잡는 로고', '서로나 = 서로 + 나' 문구, 그리고 '함께한다는 즐거움' 같은 슬로건. 이제 브랜딩 요소가 완전 뚜렷해진 느낌이에요."

나는 점점 우리의 아이디어가 구체화되는 것에 흥분을 감출 수 없었다.

"내일 발표 때도, PPT에 이 색감으로 통일하면, 사람들이 금방 '아, 이 웹이 사람들을 행복하게 해주는구나.'라고 느낄 듯해요!"

내 말에 모두가 동의하는 듯 고개를 끄덕였다. 은서는 이미 스케치북에 '서로나 웹'의 로고 초안을 그리기 시작했고, 수진은 마케팅 전략을 메모하고 있었다.

강하다 선배가 만족스러운 표정으로 말했다.

“훌륭합니다! 이걸로 브랜딩이 완성됐네요. 이제 기능 시연과 스토리텔링이 합쳐지면, 내일 발표 때 ‘행복을 주는 제품’ 주제와도 딱 맞을 겁니다. 수고했어요, 다들!”

팀원들은 모두 “네!” 하고 환하게 웃었다. 채팅창을 통해 이모티콘 반응도 여럿 올라왔다. 은서는 ‘하트’를, 민우는 ‘엄지 척’을, 창욱은 ‘박수’ 이모티콘을 보냈다. 수진도 ‘불꽃’ 이모티콘으로 열정을 표현했다.

은서가 스케치북을 들어 올려 우리에게 보여주었다. 그녀가 빠르게 스케치한 로고는 두 개의 원이 서로 겹쳐진 형태였다. 겹쳐진 부분에는 두 사람이 손을 맞잡은 실루엣이 그려져 있었고, 전체적으로 부드러운 민트색과 연한 코랄색이 조화롭게 섞여 있었다.

“와, 정말 예쁘다!” 내가 감탄했다.

“진짜 프로 같은데?” 민우도 놀란 눈으로 덧붙였다.

은서는 쑥스러운 듯 웃으며 말했다. “아직 초안이고 더 다듬어야 해. 민우가 말한 것처럼 아이콘도 넣어보고 싶어.”

“나 내일까지 아이콘 몇 개 그려볼게. 봉사활동, 멘토링, 포인트 같은 주요 기능을 나타내는 심플한 아이콘으로!” 민우가 의욕적으로 말했다.

창욱은 노트북을 두드리며 “나는 PPT 템플릿을 민트와 코랄 색상으로 만들어볼게. 슬로건도 큼지막하게 넣고.” 하고 말했다.

“슬로건이랑 해시태그는 내가 조금 더 다듬어볼게. 짧고 임팩트 있게!” 수진도 동참했다.

나는 가슴이 벅차오르는 느낌이 들었다. 불과 몇 시간 전만 해도 서로 모르는 사이였던 우리가 이렇게 한 팀이 되어 열정적으로 프로젝트를 진행하고 있다니!

“나는 실제 사용 시나리오를 좀 더 구체화해 볼게. 예를 들어, 왕따를 당하는 중학생이 ‘서로나 웹’을 통해 멘토를 만나 학교생활을 개선하는 스토리라든지, 독거 어르신이 봉사자와 연결되어 행복을 찾는 이야기 같은 걸 PPT에 넣으면 좋을 것 같아.”

그렇게 5단계를 통해, 우리는 '서로나 웹'의 외형적인 이미지와 홍보 전략을 다지는 작업을 마무리했다. 이미 머릿속에서는 파스텔 톤으로 물든 '서로나 웹'의 모습이 선명하게 그려졌다.

강하다 선배가 뿌듯한 표정으로 우리를 바라보았다.

"정말 멋진 팀워크네요. 처음 만난 사이인데도 이렇게 잘 협력하다니 놀랍습니다. 어떤 팀보다도 조화롭게 일하는 것 같아요."

선배의 칭찬에 우리 모두 뿌듯한 미소를 지었다. 내가 살짝 시계를 확인하니 벌써 오후 3시가 넘어가고 있었다. 하지만 전혀 지친 기색 없이 모두가 여전히 열정에 가득 차 있었다.

"이제 6단계와 7단계가 남았는데, 오늘은 여기까지 하고 내일 아침에 이어서 할까요? 아니면 좀 더 진행해 볼까요?" 강하다 선배가 물었다.

우리 다섯 명은 서로 얼굴을 쳐다보았다. 아무도 그만두고 싶어 하는 기색이 없었다.

"계속해요!" 우리 모두가 동시에 대답했다.

강하다 선배는 놀란 표정을 짓더니 이내 미소를 지었다.

"대단한 열정이네요! 그럼 잠깐 휴식 시간을 갖고 6단계로 넘어가죠. 6단계는 '발표 전략 및 시나리오 작성'입니다. 내일 발표를 어떻게 준비할지 계획을 세워보는 시간이에요."

우리는 모두 일어나 잠시 스트레칭을 했다. 나는 물을 마시러 가는 길에 창밖을 바라보았다. 오후의 햇살이 캠퍼스를 황금빛으로 물들이고 있었다. 학교 곳곳에서 다른 팀들도 열심히 활동하는 모습이 보였다.

'이게 바로 내가 꿈꾸던 고등학교 생활이구나.' 가슴이 벅차오르는 느낌이 들었다.

물을 들고 돌아오는 길에 수진이 내 옆으로 다가왔다.

"로나, 우리 팀 정말 잘 꾸려진 것 같지 않아? 다들 각자 분야에서 재능이 있어서 시너지가 대단해."

"맞아. 처음에는 긴장됐는데, 지금은 진짜 한 팀이 된 느낌이야."

수진이 진지한 표정으로 말했다. "너의 '서로나 웹' 아이디어가 정말 좋았어. 그것도 네 이름과 똑같아서 더 의미 있는 것 같아."

"고마워." 나는 쑥스러운 미소를 지었다. "사실 원래 내 이름이 가진 의미를 이렇게 활용할 수 있을 줄은 몰랐어."

"운명이었나 봐!" 수진이 웃으며 말했다.

6단계: 팀원 역할 분담 & 일정 계획

시각적인 틀과 홍보 방향이 잡히자 강당 안에 새로운 에너지가 감돌았다. 팀원들의 얼굴에는 지칠 법도 한데 오히려 더 생기가 돌았다. 이제 '누가, 언제, 무엇을 할지' 정해야 할 중요한 단계였다. 강하다 선배가 디스코드 채널에 새 메시지를 올렸다.

"여러분, 6단계예요. 웹(또는 앱) 프로토타입이든, PPT 스토리텔링이든, 역할 분담을 확실히 해야 내일 있을 캠프 발표에 차질 없이 대비할 수 있겠죠?"

선배의 메시지를 읽자마자 내 심장이 빠르게 뛰기 시작했다. '내일이 발표라고? 벌써 그런 날이 왔다니…' 시간이 너무 빨리 지나간 듯했다. 하지만 동시에 '우리 팀이라면 할 수 있어!'라는 자신감도 솟아올랐다.

민우가 가장 먼저 키보드를 두드렸다. 그의 눈빛에는 열정이 가득했다.

"그럼 제가 프로토타입 구조랑 간단한 데모(포인트 적립, 멘토-멘티 매칭 시뮬레이션) 부분 맡을게요. 아예 코딩으로 웹 전체를 짜긴 힘들겠지만, 파워포인트에 슬라이드나 애니메이션을 섞어서 흐름을 보여 주는 건 가능할 듯해요."

민우의 손가락이 키보드 위를 빠르게 오가며 그가 어떤 기능을 구현할지 구체적으로 설명했다. 나도 내 역할에 대해 생각을 정리했다.

"전 전체 스토리텔링을 맡겠습니다. 사용자가 멘토링을 받고, 봉사활동을 찾고, 포인트를 쌓아가는 과정을 시나리오로 적을게요. 그리고 주민센터 연계 흐름도 PPT에 넣어 보려고 해요."

내 메시지를 올리자마자 은서가 자신의 역할을 덧붙였다.

"그럼 저는 UI/UX 목업이랑 로고·컬러 시스템 정리, 그리고 발표용 그래픽을 맡을게요. 5단계에서 정한 파스텔 톤이나 손잡는 로고, '서로나(서로 + 나)' 슬로건을 PPT에 녹여 볼게요!"

그녀는 말하면서도 이미 스케치북에 무언가를 열심히 그리고 있었다. 민트색과 연한 코랄색의 조화가 화면에서 은은하게 빛나고 있었다.

창욱도 자신의 역할을 정리했다.

"그럼 정민우랑 기능 구현 아이디어를 더 다듬으면서, 백엔드 구상이나 보안 이슈도 간단히 문서화해 볼게요. 사실 대규모 코딩은 어렵지만, '왕따 학생이나 독거 어르신이 안전하게 이용하려면 어떤 보안이 필요한지' 정도만이라도 PPT에 설명할 수 있으면 좋겠어요."

창욱의 진지한 표정에서 책임감이 느껴졌다. 그는 민우와 눈빛을 교환하며 소프트웨어 구현에 대한 대화를 이어나갔다.

마지막으로 수진이 자신의 역할을 신중하게 설명했다.

"저는 사업 모델과 홍보 전략, 그리고 기관 협력 아이디어를 구체화할게요. PPT에 '이 앱(또는 웹)의 시장가치와 유지 방안'을 잘 녹여 볼 생각이에요. 예컨대 주민센터 협력, 기업 후원, 해시태그 이벤트 같은 걸 더 상세히 적어보고 싶어요."

다섯 명의 역할이 명확하게 나눠지자 상하나 선배가 만족스러운 표정으로 고개를 끄덕였다. 그리고 다음 질문을 던졌다.

"각자 맡은 역할을 언제까지 해줄 수 있는지 시간 계획도 함께 이야기해 볼까요?"

민우가 첫 번째로 답했다.

"그럼 오늘 밤까진 제가 데이터베이스 모델을 간단히 구상해 볼게요. 당장 코딩하진 않더라도, 포인트나 레벨, 사용자 정보 같은 테이블을 PPT에 넣으면 뭔가 있어 보일 것 같아요! 내일 아침 10시 전까진 마무리할게요."

그의 말에 창욱이 바로 이어받았다.

"오케이, 정민우! 그러면 난 그 DB 모델을 바탕으로 슬라이드 시연에 넣어볼게. 로그인 → 포인트 적립 → 멘토링 매칭 같은 핵심 흐름을 파워포인트 애니메이션으로 내일 아침 10시 전까지 해두고, 12시까지는 PPT 최종 합치기만 하면 되겠다!"

창욱의 눈은 이미 완성된 시연 화면을 상상하는 듯 반짝였다.

은서는 스케치북에서 고개를 들며 자신의 계획을 공유했다.

"저는 오늘 로고 시안 몇 가지랑 UI 목업 최종본을 만들어 볼게요. 아까 5단계에서 결정된 파스텔 톤, 손잡는 로고, 슬로건을 모든 슬라이드 디자인에 적용하려고 해요. 내일 아침까지 어느 정도 완성해서, 공유해 드릴게요!"

은서의 계획은 명확하고 구체적이었다. 그녀의 스케치북에는 이미 여러 디자인 시안이 그려져 있었다.

"좋아요, 색감이나 로고가 통일되면 발표 때 시각적 연출이 깔끔하겠죠. 그러면 12시쯤이면 전체 PPT가 완성될 것 같네요." 강하다 선배가 만족스러운 표정으로 말했다.

수진도 자신의 일정을 자세히 계획했다.

"그럼 전 수익 모델 PPT랑 협력 방안을 좀 더 구체적으로 정리할게요. 내일 아침 9시까진 '주민센터 콜라보 이벤트'나 '기업 후원' 아이디어를 문서화해서, 최종 PPT에 넣겠습니다. 해시태그(#서로나, #함께, #행복) 관련 SNS 이벤트 시나리오도 써 볼게요."

수진은 말하면서 자신의 노트에 이미 구체적인 계획을 적어내려가고 있었다. 마지막으로 내가 내 일정을 설명했다.

"좋아요. 전 왕따 학생 케이스랑 독거 어르신 케이스를 스토리텔링으로 작성하고, 발표 대본을 오늘 밤에도 달려서 내일 아침 10시까지는 완성해 둘게요. 그러면 PPT 합치는 데 문제 없겠네요! 오후 점심 먹고 바로 발표할 수 있겠어요."

역할과 일정이 모두 정해지자 선배가 모든 내용을 정리했다.

“좋습니다. 이렇게 정해지면, 내일 아침 10시에 다 같이 모여 최종 PPT와 시연을 점검하면 되겠네요. 그전까지는 각자 맡은 역할에 집중하시고, 오늘 저녁 6시 식사 후에는 제가 여러분과 대화하는 시간이 있으니 창업 과정에 대해 궁금한 점 있으면 편하게 물어봐 주세요.”

“네!” 하고 우리 모두가 힘차게 대답했다. 각자의 역할이 명확해지니 마음이 한결 가벼워졌다. 역할 분담을 마친 우리는 다시 노트북에 몰두했다.

은서는 “컬러 팔레트부터 정해야지!”라며 디자인 작업에 들어갔다. 그녀의 스케치북에는 다양한 색상 조합이 그려지기 시작했다. 민트색과 코랄색의 여러 톤을 비교하면서 가장 따뜻하고 부드러운 느낌을 주는 조합을 찾고 있었다.

민우와 창욱은 “포인트 적립-레벨 업 흐름을 슬라이드로 구현해 보자!”며 머리를 맞대고 논의하기 시작했다. 그들은 사용자가 봉사활동에 참여하거나 멘토링을 제공했을 때 어떻게 포인트가 쌓이고, 그 포인트로 무엇을 할 수 있는지에 대한 시스템을 구상하고 있었다.

“레벨 1은 ‘나눔 씨앗’, 레벨 5는 ‘나눔 새싹’, 레벨 10은 ‘나눔 열매’”라고 창욱이 레벨 체계를 제안하자 민우가 신나게 고개를 끄덕였다.

수진은 SNS 이벤트 시나리오 구상에 빠져들었다. 그녀는 메모장에 ‘#서로도움 챌린지’라는 타이틀을 적고, 사람들이 자신의 봉사 경험을 공유하면 포인트를 적립해주는 이벤트 구상을 하고 있었다.

나는 왕따 학생과 독거 어르신의 스토리텔링을 구체화하기 시작했다. ‘서로나 웹’을 통해 어떻게 그들의 삶이 바뀔 수 있는지, 현실적이면서도 감동적인 이야기를 만들고 싶었다.

“중학교 2학년 민지는 전학 온 지 3개월이 지났지만, 여전히 학교에서 혼자 점심을 먹는다. 그러던 어느 날, 친구의 추천으로 ‘서로나 웹’을 알게 되었고….”

이야기를 써내려가며 마치 실제 인물을 그리는 것처럼 생생하게 상상했다.

작업에 몰두하던 중 갑자기 민우가 당황한 목소리로 외쳤다.

"어, 내 그래픽 타블렛이 안 보여!"

그가 가방을 뒤지며 초조한 표정을 지었다. 아이콘이나 간단한 그래픽을 직접 그리려고 준비해 왔던 모양이었다. 은서가 자신의 작업에서 고개를 들고 웃으며 말했다.

"마우스로 그려도 돼, 간단한 아이콘이면 충분해! 아니면 내가 그려줄게."

민우는 안도의 표정을 지으며 고개를 끄덕였다. "고마워, 은서야. 내가 스케치만 간단히 하면 네가 정리해 줄래?"

"당연하지! 우리 팀이잖아." 은서가 환하게 웃으며 대답했다.

수진은 자신의 노트를 보며 고민하는 표정이었다.

"웹 홍보 이미지에 '행복'이라는 단어 너무 많이 쓰면 촌스러울까?"

그녀의 질문에 창욱이 생각에 잠겼다가 의견을 제시했다.

"조금 자제해서 다른 표현도 섞으면 어떨까? '기쁨', '함께', '성장' 같은 다양한 표현을 쓰면 더 세련될 것 같아."

그때 강하다 선배가 우리 대화에 귀 기울이더니 조언을 해주었다.

"중요한 건 '행복'이라는 느낌을 아이디어와 디자인으로 전하는 거죠. 꼭 단어를 반복 안 해도 돼요. 오히려 사용자가 서비스를 경험하면서 스스로 '이게 행복이구나.'라고 느끼게 하는 게 더 효과적일 수 있어요."

선배의 말에 수진이 고개를 끄덕였다. "맞아요! 직접적으로 말하기보다 느끼게 해주는 게 더 좋겠네요."

시간이 흐르며 우리의 아이디어는 점점 더 구체적인 형태를 갖춰갔다. 각자 맡은 부분에 집중하면서도 서로의 작업을 확인하고 조언을 주고받았다. 민우와 창욱은 가끔 기술적인 부분에서 의견 차이가 있었지만, 대화를 통해 가장 좋은 방법을 함께 찾아갔다. 은서는 몇 가지 로고 디자인을 우리 모두에게 보여주며 의견을 물었고, 수진은 수익 모델에 대한 아이디어를 공유하며 현실성을 검토했다.

나는 스토리텔링을 작성하면서 가끔 팀원들에게 "이런 상황이 현실적으로 가능할까?"라고 물어보곤 했다. 모두가 자신의 관점에서 의견을 제시해 주어 이야기는 점점 더 탄탄해졌다.

멘토와의 대화

오후 6시가 가까워지자, 우리는 하루 종일 몰두했던 창업캠프 활동을 잠시 멈추고 저녁식사를 하러 식당으로 향했다. 복도를 걸으며 창밖을 바라보니 어느새 해가 기울고 있었다.

"설계해야 할 아이디어도 많고, PPT로 정리해야 할 내용이 산더미처럼 쌓여 있는데, 과연 언제 다 끝낼 수 있을까?"라는 막연한 걱정이 들기도 했다. 하지만 동시에 팀원들과 함께 아이디어를 주고받으며 조금씩 완성되어 가는 과정이 놀랍도록 짜릿했다. 서로의 생각이 엮여가면서 하나의 결과물로 이어지는 그 순간마다, 뿌듯함과 즐거움이 동시에 밀려왔다.

더불어 마음 한편에서는 '강하다 멘토'와의 창업 대화 시간이 가까워질수록 설렘이 커져갔다. '멘토님은 얼마나 많은 시행착오를 거쳐왔을까? 또 어떤 마음가짐으로 사업을 키워왔을까?' 하는 궁금증이 머릿속에서 꼬리에 꼬리를 물었다.

식당에 들어서자 맛있는 음식 냄새가 코를 자극했다. 도시락과는 달리 따뜻한 밥과 다양한 반찬이 준비되어 있었다. 우리 팀은 한 테이블에 모여 앉아 음식을 먹으며 이야기를 나눴다.

"다들 진행 상황이 어때?" 수진이 물었다.

"나는 DB 모델 구상이 거의 끝나가. 이제 슬라이드에 녹여내기만 하면 돼." 민우가 자신감 있게 대답했다.

"난 로고 디자인 몇 가지를 완성했어. 밥 먹고 최종안을 확정짓고 싶어." 은서도 기분 좋게 말했다.

"사업 모델이랑 홍보 전략도 구체화되고 있어. 특히 주민센터 연계 부분이 포인트가 될 것 같아." 수진이 덧붙였다.

"로나는 어때?" 장욱이 나에게 물었다.

"스토리텔링의 큰 틀은 잡았어. 이제 구체적인 대화나 상황 묘사를 더 생생하게 추가하면 될 것 같아. 밥 먹고 마무리할 수 있을 것 같아."

이렇게 서로의 진행 상황을 공유하며 식사를 마쳤다. 바쁜 하루를 보냈지만 신기하게도 전혀 지치지 않았다. '내가 정말 즐겁고 기대를 품고 있으니 하나도 힘들지 않구나' 하는 사실을 새삼 깨달으니, 오히려 에너지가 솟아나는 것 같았다.

멘토와의 특별한 시간

저녁을 재빨리 마치고 강당으로 돌아오니, 낮 동안 느껴졌던 활기찬 소음과는 달리 훨씬 차분한 분위기가 감돌았다. 물론 코앞으로 다가온 발표 준비에 여전히 분주해 보이는 팀도 있었지만, 대부분의 친구들은 곧 있을 멘토의 창업스토리를 기대하면서 잠시 숨을 고르는 모습이었다.

우리 3팀도 의자에 나란히 앉아 멘토와의 대화 시간을 기다리고 있었다. 잠시 후 강하다 선배가 잔잔한 미소를 머금은 채 다가왔다. 그가 자리에 앉자마자, 모든 시선이 일제히 집중되었다.

"다들 저녁식사는 맛있게 했나요?"

선배가 친근한 목소리로 물었다. 우리는 일제히 고개를 끄덕였다.

"네, 정말 맛있게 먹었어요." 수진이 대답했다. 그리고는 바로 궁금증을 표현했다. "그런데 선배님의 창업 스토리가 어떤 식으로 전개되었는지 궁금하고, 학교에서 어떤 생활을 하셨는지도 듣고 싶어요."

강하다 선배는 편안한 자세로 등을 기대며 미소 지었다.

"오늘은 부담 없이 대화를 나눠봅시다. 궁금한 점 있으면 언제든지 물어보세요. 우선, 지금까지 창업캠프를 해보니 어떻던가요? 멀리서 온 친구들은 아침 일찍 일어나 학교까지 오느라 고생도 많았을 텐데, 도착하자마자 아이디어 고민, 역할 분담, PPT 정리…. 주변에서 보면 '와, 너무 힘들겠다. 난 창업은 체질에 안 맞아.'라고 느낄 수도 있지 않나요?"

그의 질문에 민우가 살짝 웃으며 대답했다.

"저도 그런 걱정을 했는데, 막상 해보니까 게임처럼 재미있었어요. 힘든 것보다는, 뭔가 도전하는 기분이 들어서 즐겁더라고요."

민우의 눈빛에서 진심이 느껴졌다. 수진도 고개를 끄덕이며 말을 이었다.

"전 원래 디자인만 해왔는데, 창업과 연계하니까 생각지도 못했던 다양한 아이디어가 마구 떠오르더라고요. 이렇게 재미있을 줄 몰랐어요."

창욱도 약간 들뜬 목소리로 자신의 생각을 나눴다.

"맞아요! 특히 경쟁보다는 협업 중심이라서 좋았어요. 혼자였다면 아이디어가 금세 바닥났을 텐데, 친구들이랑 계속 의견을 주고받으니까 시간 가는 줄 모르겠어요. 수익 모델이나 시장성도 함께 고민하다 보니 더욱 흥미롭고요."

나도 고개를 끄덕이며 내 생각을 나눴다.

"캠프가 '팀별'로 운영된다고 했을 때, 사실 낯선 친구들과 잘 맞을 수 있을까 걱정했거든요. 그런데 멘토님들이 각 팀에서 역할을 잘 나눠주시고 방향을 잡아주시니까, 모든 팀이 원활하게 돌아가는 것 같아요. 처음에는 '이게 가능할까?' 했는데, 어느새 저도 팀 활동에 푹 빠져 있더라고요."

강하다 선배는 우리 이야기를 한참 동안 조용히 듣고 나서, 은은한 미소와 함께 본격적인 자신의 이야기를 풀어놓았다.

"사실 저도 중학교 때는 창업 같은 건 생각조차 못 했어요. 성격상 다른 사람들과 대화하는 것 자체가 어색하고 힘들어서, 늘 조용히 지내는 편이었거든요."

그 말에 우리 모두 놀란 눈으로 선배를 바라봤다. 지금 우리 앞에 앉아 있는 자신감 넘치는 멘토가 과거에는 내성적이었다니, 상상하기 어려웠다.

"그래서 이런 창업캠프에 처음 참여했을 때는 상당히 놀랐어요. 그런데 막상 해보니까, 친구들과 소통하고 토론하는 과정이 생각보다 훨씬 재미있더라고요. 혼자서는 어려울 일도 협업을 통해 수월하게 해낼 수 있다는 걸 깨달았죠."

선배의 말 한마디 한마디가 내 마음에 깊이 와닿았다. 나 또한 오늘 하루 동안 팀원들과 함께 일하면서 비슷한 감정을 느꼈기 때문이다.

"또 아이디어를 조금씩 다듬으면서 하나의 '창업제품'으로 발전시키는 과정을 직접 겪다 보니, '아, 이 정도 협업이면 더 어려운 사업도 해낼 수 있겠다.'라는 자신감이 생겼어요. 그리고 '마음에 맞는 사업 파트너만 있다면 나도 충분히 창업을 할 수 있겠다.'라는 확신을 갖게 됐죠."

선배는 잠시 숨을 고르더니, 학교 교육 방식에 대해서도 이야기했다.

"그리고 선생님들도 많이 달랐어요. 대부분의 학교에서는 선생님이 앞장서서 모든 걸 가르치고 학생들은 따라가기만 하잖아요. 그런데 여기서는 선생님들이 우리에게 '스스로 결정하고 실행할 수 있는' 기회를 많이 주셨거든요. 가령, 선배 멘토가 팀을 이끌어 보도록 하고, 팀원들도 책임감을 갖고 직접 문제를 해결하게끔 유도했어요. 그러니 원래 내성적이었던 제가 저도 모르게 적극적으로 아이디어를 내고, 다른 친구들과 협업을 하는 데 거리낌이 없어졌죠. 그때 제 자신이 확실히 달라지고 있다는 걸 느꼈어요."

나는 그 말에 깊이 공감하며 고개를 끄덕였다. 선배가 말하는 경험이 오늘 내가 느낀 캠프의 분위기와 정확히 일치했다. 선생님들은 큰 틀만 제시하고, 실제 아이디어 발전과 실행은 우리에게 맡겨 주었다. 그 과정에서 우리는 자연스럽게 주도권을 갖고 스스로 문제를 해결해 나갔다.

강하다 선배는 우리에게 시선을 돌리며 말을 이었다.

"여러분, 보통 고등학교 수업이라고 하면 선생님이 주도적으로 내용을 쭉 전달하고, 학생들은 받아쓰기만 하면서 대부분의 시간을 보내곤 하잖아요. 그런데 이 고등학교는 다릅니다."

그의 목소리에 자부심이 느껴졌다. 우리 모두 더 가까이 다가가 귀를 기울였다.

"먼저, 학생이 스스로 원하는 과목을 골라 듣는 학점제 방식을 도입했고, 수업 시간에도 선생님이 지식을 일방적으로 주입하기보다는, 학생들끼리 정보를 찾아보며 자연스럽게 학습하도록 유도해요. 그러다 보니 자율과 책임이 함께 따라오고, 그 과정에서 배우는 즐거움까지 느낄 수 있죠."

선배의 눈빛이 반짝였다. 그는 진심으로 이 학교를 사랑하는 것 같았다.

"아마 여러분이 하루 종일 창업캠프를 해도 전혀 지루하지 않다고 느끼는 것도, 바로 이런 '자율적인 참여'가 만들어 내는 시너지 효과 덕분이 아닐까 해요."

수진이 눈을 반짝이며 크게 공감했다.

"정말 그래요! 캠프가 진행되는 동안, 멘토분들이 우리를 이끌어 주시는 방식이 정말 인상적이거든요. 무엇보다 선배님들이 학교에서 이미 창업 교육을 받았고, 실제로 사업체를 운영하면서 대표로 활동하고 계시다 보니, 설명 하나하나가 더 와닿는 것 같아요."

수진의 얼굴이 점점 빛났다. 그녀는 꿈을 이야기하는 듯한 표정이었다.

"말씀을 들으면 막연했던 개념이 구체적으로 그려지고, '아, 이렇게 해 볼 수도 있겠구나!' 하고 바로 이해가 돼서 정말 편하고 좋더라고요."

강하다 선배는 수진을 바라보며 진지하게 고개를 끄덕였다.

"맞아요. 우리 학교는 이미 '스스로 학습하고 협력하는 문화'가 잡혀 있어서, 프로젝트형 학습이 매우 자연스럽게 진행돼요. 그래서 더 흥미가 커지는 거죠."

선배는 잠시 생각에 잠기는 듯하더니 다시 말을 이었다.

"반면에 보통 학교는 암기식 공부가 많다 보니, 나중에 대학이나 사회에 나가도 '누가 알려주길 기다리는' 경우가 많거든요. 하지만 여러분처럼 캠프 때부터 자율적으로 움직여 보는 경험을 쌓으면, 미래에도 훨씬 유리하답니다."

그 말을 듣고 있던 민우의 눈이 반짝였다. 그가 손을 들고 질문했다.

"그럼 진학이나 사회 진출에도 엄청 도움이 되겠네요?"

민우의 목소리에는 기대감이 가득했다. 강하다 선배는 밝은 미소를 지으며 고개를 끄덕였다.

"그럼요. 이 학교는 창업 인재를 양성하는 데 무게를 두고 있어서, 마음만 먹으면 '최고 수준의 발전'을 이룰 수 있어요."

선배의 얼굴에 자부심이 서렸다. 그는 자신의 경험을 바탕으로 말하고 있는 것 같았다.

"실제로 우리 선배들 중에는 카이스트나 유니스트에 '창의인재선형'으로 진학해서, 그곳에서도 창업 활동을 이어간 분들이 꽤 많아요. 고등학교에서부터 이미 스스로 공부를 주도하고, '소프트 싱킹적 사고(Soft-thinking)'를 통해 사고력을 키운 경험이 쌓이다 보니, 나중에 수능이든 사회에서 새로운 프로젝트든 어떤 도전을 맞닥뜨려도 '아, 이렇게 접근하면 되는구나!' 하고 금방 깨달을 수 있죠."

그의 말에 우리 모두 빠져들었다. 선배는 자신의 경험을 바탕으로 진심 어린 조언을 해주고 있었다.

"그러면 자존감도 자연히 올라가고, 무엇이든 해낼 수 있다는 자신감으로 이어지더라고요."

선배의 이야기를 들으며 내 마음속에서는 '와, 진짜 대단하다….'라는 감탄이 올라왔다. 어릴 때부터 이렇게 창의적인 교육 환경에서 자라면, 생각의 폭도 훨씬 넓어지고, 새로운 도전을 두려워하기보다 오히려 기대감으로 마주하게 될 것 같았다.

멘토와의 대화는 점점 더 깊은 이야기로 이어졌다. 강하다 선배는 학교생활 전반을 설명하며 자연스럽게 창업캠프의 운영 방식에 대해서도 이야기했다.

"여러분이 입학해 학교생활을 시작하는 모습 역시 크게 다르지 않아요."

그는 부드러운 목소리로 학교 운영 체제를 소개했다.

"선생님들은 안전과 큰 방향을 책임지시고, 수업과 활동의 세부적인 진행은 전적으로 학생들에게 맡겨 두시는 편입니다. 가령, 지금 진행 중인 창업캠프도 선생님들이 전체 일정을 짜고 안전을 관리해 주시지만, 구체적인 아이디어와 실행 과정은 학생 멘토와 여러분이 스스로 만들어 가고 있잖아요?"

수진과 창욱은 고개를 끄덕였다. 워낙 여러 팀이 동시에 운영되는데도 불구하고, 모두가 제각각 아이디어를 내고 협업을 잘 해나가고 있으니 새삼 신기하다는 표정이었다.

강하다 선배는 이어서 학교의 평가 방식에 대해서도 설명했다.

"우리 학교의 평가는 과정을 중시하고, 결과 또한 중요하게 보지만, 그 모든 단계를 학생과 교사가 함께 평가하는 방식이에요. 보통 학교는 정기고사나 수행평가처럼 교사가 매긴 점수에 의존하잖아요? 하지만 여긴 동료평가도 허용되고, 프로젝트 진행 과정 전체를 살펴보면서 피드백을 주고받아요. 이러니 보통 학교에선 상상하기 어려울 정도로 자율적이고 협력적인 분위기가 자리 잡을 수밖에 없죠."

창욱이는 감탄 어린 목소리로 끼어들었다.

"맞아요! 저는 이걸 보면서 '이게 바로 학생 주도 교육이구나.' 하고 깨달았어요. 사실 처음에는 '학교에서 시키니까 어쩔 수 없이 해야 하는 거 아닌가?' 싶었는데, 막상 해보니 팀원들이랑 아이디어를 공유하고 합치는 과정이 정말 신나더라고요."

창욱의 눈이 반짝였다. 그는 정말 즐거운 경험을 하고 있는 것처럼 보였다.

"예전에는 선생님이 내주신 과제를 정해진 기한 안에 맞춰 끝내기만 했는데, 지금은 우리가 직접 과제를 정의하고, 문제를 어떻게 해결할지 의논하니까 완전히 다른 느낌이에요. 오히려 새롭고, 그래서 더 열심히 몰입하게 되는 것 같아요."

강하다 선배는 창욱의 말에 흐뭇한 미소를 지었다. 그리고 조금 더 구체적인 자신의 경험을 나눠주었다.

"사실 저도 처음 창업을 시작했을 때 방향을 잡는 일이 제일 어렵더라고요. 뭘 해야 할지도 막막했고, 제 아이디어가 정말 실현 가능할지 자신이 없었어요."

선배의 말에 우리 모두 고개를 끄덕였다. 오늘 하루 동안 우리도 비슷한 고민을 했기 때문이다.

"그래서 처음부터 크게 시작하기보다는, 공모전이나 학교 내 작은 행사부터 도전해 보면서 아이디어를 조금씩 다듬었어요. 그러다 보니 어느새 '아, 이렇게 하면 시장에 통할 수도 있겠구나.' 하고 길이 보이기 시작했죠."

수진이 호기심 가득한 표정으로 질문을 던졌다.

"안전 물놀이용품을 개발해서 학교나 지역사회에 보급하려고 할 때, 어떻게 설득해서 협력을 이끌어낼 수 있을까요? 양쪽 모두에게 이득이 된다는 걸 구체적으로 보여줘야 할 것 같은데, 어떤 방식이 효과적일까요?"

수진의 질문은 실질적이고 날카로웠다. 강하다 선배는 잠시 생각에 잠기더니 자신의 경험을 솔직하게 공유했다.

"저는 사회적 가치에 초점을 맞춘 제안서를 작성했어요. 예를 들어, 기업이나 지자체에 단순히 '이 물놀이용품을 구매해 달라.'라고 말하는 대신, '이 제품이 지역사회에서 물놀이 안전사고를 얼마나 줄일 수 있는지, 또 그 과정에서 기업이나 기관이 어떤 긍정적인 이미지를 얻을 수 있는지'를 구체적으로 제시하는 거죠."

선배의 설명은 실제 경험에서 우러나온 것이라 더욱 설득력이 있었다.

"학교 측에는 '학생 안전 확보'라는 명확한 혜택을, 지자체에는 '사고 감소와 예산 절감 효과, 지역 주민의 신뢰도 상승' 같은 이점을 꼼꼼히 보여주면, 훨씬 쉽게 움직이더라고요. 결국, 서로가 얻을 수 있는 가치와 혜택을 명확히 그려주면 협력 모델을 마련하기가 한결 수월해집니다."

수진은 감탄하며 고개를 끄덕였다.

"아하, 서로의 이익을 구체적으로 짚어주면서 안전사고 예방과 브랜드 가치를 동시에 높일 수 있다고 설명하는군요. 멋있어요!"

강하다 선배는 수진의 반응에 미소 지었다. 그리고 자신이 겪었던 어려움과 극복 과정에 대해서도 솔직하게 이야기했다.

"처음에는 귀여운 캐릭터 디자인에만 몰두하다 보니, 정작 부모님들이 중시하는 실질적 안전성과 편의성을 간과해 여러 차례 시제품이 폐기될 수밖에 없었어요."

그의 솔직한 고백에 우리 모두 놀란 눈으로 바라봤다. 이렇게 멋진 사업을 하고 있는 선배도 처음에는 실패를 경험했다는 사실이 오히려 큰 위로가 되었다.

"게다가 부력 재질이나 법적 인증 기준도 제대로 파악하지 않아 물에서 제대로 작동하지 않는 문제까지 겹치니까, 솔직히 '이 길이 과연 맞는 걸까.' 하고 크게 흔들렸습니다. 실패할 때마다 '차라리 포기할까.'라는 생각이 들 정도로 마음이 무거워졌죠."

선배의 표정이 잠시 어두워졌다가 다시 밝아졌다.

"그런데 그때마다 함께했던 친구들이 '아직 우린 배울 게 많잖아, 여기서 끝내기 아깝지 않아?'라며 서로를 다독여 줬고, 학교 선생님들은 학교 행사나 공모전에 나가보라고 권유하며 '실패해도 괜찮으니 경험을 쌓아봐라.'라는 격려를 아끼지 않으셨어요."

선배의 목소리에서 감사함이 느껴졌다.

"멘토 선배들도 직접 발로 뛰어 얻은 사업 노하우를 전수해 주면서, 우리가 마주한 문제를 구체적으로 짚어주고 '이 문제는 이렇게 해결하면 어떻겠니?" 하며 방향을 제시해 주셨습니다."

우리는 모두 선배의 이야기에 완전히 빠져들었다. 그의 경험은 마치 하나의 영화처럼 생생하게 다가왔다.

"결국, 학교 행사나 작은 공모전에서 실제 아이들과 부모님들의 반응을 직접 확인하면서, 거기서 얻은 피드백을 꼼꼼히 반영해 디자인과 기능을 한 번에 잡도록 차근차근 개선해 나갈 수 있었어요."

선배의 목소리가 점점 밝아졌다.

"그 결과, 마침내 '이 물놀이용품이라면 우리 아이들을 안심하고 맡길 수 있겠다.'라는 인식을 부모님들에게 심어줄 수 있었고, 안정적인 사업 기반도 마련하게 되었죠. 실패할 때마다 좌절했던 제 마음을 붙잡아 준 건, 결국 함께 달려준 친구들과 든든한 멘토들의 조언, 그리고 '실패도 과정의 일부'라며 끝까지 믿고 기다려 주신 선생님들이었습니다."

선배의 말이 끝나자 잠시 감동적인 침묵이 흘렀다. 은서가 조용히 그 침묵을 깼다.

"저는 디자인이 눈에 보이는 부분이라 창업에서 조금 덜 중요한 부분이라고 생각했는데, 실제로는 어떤가요?"

은서의 목소리는 조금 망설임이 묻어 있었다. 디자인과 학생으로서 자신의 역할에 대한 고민이 있는 것 같았다.

강하다 선배는 단호하게 고개를 저었다.

"아니에요. 요즘은 디자인과 사용자 경험(UX)이 얼마나 중요한데요. 아무리 훌륭한 기술이나 아이디어가 있어도, 사람들이 처음 접했을 때 디자인이 별로거나 사용하기 불편하면 금방 외면하거든요."

선배의 말에 은서의 표정이 밝아졌다.

"반대로 좋은 디자인과 UX를 갖추면, 소비자들이 자연스럽게 관심을 갖게 되고 '이 브랜드 괜찮네.' 하고 기억해 줘요. 그래서 창업에서 디자인은 빠질 수 없는 핵심 요소라고 할 수 있죠."

은서는 자신의 역할에 대한 자부심을 느끼는 듯 활짝 웃었다.

멘토의 이야기를 들으며, 나는 친구들이 "창업캠프에 가면 머리만 아플 것 같다."라며 걱정했던 말을 떠올렸다. 정작 내가 직접 해보니 전혀 달랐다. 그 생각을 말하자, 강하다 선배는 따뜻한 표정으로 답해주었다.

"결국 '함께'하면서, 스스로 '왜 이걸 해야 하지?'라는 목적의식을 가지고 있기 때문에 재미있는 거예요. 단순 지시나 암기식 공부가 아니라, 여러분이 주도적으로 이 과정에서 무엇을 얻고 싶은지를 알기 때문에 지루할 틈이 없는 거죠. 사실 그게 우리 학교가 지향하는 창업 교육의 핵심이기도 하고요."

시간이 흐르며 멘토와의 대화 시간이 어느새 마무리될 때가 되었다. 창욱이는 아쉬운 듯 입을 열었다.

"저는 우리가 만든 '서로나(서로+나) 웹' 아이디어가 내일 발표로 끝나는 게 너무 아쉬워요. 아직 더 발전시킬 수 있을 것 같은데."

은서도 곧바로 맞장구쳤다.

"저도 디자인 쪽을 계속 다듬고 싶어요. 어차피 하면 할수록 새로운 아이디어가 떠오르는걸요."

강하다 선배는 부드러운 미소를 지으며 테이블 위에 가볍게 손을 올렸다.

"열심히 배우고 노력하는 것도 중요하지만, 창업은 배운 기술이나 노하우만으로는 충분하지 않아요. 가장 중요한 것은 소비자가 진정으로 원하는 제품을 만드는 것입니다. 아무리 정성을 들여 만들어도, 사람들이 원하지 않으면 의미가 없으니까요."

그의 말은 진정한 조언처럼 우리 마음에 와닿았다.

"그리고 지금 여러분이 하루 종일 캠프에 몰두해도 지루하지 않다는 건, 이미 이 과정에서 성장과 재미를 스스로 경험하고 있다는 증거예요. 동료학습을 통해 빠르게 배울 수 있고, 각자 생각하지 못했던 멋진 결과물도 함께 만들어 낼 수 있죠."

선배의 눈빛이 따뜻하게 빛났다.

"그러면서 '아, 내가 이런 걸 좋아하구나. 이런 재능이 있었구나.' 하고 깨닫게 되는 거예요. 저는 이 학교를 다니면서 그런 '내 안의 보석'을 찾을 수 있었습니다. 여러분도 이 캠프를 계기로 분명히 깨닫게 될 거예요."

강하다 선배의 말이 끝나자, 우리 주변에서 소용하지만 따뜻한 박수가 터져 나왔다. 다른 팀의 학생들도 우리 대화에 귀 기울이고 있었던 모양이다. 선배는 고개를 살짝 숙여 인사한 뒤, 내일 일정에 대해 다시금 정리했다.

"이제 밤에는 각자 맡은 역할들을 마무리해 보세요. 내일 아침 10시에 모여서 PPT와 시연을 합치고, 점심 먹고 발표하면 되겠네요. 오늘 이야기한 것들을 힘 삼아, 끝까지 파이팅입니다!"

"네!" 우리 모두 힘차게 대답하며 자리에서 일어섰다.

민우가 의욕적으로 말했다. "새벽까지 데모 슬라이드 완성해 보자!"

은서도 활짝 웃으며 다짐했다. "디자인 최종본을 아침 일찍 공유할게!"

수진도 자신의 목표를 확실히 했다. "SNS 이벤트 시나리오를 미지막까지 다듬어 봐야지!"

나는 '서로나 웹'의 핵심 가치를 어떻게 PPT에 녹여낼지 고민하면서도, 머릿속이 묘하게 들떠 있었다. 솔직히 남들이 보면 "늦은 시간까지 또 일하냐?"라며 지루하게 볼 수도 있겠지만, 우리는 정반대였다.

'함께해서 즐겁고, 내가 좋아하는 방향이라서 더 흥이 난다.'

학교도, 선생님들도, 멘토들도 우리를 믿고 자유롭게 맡겨 주니 더 책임감 있게 몰입하게 되는 것이다.

우리가 직접 아이디어를 제안하고, 협력해서 문제를 해결하며, 그 한복판에 '서로나 웹'이라는 값진 아이디어가 자리 잡았다. 강하다 선배가 말한 것처럼, 이 아이디어가 충분히 가치 있게 실현될 수 있다고 확신하니 가슴이 두근거렸다.

각자의 역할로 돌아가 작업을 이어가는 동안에도 멘토와 나눈 대화가 머릿속을 맴돌았다. 화면에 단어를 입력하고, 슬라이드를 디자인하는 모든 순간이 즐겁게 느껴졌다. 실패를 두려워하지 않고, 계속 도전하며, 함께 성장한다는 선배의 말이 내 가슴에 깊이 새겨졌다.

아무리 늦은 시간이 되어도, 지금 이 순간만큼은 지루할 틈 없이 즐겁고 설레는 창업캠프의 밤이었다.

나만 알고 싶은 창업 끝판왕: 고등·성인편

서로나의 최종 발표와 빛나는 성과

서로나의 최종 발표와 빛나는 성과

7단계: 최종 발표 준비

시계를 보니 이미 자정이 훌쩍 넘었다. 강당 구석구석에서는 여전히 노트북 키보드를 두드리는 소리와 낮은 목소리로 의견을 나누는 소리가 어슴푸레하게 들려왔다. 다른 팀들도 우리처럼 밤늦게까지 발표 준비에 몰두하고 있었다. 간간이 들려오는 피곤한 한숨과 졸음을 참기 위한 기지개 소리도 들렸지만, 모두의 눈빛에는 여전히 열정이 살아있었다.

입구 쪽에서는 순찰 담당 선생님이 조용히 주변을 살피고 계셨다. 선생님의 표정은 엄격하면서도 학생들의 열정을 응원하는 따뜻함이 느껴졌다. 정확히 밤 12시가 되자 강하다 선배도 문을 열고 들어왔다. 그의 얼굴에는 피곤함이 역력했지만, 여전히 미소를 잃지 않고 있었다.

“다들 어떻게 진행되고 있어요?” 선배가 여러 팀을 둘러보며 물었다.

나는 잠시 자리를 비워 휴게실로 달려갔다. 초코바와 커피를 잔뜩 챙겨 들고 우리 팀원들이 모여 있는 테이블로 뛰어들었다. 의자 주변에는 이미 각종 간식 봉지와 빈 커피 캔이 굴러다니고 있었고, 여기저기 뒤엉킨 케이블들이 마치 거미줄처럼 테이블을 감싸고 있었다.

겉으로 보기엔 정신없는 광경이었지만, 왠지 모르게 마음 한편이 들뜬 느낌이었다. 마치 영화 속 해커들이 중요한 임무를 수행하는 장면 같기도 하고, 창업가들이 밤을 새워 프로젝트를 완성하는 장면 같기도 했다.

"지금 작업 중이신가요?" 강하다 선배가 우리 테이블에 다가와 조용히 물었다.

은서가 고개를 살짝 들어 대답했다. 화면에는 '서로나 웹'의 로고와 디자인 요소들이 가득했다.

"네, 아직 수정해야 할 디자인 요소가 남아서요. 발표 때 완벽하게 보여 드리고 싶어서 조금 더 해보려고요."

은서의 눈은 이미 빨갛게 충혈되어 있었지만, 화면 속 로고 위치를 바꿔 볼 때마다 다시 살아나는 듯한 반짝임이 느껴졌다. 그녀의 손가락은 마치 피아니스트의 손처럼 정교하게 움직이며 디자인을 완성해가고 있었다.

옆에서 PPT 슬라이드를 살펴보던 민우는 열정적인 목소리로 말했다.

"포인트 적립 - 레벨 업 과정을 클릭 이벤트로 자연스럽게 표현해 보려고 합니다. 조금만 더 만지면 될 것 같아요."

그는 슬라이드를 몇 번 돌려보였다. 사용자가 봉사활동에 참여하면 포인트가 쌓이고, 레벨이 올라가는 애니메이션을 구현하고 있었다. 하지만 어느 부분에서 애니메이션이 부자연스럽게 끊기자 그는 하품을 참으며 중얼거렸다.

"이건 다시 처음부터 설정을 건드려 봐야겠네요."

창욱은 조용히 코드 몇 줄을 노트북에 입력하고 있었다. 그의 표정은 진지했고, 가끔씩 민우에게 조언을 건네기도 했다.

"여기 트랜지션 효과를 추가하면 더 부드럽게 넘어갈 것 같아."

나는 왕따를 겪은 학생 사례와 독거 어르신 사례를 어떻게 자연스럽게 연설할지 고민하느라 문서를 열었다 닫았다를 반복하고 있었다. 감정선이 너무 무거워지면 캠프 취지와 어긋날 것 같았고, 반대로 너무 가볍게 처리하면 진정성이 없을까 봐 계속 고심하던 차였다.

화면을 들여다보며 마지막 문장을 수정하다가 문득 고개를 들어보니 수진이 나를 바라보고 있었다. 그녀는 조용히 말을 걸었다.

"혹시 SNS 해시태그 이벤트나 후원 기업 리스트도 조금 더 찾아볼까요?"

그녀의 제안에 나는 안도의 미소를 지었다.

"네, 좋아요. 그러면 캠페인성 협력 방안을 더 설득력 있게 만들 수 있겠네요."

간단한 대화를 나눈 뒤, 우리는 다시 노트북 화면에 시선을 고정했다. 각자의 작업에 몰두했지만, 가끔씩 서로의 작업물을 교환하고 조언을 건네는 것을 잊지 않았다. 마치 오케스트라의 각 파트가 자신의 악기에 집중하면서도 전체적인 하모니를 맞추는 것처럼.

강하다 선배는 우리 테이블에 가까이 다가와 모니터에 비치는 화면을 천천히 훑어보았다. 그리고 부드러운 목소리로 조언을 건넸다.

"발표까지 시간이 얼마 안 남았지만, 너무 무리하진 마세요. 2~3시간 정도라도 자 둬야 내일(오늘) 아침에 집중하실 수 있을 겁니다."

우리는 선배의 조언에 고개를 끄덕였지만, 노트북 전원을 끄고 쉴 마음은 선뜻 들지 않았다. '조금만 더, 이 부분만 고치고 쉬자.' 하는 생각이 끊임없이 이어졌다.

새벽 3시가 넘자 여기저기서 피곤한 기색이 완연해졌다. 은서가 커다란 하품을 하며 물었다.

"조금만 더 고치고 잘까요?"

그녀의 말에 민우가 피곤한 눈을 비비며 맞장구쳤다.

"네, 한두 시간만 더 버티면 될 듯해요. 이 애니메이션만 완성하면 돼요."

나도 마지막 힘을 짜내며 의욕을 보였다.

"스토리텔링 슬라이드 문장 몇 개만 다듬으면 금방 끝날 것 같아요."

하지만 결국 시계가 4시를 가리키자, 민우가 현실적인 제안을 했다.

"이제 슬슬 정리하고 잠깐이라도 눈 붙입시다. 아침에도 조금은 시간이 남으니까요."

우리 모두 피로감에 굴복하며 동의했다.

"네, 그래야겠어요."

주변에 흩어진 쓰레기와 물건들을 대충 정리하고, 마지막 저장 버튼을 누른 뒤 노트북을 덮었다.

"그럼 8시에 다시 강당에서 뵙겠습니다."라는 말을 끝으로 각자 기숙사로 향했다.

그날 밤, 침대에 누웠을 때도 머릿속에서는 계속해서 '서로나 웹'의 이미지와 발표 내용이 맴돌았다. 팀원들과 함께 만들어낸 결과물에 대한 뿌듯함과 내일 있을 발표에 대한 설렘, 그리고 약간의 긴장감이 뒤섞인 기분으로 깊은 잠에 빠져들었다.

아침의 막바지 준비

아침 8시, 약속대로 강당으로 돌아왔을 때는 모두 머리가 부스스했고 잠이 덜 깬 눈을 부비느라 여념이 없었다. 은서는 헝클어진 머리를 대충 묶고, 민우는 세수한 물기가 채 마르지 않은 얼굴로 나타났다. 수진은 이미 테이블에 앉아 노트북을 켜고 있었고, 창욱은 커다란 종이컵에 담긴 아메리카노를 한 손에 들고 있었다.

나는 "다들 잘 잤어?"라고 하며 친구들에게 안부를 물었다.

모두가 피곤한 미소를 지으며 고개를 끄덕였다. 말은 안 해도 모두 비슷한 마음이었다. '충분히 자지 못했지만, 그래도 할 만큼 했어.'

하지만 노트북 전원을 켜자마자 이내 우리의 표정이 날라졌다. 마치 전사들이 전투 준비를 하는 것처럼, 모두의 눈빛이 다시 반짝이기 시작했다.

"이제 12시까지가 진짜 승부예요. 그때까진 모두 끝내야 하니까요!" 수진이는 팀원들을 격려했다.

민우가 새벽에 만든 데이터베이스 다이어그램을 먼저 보여주었다. 사용자, 멘토, 봉사활동, 포인트 시스템 등 각 요소가 어떻게 연결되는지 명확하게 정리된 구조였다.

“와, 이 정도면 이미 기본 체계가 잡힌 거 아니야?” 내가 감탄했다.

민우는 쑥스러운 듯 웃었지만, 눈빛에는 자부심이 느껴졌다.

“그래도 아직 세부 테이블 관계가 조금 더 보완되어야 해.”

이어서 은서가 손본 로고·컬러 시스템을 PPT에 적용한 버전을 열어 보였다. 부드러운 파스텔 톤 배경과 따뜻한 민트색, 연한 코랄색이 조화를 이룬 로고가 전 슬라이드에 통일감 있게 깔려 있었다. 두 손이 맞잡은 실루엣이 강조된 로고는 “서로 돕고 함께 성장한다.”라는 메시지를 시각적으로 완벽하게 전달하고 있었다.

“은서야, 정말 프로 수준이야!” 수진이 진심 어린 칭찬을 던졌다.

은서의 얼굴이 붉어졌지만, 미소를 감추지 못했다.

“고마워. 밤새 만든 보람이 있네.”

수진도 자신의 작업물을 공유했다. 그녀는 기업 쿠폰 후원, 주민센터·NGO 연계 방안을 표로 깔끔하게 정리해왔다. 각 파트너십이 어떤 가치를 창출하고, 어떻게 지속가능한 모델이 될 수 있는지 명확하게 설명된 문서였다.

“해시태그 이벤트 시나리오도 곁들이면 어떨까요? #서로나, #함께성장, #나눔의기쁨 같은 해시태그를 활용한 SNS 캠페인을 생각해 봤어요.”

그녀의 제안에 우리 모두 호응했다.

“그거 좋네요! 발표 때 구체적으로 짚어주면 더 설득력 있겠어요.”

마지막으로 내가 작업한 스토리텔링 슬라이드를 공유했다. 왕따 학생이 멘토링을 통해 마음의 문을 열고, 봉사자를 만난 독거 어르신이 일상에 조금씩 웃음을 되찾는 장면을 담은 내용이었다. 최대한 현실적이면서도 희망적인 메시지를 담으려고 노력했다.

“여기에 ‘서로나가 전하는 따뜻함’이라는 한 줄을 넣으면 어떨까요?” 내가 제안했다.

은서가 고개를 끄덕였다. “디자인 톤이랑 잘 맞을 것 같아요. 내가 바로 추가해 볼게.”

그녀는 재빨리 키보드를 두드려 텍스트를 삽입하고 폰트와 색상을 조정했다. 정말로 한 줄의 문구가 추가되자 슬라이드가 더욱 완성된 느낌이 들었다.

그렇게 정신없이 매달리다 보니 어느새 시계가 11시를 가리켰다.

"이제 최종 점검할 시간이야!" 창욱이가 외쳤다.

우리는 PPT를 통째로 재생해 보며 마지막 검토에 들어갔다. 첫 화면에 슬라이드 가득히 크게 뜨는 '서로나(서로 + 나)' 로고가 시선을 사로잡았다. 이어서 클릭 이벤트로 구현된 포인트 적립 애니메이션이 자연스럽게 흘러갔다. 공익성이 돋보이는 협력 모델도 깔끔하게 정리되어 있었고, 마지막으로 왕따 학생과 독거 어르신의 사례를 담은 스토리텔링까지 차례로 이어졌다.

밤샘으로 지친 몸이었음에도 마음 한구석에서 뿌듯함이 솟아올랐다. 우리의 땀과 노력이 이렇게 하나의 완성된 결과물로 만들어졌다는 사실이 믿기지 않았다.

물론 세부 색상이나 글자 크기처럼 손봐야 할 자잘한 문제는 남아 있었지만, 12시 전까지 충분히 마무리할 수 있다는 자신감이 생겼다.

"정말 수고 많으셨습니다. 밤새 작업하시느라 고생하셨어요." 내가 먼저 입을 열어 팀원들을 격려했다.

"우리 모두 덕분이야. 혼자였다면 절대 이런 결과물을 만들 수 없었을 거야," 수진이가 따뜻하게 화답했다.

민우와 창욱은 하이파이브를 나누며 웃었고, 은서는 조용히 미소 지었다. 그 모습을 지켜보던 강하다 선배도 엄지손가락을 들어 보이며 미소 지었다.

"정말 멋진 팀워크네요. 발표 잘 할 수 있을 것 같아요!"

선배의 응원에 우리는 더욱 힘을 얻었다. 남은 시간 동안 마지막 세부사항을 손보고, 발표 순서와 대본도 다시 한번 점검했다. 그리고 정확히 12시, 우리의 최종 발표 자료가 완성되었다.

행복을 주는 제품 아이디어 발표 시간

점심 식사 후, 발표 시간이 다가오자 강당에는 묘한 긴장감과 설렘이 동시에 번지고 있었다. 열 개 팀 모두가 밤샘 준비를 마치고, 무대 앞쪽에 마련된 간이 연단과 대형 스크린 상태를 최종 점검하고 있었다. 누군가는 발표 자료를 마지막으로 확인하고, 또 다른 누군가는 발표 순서를 되짚고 있었다.

학생들은 의자에 고르게 앉아 다른 팀의 발표를 지켜볼 채비를 갖췄다. 대부분 손에는 노트와 펜을 꼭 쥐고 있었는데, 조금이라도 더 '행복을 주는 제품' 아이디어를 배워가겠다는 의지가 엿보였다.

교감 선생님과 특성화부장 선생님, 발명과 부장 선생님, 특허과 부장 선생님, 디자인과 부장 선생님도 앞줄에 나란히 자리를 잡았다. 선생님들의 표정에서는 기대감이 읽혔다.

내 심장은 마구 뛰기 시작했다. 첫 발표부터 우리 차례까지 시간이 얼마나 남았는지 계산해보며 조용히 심호흡을 반복했다.

첫 번째 팀이 무대에 올랐다. 그들은 버려진 자투리 천으로 예쁜 패션 액세서리를 만드는 업사이클링 아이디어를 선보였다. 화면에 띄워진 자료는 정성스러웠고, 실제 만든 액세서리 샘플도 심사위원들에게 전달되었다.

"교복이나 행사 티셔츠를 재활용해도 좋지 않을까요?" 심사위원 중 한 분이 제안했다.

발표자가 환하게 웃으며 대답했다. "그것도 훌륭한 아이디어네요! 학교 내에서 바로 실천할 수 있는 방안이 될 것 같습니다."

PPT 슬라이드에는 액세서리 제작 과정과 결과물이 상세히 담겨 있었고, 환경보호와 패션의 접점을 흥미롭게 보여주었다.

두 번째 팀은 발명과 학생들이 준비한 스마트 온실 관리 시스템이었다. 제법 복잡해 보이는 장치가 무대 위에 놓였다.

"이 시스템은 아두이노 센서를 활용해 온실 온도와 습도를 자동으로 제어합니다. 토양의 수분 상태에 따라 물을 자동으로 공급하고, 온도가 일정 수준을 넘으면 환기를 시작합니다."

발표자의 설명에 맞춰 장치가 작동하기 시작했다. 화면에 온도 수치가 실시간으로 변동하자 심사위원들이 감탄했다.

"에너지 절감 효과도 있을 것 같아요. 전통적인 온실 관리보다 얼마나 효율적인가요?"

"기존 방식보다 약 30% 정도 에너지 사용량을 줄일 수 있습니다!"

교감 선생님이 실용적인 제안을 했다. "우리 학교 텃밭에도 한 번 적용해 보면 어떨까요?"

"네, 꼭 해 보겠습니다!" 팀원들이 활기차게 대답했다.

세 번째부터 일곱 번째 팀까지도 다양한 아이디어가 쏟아졌다. 3D 프린팅으로 만든 특수 텀블러, 스트레스 완화용 목베개(명상 음악·진동 기능 결합), 코로나19 시기에 격리된 학생들을 위한 VR 교실 등 각 팀이 내놓은 기발한 착상들이 스크린을 가득 채웠다.

특히 VR 교실을 발표한 팀이 실제 VR 헤드셋을 가져와 시연했을 때는 모두가 환호성을 질렀다. 교감 선생님도 호기심 어린 눈빛으로 헤드셋을 써보며 감탄했다.

"이거 실제로 구현되면 멋지겠군요. 마치 실제 교실에 있는 것 같아요!"

심사위원들도 구체적인 질문을 이어갔다. "기술 개발 예산은 어느 정도인가요?"

발표자들은 차분히 답변하며 아이디어의 실현 가능성을 어필했다.

시간이 흐르고 발표가 계속되면서 내 심장 박동은 점점 더 빨라졌다. 드디어 여덟 번째 순서, '서로나(서로 + 나)' 팀이 호명되었다.

"다음은 팀 '서로나'의 발표가 있겠습니다. 무대로 나와주세요."

우리 다섯 명은 서로를 바라보며 깊게 숨을 들이마셨다. 그리고 무대 앞으로 나섰다. 다섯 명이 일렬로 선 뒤, 내가 마이크를 잡았다. 목소리가 떨리지 않도록 노력하며 인사를 건넸다.

"안녕하세요, 3팀의 '서로나' 프로젝트 발표를 맡았습니다. '서로나'는 서로를 돕고 나도 성장하는 사회적 안전망 플랫폼이에요."

인사를 마치자 무대 뒤편 스크린에는 은서가 밤새 디자인한 파스텔 톤 로고와 두 사람이 손을 맞잡은 실루엣이 크게 비쳤다. 따뜻한 색감과 부드러운 디자인이 강당 안 분위기를 한층 포근하게 만들었다.

나는 먼저 우리가 준비한 스토리텔링을 시작했다. 왕따를 겪던 학생이 '서로나 웹'을 통해 멘토링을 받고 자존감을 회복하는 이야기, 그리고 독거 어르신이 봉사자를 만나 서서히 일상의 어려움을 극복해가는 과정을 생생하게 전달했다.

"이런 문제들은 우리 사회에 분명히 존재하지만, 해결책을 찾기는 쉽지 않습니다. 하지만 '서로나 웹'은 도움이 필요한 사람과 도움을 주고 싶은 사람을 연결해 서로가 성장할 수 있는 기회를 제공합니다."

교감 선생님과 심사위원들은 고개를 끄덕이며 "정말 많은 사람에게 행복을 줄 수 있는 서비스로 보인다."라는 반응을 보였다.

이어서 민우와 창욱이는 앞으로 나섰다. 그들은 '서로나 웹'의 기술적인 측면을 설명했다.

"저희 플랫폼은 멘토-멘티 매칭 시스템을 핵심으로 합니다. 사용자의 위치, 관심사, 필요한 도움의 종류 등을 고려해 최적의 매칭을 제공합니다."

민우가 PPT 화면을 넘기자 포인트·레벨 시스템이 나타났다.

"또한 참여도에 따라 포인트가 적립되고 레벨이 상승하는 시스템을 구현했습니다. 이렇게 게임적 요소를 도입함으로써 사용자들의 지속적인 참여를 유도합니다."

창욱은 보안 측면을 강조했다.

"특히 취약계층 보호를 위한 익명 게시판과 보안 기능도 중요하게 생각했습니다. 왕따를 경험하는 학생이나 독거 어르신들이 안전하게 도움을 요청할 수 있도록 설계했습니다."

클릭 이벤트로 구현된 시뮬레이션 영상이 재생되자, 강당 안에서 감탄사가 흘러나왔다. 발명과 부장 선생님이 호기심 어린 표정으로 질문을 던졌다.

"이 기능은 어떤 언어와 툴을 사용해 만드셨나요?"

창욱이 자신감 있게 대답했다.

"데이터베이스와 알고리즘 설계를 기반으로 해두었고, 원하는 언어나 툴에 맞춰 확장하기도 수월한 구조입니다. 실제 구현 시에는 웹 기반으로 JavaScript와 Node.js를 활용하고, 모바일 앱으로는 React Native를 고려하고 있습니다."

심사위원들은 감탄한 표정으로 서로 눈빛을 교환했다. "발명과 학생들이 소프트웨어 요소까지 능숙하게 다루는군요."

은서가 UI/UX 설명을 위해 앞으로 나섰다. 그녀는 태블릿을 들고 화면을 스와이프하며 사용자 인터페이스를 보여주었다.

"저희는 사용자 경험을 최우선으로 고려했습니다. 직관적인 디자인과 쉬운 탐색 구조로 누구나 쉽게 이용할 수 있도록 했습니다. 특히 어르신들도 쉽게 사용할 수 있도록 큰 버튼과 명확한 아이콘을 적용했습니다."

은서의 설명은 간결하면서도 전문적이었다. 디자인과 부장 선생님이 무릎을 치며 감탄했다.

마지막으로 수진이는 무대 중앙으로 나섰다. 그녀는 기업 후원 쿠폰·기관 협력·SNS 해시태그 바이럴 홍보 전략 등을 PPT 표로 정리해 보여주었다.

"저희 플랫폼의 비즈니스 모델은 기업 후원과 기관 협력을 중심으로 합니다. 기업들은 '서로나 웹'을 후원함으로써 사회적 책임을 실천하고 긍정적인 이미지를 얻을 수 있습니다."

그녀는 표를 가리키며 설명을 이어갔다.

"또한 주민센터, 복지관, NGO 등 다양한 기관과 협력하여 봉사활동 정보를 실시간으로 공유합니다. 이를 통해 사용자가 늘수록 공익 이미지가 기업에 도움이 되고, 도움을 원하는 사람과 봉사자가 더 쉽게 연결되는 선순환 구조가 형성됩니다."

수진의 진지하고 논리적인 설명에 특성화부장 선생님이 감탄했다.

“정말 실현 가능성이 높아 보이네요. 창업과 학생답게 비즈니스 모델까지 잘 고려했군요.”

우리 다섯 명이 다시 나란히 서서 발표를 마무리했다.

“이상으로 ‘서로나 웹’ 프로젝트 발표를 마치겠습니다. 저희의 목표는 단순한 웹 플랫폼을 넘어, 진정한 사회적 안전망을 구축하는 것입니다. 서로가 서로를 돕고, 그 과정에서 모두가 성장하는 따뜻한 세상을 만들고 싶습니다. 경청해 주셔서 감사합니다.”

발표가 끝나자, 교감 선생님이 잔잔한 박수를 치며 칭찬했다.

“중3 졸업생들이 이렇게 완성도 높은 아이디어와 PPT를 만들다니, 대단합니다. 사회적 가치와 기술적 실현 가능성이 균형을 이룬 프로젝트로군요.”

다른 심사위원들도 “수고 많았어요.”, “정말 잘했어요.”라며 반가운 미소를 지었다. 무대에서 내려오면서 우리는 잔뜩 긴장했던 어깨를 쭉 펴고 서로를 바라보았다. 아무 말도 없었지만, 눈빛만으로도 충분히 서로의 마음을 알 수 있었다. ‘우리가 해냈어!’

이후 발표는 계속되었다. 아홉 번째 팀은 지역 농산물 직거래 앱을 소개했다. 그들은 실제 농가와 연계해 테스트까지 마친 듯했다.

“저희 앱은 농가를 돕고 신선한 식재료를 합리적인 가격에 소비자에게 공급합니다. 중간 유통 과정을 줄여 농부에게는 더 많은 수익을, 소비자에게는 더 저렴한 가격을 제공하는 윈-윈 모델입니다.”

마지막 열 번째 팀은 관광객 대상 AR 안내 서비스를 발표했다. 그들은 실제 AR 글래스를 가져와 시연하기도 했다.

“이 서비스는 관광지에서 스마트폰이나 AR 글래스를 통해 역사적 정보, 명소 안내, 숨은 명소 추천 등을 증강현실로 제공합니다. 외국인 관광객을 위한 실시간 번역 기능도 포함되어 있습니다.”

디자인과 부장 선생님은 그들의 UI를 칭찬했다.

“UI가 직관적이어서 사용자들이 편리하게 쓸 수 있겠네요. 특히 시각적 요소와 정보 전달의 균형이 뛰어납니다."

심사위원 중 한 분이 의견을 덧붙였다.

"지자체와 협업하면 관광객에게 큰 편의를 줄 수 있을 듯합니다. 지역 경제 활성화에도 기여할 것 같군요."

가까스로 밤샘을 마치고 무대까지 달려온 열 개 팀 모두가 발표를 끝내자, 강당 안은 한층 더 활기를 띠었다. 학생들은 자리에서 일어나 서로의 발표에 대해 의견을 나누고 있었다.

"저 팀 발표 정말 좋았어!"

"우리도 시연을 좀 더 길게 했어야 했을까?"

"다음에는 저 팀처럼 실제 시제품을 가져와 보면 어떨까?"

심지어 다른 팀끼리 협업을 논의하며 연락처를 교환하는 학생들도 보였다. 무대 위에서는 심사위원들이 점수를 합산하며 수상자를 선발하고 있었다.

잠시 뒤, 교감 선생님이 단상 위로 올라서자, 학생들은 의자에 앉아 시선을 집중했다. 양옆에는 심사위원 선생님들이 나란히 자리를 잡았고, 교감 선생님은 환한 미소로 무대를 둘러보았다.

"자, 모두들 수고하셨습니다. 열 개 팀 모두 훌륭한 발표를 해주셔서, 심사하는 우리도 정말 즐겁고 배울 점이 많았습니다."

교감 선생님의 따뜻한 목소리에 곳곳에서 박수가 터져 나왔다. 이어서 교감 선생님은, 앞으로의 학교생활에 대해 의미심장한 메시지를 전했다.

"이제 이 캠프가 끝나면 일상 수업으로 돌아가겠지만, 오늘 이 시간을 통해 배운 '협업하는 즐거움'과 '스스로 아이디어를 발전시키는 경험'을 잊지 않았으면 합니다."

교감 선생님의 눈빛이 진심으로 학생들을 응원하는 마음으로 가득 차 있었다.

"우리 학교는 암기식 교육이 아닌, 학생 주도 프로젝트를 적극 장려하고 있으니, 원한다면 어떤 프로젝트든 선생님들이 열심히 지원해 드릴 거예요. 아까 보여 준 아이디어 가운데는 실제 창업이나 특허 출원으로 이어질 수 있는 것도 많아 보였습니다."

교감 선생님은 천천히 학생들을 둘러보고, 혹시나 어려움이 걱정되는 이들에게 걱정 말라는 듯 시선을 건넨 뒤 다시 말을 이었다.

"물론, 언제나 쉬운 길만 있는 건 아니죠. 실패할 수도 있고, 생각보다 높은 벽을 만날 수도 있습니다. 하지만 이번 캠프처럼 팀을 이루고 협력한다면, 충분히 해결책을 찾을 수 있습니다."

교감 선생님의 표정이 더욱 따뜻해졌다.

"혹시 다음 프로젝트에 도전하고 싶다면 망설이지 말고 문을 두드리세요. 선생님들, 그리고 선배 멘토들이 여러분을 기다리고 있을 겁니다. 열정만 있다면, 이 학교에서 경험할 수 있는 수업과 활동들은 생각보다 훨씬 더 풍성하고 다채로울 거예요. 발명과·디자인과·창업과가 가진 특징을 잘 융합한다면, 더욱 가치 있고 창의적인 프로젝트로 성장해 갈 수 있으니까요."

교감 선생님은 잠시 숨을 고르고 마지막 메시지를 전했다.

"오늘을 계기로, 여러분이 가진 '숨은 재능'을 발견하고 서로에게서 배우길 바랍니다. 그리고 여러분이 만들어 낸 제품과 아이디어가 앞으로 더 많은 사람들에게 행복을 전할 수 있길, 우리 학교가 전폭적으로 응원하겠습니다."

교감 선생님은 마지막으로 심사위원들에게도 감사하다는 뜻을 전한 뒤 마이크를 내려놓았다. 강당 안은 다시 뜨거운 박수로 가득 찼다.

아직 시상식 결과는 나오지 않았지만, 이미 많은 학생들의 얼굴에서 성취감이 빛나고 있었다. 밤샘과 수없는 수정 과정을 거쳐 오늘이라는 무대에 선 것만으로도, '행복을 주는 제품'이라는 캠프 주제를 충분히 살려 냈다는 자부심이 모두에게 느껴졌다.

교감 선생님의 말씀이 끝나자, 강당 한편에서 사회를 맡은 특성화부장 선생님이 무대 위로 걸어나왔다. 학생들은 모두 시선과 귀를 집중했다. 내 심장은 다시 빠르게 뛰기 시작했다. 곧 시상식이 시작될 참이었다.

"자, 이제 발표 결과를 알려 드리겠습니다. 열 개 팀 모두 훌륭했지만, 그중에서도 특히 '행복을 주는 제품'이라는 주제를 탁월하게 살려낸 세 팀을 뽑았습니다. 먼저 1등 팀부터 발표하겠습니다."

그 말이 떨어지자, 학생들은 숨죽인 채 발표를 기다렸다. 강당 안에는 바늘 떨어지는 소리도 들릴 것 같은 긴장감이 감돌았다.

"이번 1등 팀은… 스마트 온실 관리 시스템 팀입니다!"

순간 강당 이곳저곳에서 환호와 박수가 터져 나왔다. 이 팀은 아두이노 센서로 온도를 자동 제어해 친환경적이면서도 효율적으로 농작물을 재배할 수 있도록 만든 아이디어를 선보였다. 심사위원들은 이 프로젝트가 "실제 농민들의 삶의 질 향상과 에너지 절감 효과를 동시에 잡아, 더 많은 사람에게 지속적인 행복을 줄 수 있다."라며 가장 높은 점수를 주었다.

스마트 온실 팀원들은 무대 앞으로 나와, 교감 선생님과 각 괴 부장 선생님들로부터 상장과 상품을 건네받았다. 한껏 상기된 표정이었지만, 동시에 차분하게 감사를 전하는 모습이었다.

이어서 사회자는 2등 팀을 호명했다.

"2등은 VR 교실을 선보인 팀입니다!"

한쪽에서 함성이 들렸다. 이 팀은 코로나19 시기에 격리된 학생들이 비대면 상황에서도 친구들과 소통하며 학습할 수 있도록 고안한 VR 교실 아이디어를 제안했다. 심사위원들은 "가상의 교실이지만, 실제 교류와 학습의 즐거움을 놓치지 않았다는 점이 인상적"이라고 평했다. 발표 때 보여준 가상 교실 시연 영상에 감탄하는 학생들도 많았다. VR 교실 팀원들은 무대로 올라가 상장과 상품을 받으며 환하게 웃었다.

"마지막으로 3등 팀을 발표합니다."

사회자의 말이 끝나자, 장내가 다시금 조용해졌다. 나는 심장이 입 밖으로 튀어나올 것 같았다. 손바닥에 식은땀이 맺혔다.

"3등 팀은… '서로나(서로 + 나)'입니다!"

순간 숨이 멎는 듯했다. 그리고 바로 이어서 엄청난 기쁨이 밀려왔다. 나와

민우, 창욱, 은서, 수진은 서로를 쳐다보다가, 곧 환하게 웃으며 무대로 뛰어 나갔다. 우리는 이미 "상을 못 받아도 여한이 없다."라고 말할 만큼 보람을 느끼고 있었지만, 3등이라는 상을 받게 되니 기쁨이 배가 되었다.

교감 선생님은 우리에게 상장을 건네주며, 심사 평을 덧붙였다.

"서로나는 직접적인 멘토링과 봉사활동 연계를 통해 가장 다양한 사람들에게 체감 가능한 행복을 전해줄 수 있다고 보았습니다. 앱·웹 플랫폼 구현 가능성도 높고, 여러 기능이 잘 융합되어 있다는 점이 인상적이었어요."

우리는 연신 "감사합니다!"를 외치며 상장을 받았다. 그 순간, 나는 팀원들 모두의 얼굴이 환하게 빛나는 것을 느꼈다. 수 없이 많은 밤을 새고, 의견 충돌도 있었지만, 결국 우리는 하나의 목표를 향해 함께 달려왔다. 그리고 그 결과가 바로 이 순간이었다.

시상식이 모두 끝난 시각은 어느덧 오후 3시 30분. 교감 선생님을 비롯해 멘토와 선생님들은 학생들을 향해 "정말 수고 많았다."며 마음껏 칭찬을 아끼지 않았다. 강하다 선배도 우리 3팀을 찾아와 특별한 축하 인사를 전했다.

"팀원들과 협업하는 모습이 정말 인상적이었어요. 서로 다른 학과의 학생들이 이렇게 잘 어우러져 하나의 결과물을 만들어 내는 모습이 멋졌습니다. 앞으로도 멋진 아이디어로 함께 성장해 봅시다."

우리는 선배를 향해 고개 숙여 인사하며 대답했다.

"선배님 덕분에 많이 배웠어요. 한 달 반 뒤, 3월 2일 입학식 때 다시 뵐게요!"

캠프가 마무리되고 팀원들과 가볍게 앞으로의 계획을 나누었다.

"그동안 무엇을 준비해야 할까?" 내가 조심스럽게 물었다.

민우가 자신감 있게 대답했다. "나는 코딩 공부를 더 해야지. 지금보다 더 완성도 높은 프로토타입을 만들고 싶어."

은서도 자신의 계획을 나눴다. "난 디자인 포트폴리오를 만들어 볼래. 오늘 작업한 내용도 포함시키고 싶어."

"창업과니까, 사업 모델 관련 책을 더 찾아봐야겠어. 실제로 이 아이디어를 발전시키려면 더 깊이 있는 준비가 필요할 것 같아." 수진이가 진지한 표정으로 말했다.

창욱은 웃으며 말했다. "난 서로나 웹의 보안 시스템을 더 연구해볼 생각이야. 안전하게 정보를 보호하는 게 중요하니까."

모두가 각자의 방향을 향해 나아갈 준비를 하고 있었다. 우리는 서로 연락처를 교환하고, 입학 전까지 온라인으로 소통하기로 약속했다.

바쁘고 긴 캠프를 마치고 강당 밖으로 나오자 멀리서 아버지와 어머니의 모습이 보였다. 원래 아버지가 차를 몰고 데리러 오기로 했는데, 엄마도 가게를 일찍 닫고 같이 온 모양이었다.

"엄마, 아빠!" 하고 소리치자, 어머니는 뛸 듯이 반가워하며 다가왔다.

"우리 딸, 고생 많았지?" 어머니가 나를 꼭 안아 주었다.

아버지도 환한 미소로 물었다. "잘 끝냈다면서? 아까 선생님께 전화받았어."

밤새 PPT를 만들고 긴장 속에 발표했던 순간들이 주마등처럼 스쳐 지나갔다. '멀리서 달려와 주신 부모님께 자랑스럽게 말해도 괜찮겠지?'라는 안도감이 마음 깊이 번졌다.

"네, 저희 팀이 3등 했어요!"

"정말? 축하한다!" 아버지가 내 어깨를 토닥였다.

"우리 딸 정말 대단하구나." 어머니의 눈가에 자랑스러운 눈물이 맺히는 것 같았다.

집으로 돌아가는 차 안에서, 나는 뒷좌석에 앉아 부모님께 하루 종일 있었던 일을 전했다.

"밤새워서 준비했는데, 열 팀 모두 엄청 열심히 하더라고요. 이 정도면 점수 차이가 거의 없었을 것 같아요. 그런데도 우리가 3등이라니 믿기지 않아요!"

나는 조금 들뜬 목소리로 이어갔다.

"우리 팀은 '서로나 웹'을 만들었어요. 봉사활동 정보를 연결해 주고, 왕따나 외로운 분들에게는 멘토를 찾아주는 구조예요. 참여율이 높으면 포인트와 레벨

이 올라가도록 했고, GPS로 주변 봉사 이벤트도 알려 줄 수 있도록 생각해 봤어요."

차 안을 가득 채우는 내 열정적인 목소리와 함께, 발표 내용을 자세히 설명했다.

"발표 때 스토리텔링을 넣었는데, 왕따 학생이 멘토를 만나 마음을 열고, 독거 어르신이 봉사자를 만나 어려움을 이겨내는 과정을 보여 드렸거든요. 심사위원들도 '정말 많은 사람에게 행복을 줄 수 있는 아이디어'라고 칭찬해 주셨어요."

숨을 고르고 말을 이었다.

"팀원들과 멘토님 덕분에 잘 마무리했다는 생각이 들어요. 더 구체화하면 진짜로 사람들에게 행복을 줄 수 있겠다는 확신도 들어서 뿌듯해요."

그 말에 나는 교감 선생님과 멘토가 해준 조언도 전했다.

"교감 선생님은 협업과 아이디어 발전 과정을 절대 잊지 말라고 하셨어요. 또 '우리 학교는 암기식 교육이 아니라, 학생 주도 프로젝트를 적극 장려하니까 원하면 선생님들이 열심히 도와줄 것'이라고도요. 멘토님은 '처음에는 누구나 서툴지만, 함께하면 해결책을 찾을 수 있다.'라고 강조하셨어요. 그리고 '열정만 있으면 어떤 프로젝트든 경험해 볼 기회가 많다.'라고도 하셨고요."

나의 이야기를 다 들은 어머니가 따뜻한 표정으로 웃으며 말했다.

"그래, 정말 멋진 학교인 것 같네. 네가 친구들이랑 열심히 협력하고 즐겁게 몰두했으니 3등이라는 성과도 나온 거겠지. 엄마는 네가 이렇게 좋아하며 노력하는 모습이 제일 반가워. 앞으로도 열정을 잃지 말고, 더 신나는 프로젝트에도 도전해 봐."

아버지도 고개를 끄덕였다.

"'서로나 웹'이 실제로 구현된다면, 정말 많은 사람이 도움을 받겠구나. 함께 꿈꾸고, 함께 나누는 게 진짜 행복이니까. 입학하면 선생님들이랑 친구들하고 힘을 모아 더 발전시켜 보렴. 아빠도 네가 이런 경험을 하는 모습이 아주 흐뭇하구나."

나는 부모님의 응원에 눈을 반짝이며 창밖을 내다봤다. 자신이 좋아하는 일을 친구들과 협업하며 만들어 가고, 부모님에게도 든든한 응원을 받는다고 생각하니 차창 너머 풍경조차 한없이 밝게 느껴졌다. 한 달 반 뒤면 시작될 고등학교 생활을 생각하니 새로운 친구들과 더 큰 도전이 벌써부터 설레었다.

분주했던 이틀간의 캠프를 마치고 차가 집 앞에 멈춰 섰을 때, 나는 여전히 따뜻한 기분에 사로잡혀 있었다.

"엄마, 아빠, 오늘 정말 고마워요. 앞으로도 열심히 할게요."

그 말을 마지막으로, 나는 미소 지으며 차에서 내렸다. 곧 다가올 입학식에 대한 기대와, 앞으로 펼쳐질 여러 프로젝트의 가능성이 가슴 깊이 전해졌다.

'서로나 웹'처럼 나도 성장하고 싶었다. 누군가에게 도움을 주면서 내가 함께 성장하는, 그런 사람이 되고 싶었다. 그리고 이제 그 첫걸음을 내딛었다는 확신이 들었다.

나만 알고 싶은 창업 끝판왕: 고등·성인편

새로운 시작: 한국발명 창업가고등학교 입학식

새로운 시작: 한국발명창업가고등학교 입학식

거울 앞에 선 나는 손끝으로 교복의 금색 자수를 따라 천천히 어루만졌다. "한국발명창업가고등학교." '한국발명창업'이라는 여섯 글자에 담긴 무게가 가슴에 실감 나게 와닿았다. 감청색 재킷에 새하얀 와이셔츠, 처음 입어보는 고등학교 교복이 낯설지만 묘하게 설렜다. 오늘은 2022년 3월 2일, 내 인생에 새로운 챕터가 열리는 순간이다.

"괜찮아, 로나." 거울 속 내 눈을 똑바로 바라보며 스스로에게 말을 건넸다. "너는 지금까지 창업 준비를 열심히 해왔잖아. 이제 진짜 시작이야."

방 한쪽에는 전날 밤늦게까지 꼼꼼히 챙겨놓은 기숙사 짐들이 가지런히 쌓여 있었다. 빨대 업사이클링 프로젝트를 위해 모은 재료들과 노트북, 스케치북, 그리고 내가 가장 아끼는 디자인 펜 세트까지. 새 학교에서의 생활을 상상하니 심장이 빠르게 뛰었다.

"로나야, 서둘러! 빨리 출발해야 해!"

엄마의 목소리에 생각에서 빠져나와 방 밖으로 나섰다. 새벽 5시, 아직 어둑한 집안에서 엄마는 정성스레 도시락을 마무리하고 계셨다. 손끝이 거칠어진 채 커피 향이 밴 엄마의 손에서 따스함이 느껴졌다. 카페를 운영하시는 엄마가 새벽부터 일어나 이렇게 신경 써주셨다는 사실이 고마웠다.

"여기 네가 좋아하는 계란말이랑 소고기미역국 도시락이야. 차 안에서 먹으렴. 짐은 내가 벌써 차에 실었어."

엄마의 말에 마음이 따뜻해졌다. 휴대폰을 확인해 보니 아빠의 메시지가 도착해 있었다.

아빠

우리 딸 입학식 날, 멋진 시작을 응원한다! 비록 출장 중이라 함께하지 못해 미안하구나. 네가 꿈꾸던 학교에서 이제 진짜 발명가, 창업가로 성장할 모습을 기대한다. 네 빨대 업사이클링 아이디어, 아빠가 제일 먼저 투자할게! 사진 꼭 보내줘. - 아빠가

메시지를 읽으며 웃음이 나왔다. 아빠는 내가 중학교 3학년 때 처음으로 창업에 관심을 가지기 시작했을 때부터 늘 든든한 지원군이었다. 아이디어가 막힐 때마다 밤늦게까지 함께 고민해주셨고, 지난달에는 직접 카페 빨대를 모으는 일을 도와주시기도 했다. 그때 카페 주인들의 의아한 표정을 보며 우리가 얼마나 웃었는지.

"자, 이제 출발하자."

어둑힌 세벽길을 달리는 동안 엄마가 준비해준 도시락을 먹으며 창밖을 바라보았다. 고속도로 가로등이 일정한 간격으로 시나가는 모습은 마치 내 앞에 펼쳐질 새로운 인생을 암시하는 것 같았다. 도시의 불빛들이 하나둘 켜지기 시작했다.

"오늘은 어떤 마음이야? 긴장되니?" 엄마가 내 표정을 살피며 물었다.

"조금 긴장되지만… 더 설레요. 드디어 제가 원하는 공부를 할 수 있으니까요. 빨대 프로젝트도 본격적으로 시작할 수 있을 것 같고…."

빨대 프로젝트는 내가 일 년 전 우연히 바닷가에서 쓰레기를 줍던 중 떠올린 아이디어였다. 우리가 매일 무심코 사용하고 버리는 플라스틱 빨대를 재활용해 실용적인 제품으로 만들어 보자는 생각. 아직은 초보적인 단계지만, 새 학교에서 체계적으로 발전시킬 수 있을 거라는 기대에 마음이 부풀었다.

“그래, 우리 딸 이제 진짜 창업가구나. 어릴 때부터 항상 ‘왜’라는 질문을 많이 하더니, 이제는 그 ‘왜’에 대한 해결책까지 찾아내는 아이가 됐네.” 엄마의 눈에 자랑스러움이 묻어났다.

“엄마, 저 긴장 많이 될까 봐 걱정돼요. 다들 저보다 더 준비된 친구들일 텐데….”

“로나야, 넌 이미 충분히 특별해. 누구나 처음은 있는 거야. 3년 뒤에는 네가 다른 후배들 앞에서 멋진 프로젝트를 소개하게 될 거야.”

세 시간의 긴 여정 끝에 우리는 마침내 학교에 도착했다. 웅장한 교문 앞에서 엄마와 잠시 멈춰 서서 학교를 바라보았다. ‘한국발명창업가고등학교’라는 커다란 동판 간판이 아침 햇살에 반짝였다. 이중창으로 된 현대적인 건물과 곳곳에 설치된 태양광 패널이 눈에 띄었다. 모든 것이 혁신과 미래를 말하는 듯했다.

“로나야, 이것도 가져가.”

엄마가 작은 상자를 트렁크에서 꺼내 건네주었다. 열어보니 최신형 태블릿 펜이 들어 있었다. 반짝이는 실버 색상에 내 이름이 새겨져 있었다.

“아빠가 어제 저녁에 택배로 보냈어. 네 아이디어를 스케치하고 디자인하는데 도움이 될 거래. 회사 기술팀에 물어봐서 가장 좋은 모델로 골랐다고 하더라.”

“와, 정말 필요했던 거예요! 아빠한테 꼭 감사하다고 전해주세요.”

“빨대 프로젝트 디자인할 때 요긴하게 쓰길 바란대. 짐은 보관소에 맡기고 입학식부터 참석하자.”

“네, 엄마. 이건 가방에 넣고 다닐게요.”

엄마는 내 어깨를 가볍게 감싸며 미소 지었다. “우리 딸이라면 이곳에서 정말 빛날 거야. 네 열정과 아이디어가 이제 날개를 달 수 있는 곳에 왔으니까.”

엄마의 확신에 찬 목소리에 긴장감이 한결 누그러졌다. 엄마는 늘 내가 스스로 길을 찾아갈 수 있다고 믿어주었다.

“짐 보관소가 저기 있네요.” 엄마가 안내판을 가리켰다. “입학식 끝나고 기숙사 배정 받을 때까지 짐을 맡겨두자.”

넓은 강당 옆 임시 보관소에는 이미 많은 신입생들의 짐이 정리되어 있었다. 사감 선생님께서 번호표를 건네주셨고, 우리는 짐에 붙인 뒤 영수증을 받았다.

“짐 찾을 때 이 영수증이 필요하니 잘 보관하세요.” 사감 선생님이 말씀하셨다.

짐을 맡기고 엄마와 함께 입학식장으로 향하는 길에 빨간 완장을 찬 선배가 다가왔다.

“안녕하세요! 신입생이시죠? 입학식 전에 학교 역사관 투어에 참여하실래요? 지금 바로 시작해요.”

선배의 환한 미소에 긴장이 조금 풀렸다. 엄마와 눈을 마주치자 엄마가 고개를 끄덕였다.

“좋은 기회네. 참여해 보자.”

“네, 참여할게요!” 내가 대답했다.

역사관 앞에는 이미 몇몇 신입생들과 학부모들이 모여 있었다. 완장을 찬 3학년 선배가 자신을 소개했다.

“안녕하세요, 저는 학생회 부회장 김진우입니다. 오늘 여러분께 우리 학교의 자랑스러운 역사를 소개해 드릴게요.”

진우 선배는 말투는 부드러웠지만 자신감이 넘쳐 보였다. 역사관 문이 열리고 우리는 안으로 들어갔다. 첫 번째 전시실에는 학교의 설립 역사와 그동안의 주요 성과들이 연도별로 정리되어 있었다. 벽면을 따라 설치된 디지털 디스플레이에는 학생들의 발명품과 수상 내역이 영상으로 소개되고 있었다.

“우리 학교는 2015년에 설립되어 짧은 역사에도 불구하고 많은 성과를 이루어냈습니다. 특히 지난 7년간 전국 발명대회에서 종합 우승을 다섯 번이나 차지했죠.”

다음 전시실로 이동하자 ‘2021학년도 우수 프로젝트 전시’라는 안내판이 보였다. 다양한 발명품들이 전시되어 있었는데, 특히 눈에 띄는 것은 중앙에 전시된 '에코 웨이브'라는 장치였다. 물 위에 떠 있는 작은 보트처럼 생겼지만, 내부에는 복잡한 기계 장치가 보였다.

"이 장치는 작년 2학년 학생들이 개발한 바다 쓰레기 수거 로봇입니다. 파도의 에너지를 활용해 자가발전하면서 미세 플라스틱을 수거하는 시스템이죠. 현재 여수 바다에서 시범운영 중입니다."

내 빨대 프로젝트와 비슷한 환경 분야 아이디어라 더 관심이 갔다. 옆에 붙은 설명서를 자세히 읽어보니, 개발팀에는 나와 같은 나이의 학생들이 참여했다고 했다. '나도 할 수 있을까?' 하는 생각이 들었다.

감탄하며 구경하는데, 또 다른 전시실로 이동했다. 이곳에는 더 특별한 전시가 있었다. 깔끔한 유리 케이스 안에는 다양한 제품들과 함께 상장, 투자 계약서 등이 전시되어 있었다.

"여기는 우리 학교의 자랑입니다. '스타트업 성공 사례관'이라고 부르는데요, 졸업생들이 창업한 스타트업 중 투자 유치에 성공한 사례들을 모아놓았습니다."

진우 선배가 한 쪽을 가리켰다. 그곳에는 얇고 유연한 필름 같은 태양광 패널이 전시되어 있었다.

"이 '플렉시블 솔라 패널'은 2019년 졸업생인 박민준 선배가 개발한 것인데, 작년에 20억 원의 시리즈 A 투자를 유치했습니다. 옷처럼 휘어지는 태양광 패널을 개발해서 웨어러블 기기에 적용한 기술이죠. 민준 선배도 여러분처럼 1학년 때는 그저 '에너지를 더 쉽게 얻을 수 있는 방법은 없을까?'라는 단순한 질문에서 시작했다고 해요."

옆에 전시된 또 다른 제품 앞에 멈춰서자 진우 선배의 목소리가 더욱 자랑스러워졌다. 일반 밴드처럼 보이지만 부분적으로 색이 변하는 독특한 반창고였다.

"이것은 정말 대단한 성공 사례입니다. '메디-밴드'라는 의료용 스마트 밴드인데, 2018년 졸업생 최서연 선배가 개발했어요. 상처 부위의 감염 여부를 색상 변화로 알려주는 간단한 원리이지만, 작년 매출 10억을 돌파했습니다. 지금은 전국 대형병원에 납품 중이에요."

그 순간 내 머릿속에서 번개가 친 것 같았다. '내 빨대 프로젝트도 이런 식으로 발전시킬 수 있지 않을까?' 플라스틱 빨대의 내구성과 가벼움을 활용해 뭔가 실용적인 제품으로 만들어볼 수 있을 것 같았다. 메모할 것이 떠올라 급하게 가방에서 수첩을 꺼내 몇 가지 아이디어를 적었다.

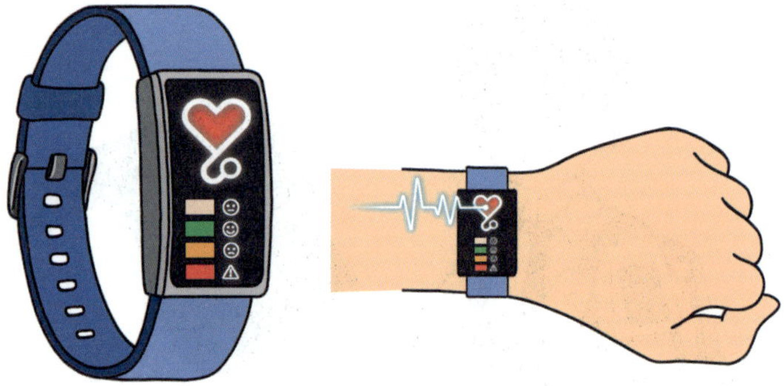

신기한 발명품들을 하나하나 구경하는데, 갑자기 교내 방송이 울렸다.

"입학식이 곧 시작됩니다. 신입생과 학부모님들께서는 대강당으로 이동해 주시기 바랍니다."

진우 선배가 웃으며 말했다. "투어는 여기까지입니다. 대강당은 제가 안내해 드릴게요. 따라오세요."

우리는 선배를 따라 중앙 정원을 지나 웅장한 대강당으로 향했다. 가는 길에 엄마가 내 어깨를 살짝 잡았다.

"봤니? 네가 앞으로 이룰 수 있는 일들이야. 엄마는 네가 어떤 모습이 될지 정말 기대된다."

대강당에 들어서자 이미 많은 학생들이 자리에 앉아 있었다. 낯선 교복을 입은 또래들이 모여 수다를 떨거나 긴장한 표정으로 앉아 있었다. '1학년 2반'이라고 적힌 자리를 찾아 앉았다. 엄마는 뒤쪽에 마련된 학부모 좌석에 앉았다. 강당은 일반 학교의 것과는 확연히 달랐다. 벽면에는 다양한 스크린이 설치되어 있었고, 강당 중앙 천장에는 홀로그램 프로젝터로 보이는 장치가 설치되어 있었다.

곧 조명이 어두워지고, 무대 위로 교장 선생님과 교감 선생님, 그리고 학생회장으로 보이는 학생이 올라왔다. 중앙 스크린에 '2022학년도 한국발명창업가고등학교 입학식'이라는 글자가 나타났고, 천장의 홀로그램 프로젝터에서는 학교 로고가 공중에 떠올랐다. 그 장면에 강당 안은 탄성으로 가득 찼다.

교장 선생님의 입학식 환영사가 시작되었다. 흰 머리가 섞인 단정한 모습의 교장 선생님은 부드러운 미소로 말씀을 시작하셨다.

"여러분, 한국발명창업가고등학교의 새 가족이 된 것을 진심으로 환영합니다. 우리 학교는 단순한 지식 전달이 아닌, 여러분의 창의성과 도전정신을 키워내는 데 중점을 둡니다. 여기서 여러분은 자신만의 아이디어를 발명품으로 만들고, 그것을 비즈니스로 발전시키는 전 과정을 경험하게 될 것입니다."

교장 선생님은 잠시 주변을 둘러보신 후, 더 깊은 목소리로 계속했다.

"이 학교의 모토는 '생각을 현실로, 아이디어를 가치로'입니다. 많은 학교들이 여러분에게 '무엇을 공부할 것인가'를 가르칩니다. 하지만 우리 학교는 '왜 공부하는가'와 '어떻게 그 지식을 가치로 만들 것인가'에 초점을 맞춥니다. 여기서의 3년은 여러분의 인생을 완전히 바꿔놓을 것입니다."

교장 선생님의 말씀은 내 마음에 깊이 와닿았다. '왜 공부하는가'라는 질문은 내가 중학교 시절 내내 고민했던 것이었다. 시험을 위한 공부가 아닌, 실제 세상의 문제를 해결하기 위한 공부. 그리고 '지식을 가치로 만드는 법'은 내가 창업에 관심을 갖게 된 이유이기도 했다.

이어진 재학생 대표의 환영사도 인상적이었다. 현재 창업동아리에서 반려동물 IoT 제품을 개발하고 있다는 3학년 선배는 무대 위로 스마트 웨어러블 목줄을 착용한 강아지 인형을 들고 올라왔다. 전교생의 주목을 받는 자리임에도 불구하고, 그의 목소리는 떨림 없이 또렷했다.

"안녕하세요, 저는 학생회장 김준호입니다. 저도 1학년 때는 그저 막연한 꿈만 갖고 있었습니다. 이렇게 제품을 개발하고 사업 계획을 세울 수 있을 거라고는 상상도 못 했죠. 하지만 이 학교에서의 프로젝트 수업, 선생님들의 지도, 친구들과의 협업을 통해 그 꿈을 하나씩 현실로 만들어갈 수 있었습니다."

그는 들고 있는 강아지 인형의 목줄을 가리키며 말을 이었다.

"이건 제가 개발 중인 '펫케어 스마트 목줄'입니다. 반려동물의 건강 상태를 모니터링하고, 위치 추적, 자동 산책 기록 기능이 있죠. 처음에는 그저 '반려동물을 더 잘 돌볼 수 있는 방법이 없을까'라는 단순한 질문에서 시작했습니다. 그 질문이 지금은 저희 팀의 창업 아이템이 되었고, 실제 판매를 앞두고 있습니다. 여러분도 곧 그 놀라운 여정을 경험하게 될 것입니다."

준호 선배의 말에 강당 안은 박수 소리로 가득 찼다. 그의 자신감 넘치는 모습과 실제 제품을 보니, '나도 언젠가는 저런 자리에 서서 내 제품을 소개할 수 있을까?' 하는 생각이 들었다.

입학식의 마지막 순서로, 교감 선생님이 학교 시설과 교육 과정에 대해 간략히 소개해 주셨다.

"우리 학교는 일반 교과는 물론, 특화된 시설과 프로그램을 갖추고 있습니다. 메이커스페이스, 3D 프린팅 랩, 디자인 스튜디오, 창업 인큐베이팅 센터 등을 자유롭게 이용할 수 있습니다. 또한 '창의적 문제해결', '지식재산 일반', '사업계획서 작성' 같은 특화 과목들도 배우게 될 것입니다. 이 모든 것들이 여러분의 아이디어를 현실로 만드는 데 도움이 될 것입니다."

입학식이 끝나고 2반 교실로 향했다. 교실 문을 열자 밝은 미소를 지닌 담임 선생님이 맞아주셨다.

"안녕하세요, 여러분. 저는 1학년 2반 담임을 맡게 된 박미연입니다. 과학과 발명 교육을 담당하고 있어요. 우리 반은 발명과, 디자인과, 창업과 학생들이 골고루 섞여 있어요. 서로 다른 재능을 가진 여러분이 협력하면서 멋진 시너지를 만들어내길 기대합니다."

교실은 일반 교실과는 많이 달랐다. 책상은 모듈식으로 쉽게 이동하고 재배치할 수 있게 되어 있었고, 뒤쪽에는 3D 프린터와 레이저 커터, 그리고 간단한 공구들이 갖춰진 작은 작업 공간이 마련되어 있었다. 벽면에는 화이트보드와 디지털 화면이 설치되어 있었고, 창가에는 작은 식물들이 놓여 있었다.

"먼저 출석을 부르고, 이어서 간단한 자기소개 시간을 가질게요. 그리고 학교 시설 투어도 할 예정입니다. 그 후에는 기숙사 배정과 입사 절차가 있을 거예요."

출석을 부른 후, 담임 선생님은 우리에게 자기소개를 부탁하셨다. 한 명씩 돌아가며 자신의 이름과 관심 분야, 입학 동기 등을 말했다. 내 옆에 앉은 여학생은 디자인과에 진학했으며 브랜드 아이덴티티와 패키지 디자인에 관심이 많다고 했다. 나중에 알게 된 이름은 민지였다.

그 외에도 발명과에 진학한 정우는 로봇 공학에, 창업과의 수현이는 푸드테크 스타트업에 관심이 있다고 했다. 디자인과의 준영이는 사용자 경험(UX) 디자인을, 발명과의 하은이는 웨어러블 기술을 연구하고 싶다고 밝혔다.

마침내 내 차례가 왔다. 조심스럽게 손을 들고 일어났다.

"안녕하세요, 저는 창업과에 입학한 서로나입니다. 제 이름은 '서로[互]'와 '나[我]'를 합친 것으로, 사람들과 함께 놉고 성상한나는 의미를 담고 있어요."

내 이름 의미를 설명하자, 친구들의 반응이 좋았다. 조금 더 자신감을 얻어 계속 말했다.

"저는 현재 버려지는 빨대를 활용한 업사이클링 제품을 구상하고 있어요. 엄마가 운영하는 카페에서 매일 많은 빨대가 버려지는 걸 보면서, 이걸 어떻게 다시 활용할 수 있을까 고민했어요. LED 조명이나 교육용 키트, 아트 프레임 같은 걸 만들어 보고 싶은데, 아직은 초기 단계라 많이 부족합니다. 하지만 이 학교에서 열심히 배우면서 제 아이디어를 발전시켜나가고 싶습니다."

예상 밖으로 반 친구들의 반응이 뜨거웠다.

"오, 그거 진짜 좋은데! 나도 환경 문제에 관심 많아서 업사이클링 쪽으로 뭔가 해보고 싶었어." 하은이가 눈을 반짝이며 말했다.

"디자인과인데, 혹시 제품 디자인이 필요하면 함께 해보는 건 어때?" 준영이가 손을 들고 제안했다.

담임 선생님도 미소를 지으며 말씀하셨다.

"로나의 아이디어 정말 의미 있네요. 우리 학교는 이런 아이디어를 현실로 만들 수 있는 최적의 환경을 제공할 거예요. 다음 주부터 시작될 '창의적 문제해결' 수업에서 그 주제로 프로젝트를 진행해볼 수도 있을 것 같아요."

이렇게 첫날부터 뜻밖의 협업 제안과 선생님의 격려까지 받으니 기분이 좋았다. 모든 자기소개가 끝난 후, 담임 선생님은 우리를 학교 시설 투어로 안내해 주셨다.

"이제 우리 학교의 주요 시설들을 둘러볼게요. 여러분이 앞으로 많은 시간을 보내게 될 곳들이니 잘 기억해 두세요."

우리는 먼저 메이커스페이스로 향했다. 넓은 공간에는 다양한 3D 프린터와 레이저 커터, CNC 밀링 머신, 목공 장비, 전자 회로 작업대 등이 갖춰져 있었다. 몇몇 선배들이 이미 작업 중이었는데, 한쪽에서는 드론을 조립하고 있었고, 다른 쪽에서는 3D 프린터로 시제품을 출력하고 있었다.

"이곳은 여러분의 아이디어를 실제 형태로 만들어 볼 수 있는 공간이에요. 첫 달은 장비 사용법 교육을 받게 되고, 안전 인증을 받으면 자유롭게 사용할 수 있습니다. 24시간 개방되어 있지만, 밤 10시 이후에는 선생님의 허가가 필요해요."

다음으로 방문한 곳은 '발명특허 랩'이었다. 이곳에는 특허 문헌을 검색할 수 있는 컴퓨터와 다양한 참고 서적들이 있었다. 벽면에는 학생들이 취득한 특허증들이 전시되어 있었다.

"이곳에서는 특허 검색, 명세서 작성법, 지식재산권에 대해 배우게 됩니다. 여러분의 발명이 독창적인지 확인하고, 법적으로 보호받을 수 있도록 돕는 공간이죠."

디자인 스튜디오에는 태블릿과 그래픽 소프트웨어가 설치된 컴퓨터, 그리고 다양한 디자인 자료들이 있었다. 한쪽에는 학생들이 디자인한 제품들과 패키지가 전시되어 있었다.

"디자인 스튜디오에서는 제품 디자인, UI/UX 디자인, 브랜드 아이덴티티 등을 배우고 실습합니다. 발명이나 창업과 학생들도 아이디어의 시각화를 위해 많이 활용하는 공간이에요."

마지막으로 방문한 곳은 '창업 인큐베이팅 센터'였다. 이곳은 마치 실제 스타트업 사무실처럼 꾸며져 있었다. 공동 작업 공간과 회의실, 제품 전시대 등이 갖춰져 있었다.

“이곳은 주로 2, 3학년들이 많이 사용하는 공간이지만, 여러분도 창업 관련 수업에서 종종 오게 될 거예요. 사업 계획서 작성, 마케팅 전략 개발, 투자 유치 등에 대해 배우고, 실제 창업을 준비하는 공간입니다. 졸업생 중에는 이곳에서 시작해 실제 창업에 성공한 사례도 많아요.”

투어가 끝나고 다시 교실로 돌아온 후, 담임 선생님은 기숙사 생활에 대한 안내를 시작하셨다.

“이제 기숙사 입사 관련 안내를 드리겠습니다. 1학년 학생들은 A동 2층과 3층에 배정되어 있어요. 방 배정표는 지금 나눠드릴 예정이니, 받으시면 본인 이름과 호실을 확인해 주세요.”

방 배정표를 받아보니 나는 212호에 배정되어 있었다. 룸메이트를 확인해 보니 방금 자기소개에서 만난 민지와 같은 방이었다. 우리는 서로를 보며 기쁜 표정을 교환했다.

“2층이구나! 같은 방이네!” 민지가 소리쳤다.

“정말 다행이다. 적어도 아는 사람이랑 같은 방이라서 좋네.”

방 배정을 마친 뒤, 학부모님들과 작별 인사를 나누는 시간이 이어졌다. 강당 앞 광장에서 엄마를 만났다.

“로나야, 토요일 저녁에 데리러 올게. 그동안 즐겁게 생활하렴.” 엄마가 내 손을 꼭 잡으며 말했다.

“네, 엄마. 조심히 가세요.” 나도 엄마의 손을 꼭 마주 잡았다.

“오늘을 어떻게 보냈는지 자기 전에 전화하렴. 아빠도 너 소식 기다리실 거야.”

“네, 꼭 전화할게요.”

엄마와 작별 인사를 나누며 엄마는 작은 종이 봉투를 건네주셨다.

“이것도 가져가.”

봉투 안에는 손글씨로 쓴 편지와 함께 작은 펜던트가 들어 있었다. 바다거북이 모양의 그 펜던트는 우리가 작년 바닷가에서 함께 봤던 그 거북이를 떠올리게 했다.

"이건….”

"네가 환경 문제에 관심을 가지게 된 계기를 항상 기억하라고. 그 바다거북이가 빨대에 다친 모습을 보고 네가 얼마나 충격 받았는지 기억나? 그때부터 넌 변했어.”

그 순간을 떠올리니 가슴이 뭉클해졌다. 그날 본 다친 바다거북이 영상은 내 인생의 전환점이었다. 바로 그때 나는 '나도 무언가 할 수 있지 않을까?'라는 생각을 처음으로 했던 것이다.

"고마워요, 엄마. 항상 목에 걸고 다닐게요.”

엄마와 마지막 포옹을 나누고, 나는 새로운 삶을 향해 발걸음을 옮겼다. 기숙사로 향하는 길에 민지가 내 펜던트를 보고 물었다.

"예쁜 펜던트네. 특별한 의미가 있어?"

"응, 내가 환경 프로젝트를 시작하게 된 계기를 기억하라고 엄마가 주신 거야.”

짐 보관소에서 짐을 찾아 기숙사로 향했다. 영수증을 제시하자 사감 선생님께서 짐을 찾을 수 있게 도와주셨다. 민지와 함께 짐을 들고 A동으로 향했다.

2층에 위치한 212호 방문을 열자 깔끔하게 정돈된 2인실이 눈앞에 펼쳐졌다. 각자의 침대와 책상, 옷장이 배치되어 있었고, 창가 쪽에는 작은 화분이 놓일 만한 공간도 있었다.

"와, 생각보다 넓다!" 민지가 감탄했다.

"진짜 좋네. 어서 짐 풀고 저녁 먹으러 가자.”

짐 정리를 마친 후, 우리는 기숙사 식당으로 향했다. 첫날이라 특별 저녁 메뉴가 준비되어 있었다. 놀랍게도 모든 식기와 수저는 친환경 소재로 만들어져 있었고, 빨대도 종이나 금속으로 된 것만 사용하고 있었다.

"우와, 우리 학교 환경에 진짜 신경 쓰는구나.” 감탄했다.

민지와 함께 식사를 하며 오늘 하루를 돌아보고 있을 때, 갑자기 한 선배가 우리 테이블로 다가왔다. 오전에 역사관을 안내해 주었던 진우 선배였다.

"새로 온 1학년들 적응 잘 하고 있어? 혹시 질문 있으면 언제든지 물어봐."

"선배, 동아리는 언제부터 가입할 수 있나요?" 내가 물었다.

"다음 주 수요일에 동아리 박람회가 열려. 거기서 각 동아리의 활동을 직접 볼 수 있고, 그 자리에서 가입도 할 수 있어." 신우 선배는 친절하게 대답했다. "너희 관심 있는 동아리 있어?"

"저는 환경 관련 동아리요. 플라스틱 빨대 업사이클링 프로젝트를 하고 싶어서요."

"오, 그럼 ECO-TECH 동아리가 딱이겠네. 내가 부장이야." 진우 선배의 얼굴에 미소가 번졌다. "지금 우리 동아리는 해양 플라스틱 문제해결에 집중하고 있어. 네 프로젝트가 잘 맞을 것 같은데?"

"정말요? 와, 이건 운명인가 봐요!"

"그럼 수요일에 우리 부스에 꼭 와. 선배들이 도움이 필요하면 언제든지 도와줄게." 진우 선배는 명함 같은 카드를 건넸다. 거기에는 그의 이름과 학번, 연락처가 적혀 있었다. "학교생활 중 궁금한 점 있으면 연락해."

"감사합니다, 선배!"

저녁 식사 후, 기숙사로 돌아와 내일의 일정을 확인했다. 오전에는 학교 오리엔테이션이, 오후에는 창의성 검사와 적성 검사가 예정되어 있었다.

"민지야, 내일 무슨 옷 입을 거야? 교복?" 내가 물었다.

"응, 내일부터는 교복 입어야 한대. 첫날인 오늘만 자율복장이었어."

"그렇구나. 그럼 교복 준비해야겠다."

침대에 누워 천장을 바라보며 오늘 하루를 되새겼다. 아침에 느꼈던 설렘과 긴장은 이제 확신과 기대로 바뀌어 있었다. 전시장에서 보았던 선배들의 작품들, 친구들과 나눈 대화, 선생님의 격려…. 모든 것이 내가 꿈꾸던 그 이상이었다.

창밖을 보니 날이 완전히 어두워지고 별이 빛나기 시작했다. 낯선 기숙사 침대에 누워있지만, 이상하게도 불안하지 않았다. 오히려 이곳이 내 꿈을 이루기 위한 새로운 출발점이라는 생각에 설레었다.

침대 옆 탁자에 놓인 스케치북을 다시 펼쳐, 오늘 민지와 나눈 대화를 토대로 빨대를 활용한 3D 프린팅 연결 부품 아이디어를 추가로 스케치했다. 아빠가 선물해준 태블릿 펜으로 더 정교한 디자인을 그려볼 수 있었다.

'이제 진짜 시작이구나. 내 아이디어를 하나하나 현실로 만들어갈 수 있는 곳에 왔어.'

스케치북을 덮고 잠자리에 들며 마음속으로 다짐했다.

'작은 빨대 하나로 시작하는 나의 창업 이야기. 실패해도 좋아. 포기만 하지 말자. 언젠가는 반드시, 사람들에게 가치 있는 제품을 만들어낼 수 있을 거야.'

그리고 엄마가 준 바다거북이 펜던트를 꼭 쥐고, 새로운 꿈을 향한 첫날을 마무리했다. 첫날밤의 기숙사는 조금 낯설었지만, 내일부터 시작될 새로운 생활에 대한 기대로 금세 따뜻한 잠에 빠져들었다. 한국발명창업가고등학교에서의 첫날은 이렇게 끝나가고 있었지만, 나의 진짜 이야기는 이제 막 시작되었다.

서로나의 한 학기: 혁신적 교육 여정

입학한 지 벌써 한 학기가 지났다. 처음 한국발명창업가고등학교의 문을 열고 들어섰을 때, 내가 경험하게 될 교육의 혁신이 이토록 놀라울 것이라고는 상상조차 하지 못했다. 이름만으로도 특별하지만, 그 안에 숨겨진 교육 시스템은 기존 학교와는 완전히 다른 세계였다.

기숙사에서 생활하는 나는 매일 저녁 시간을 개인 학습에 활용한다. 오늘도 밤 9시, 태블릿을 펼쳐 학교의 학습관리시스템(LMS)에 로그인했다. 화면에는 내가 선택한 과목들이 깔끔하게 정리되어 있고, 각 과목마다 진행 상황과 완료율이 표시되어 있다. 오늘의 공부는 '창의적 수학 사고'. 영상 강의를 클릭하자 김태연 선생님의 기하학적 구조와 정다면체 원리에 관한 강의가 시작되었다.

"정다면체는 모든 면이 같은 정다각형이고, 모든 꼭지점에서 만나는 면의 개

수가 같은 입체도형입니다. 자연에서는 바이러스 구조, 결정체, 심지어 일부 분자 구조에서도 이런 형태를 볼 수 있죠."

김 선생님의 설명을 들으며 나는 메모를 했다. '빨대 LED 조명에 정이십면체 구조 적용 가능할까?' 15분 강의를 본 후, 질문 목록을 작성하고 내일 상담을 잡았다. 예약 화면에는 내일 김 선생님의 가능한 시간대가 표시되어 있었고, 나는 오전 11시 슬롯을 선택했다.

우리 학교의 가장 큰 특징은 교사가 전통적인 '가르치는 사람'이 아닌 '어드바이저'로 활동한다는 점이다. 모든 강의 내용은 LMS 플랫폼에 고품질 영상으로 업로드되어 있어 언제 어디서든 학습할 수 있고, 학생들은 자신의 속도에 맞춰 학습한 후 교사와의 1:1 또는 소그룹 상담을 통해 깊이 있는 질문과 프로젝트 지도를 받는다.

다음 날 수학프로젝트 시간, 김태연 선생님과의 상담이 시작되었다. 예약한 시간에 상담실에 들어서자 큰 화이트보드와 다양한 수학 모형들이 눈에 들어왔다.

"로나, 정다면체 원리에 대한 질문이 있다고 했지?" 김태연 선생님이 상담석에 앉으며 미소 지었다.

"네, 선생님. 강의에서 설명하신 정다면체 원리를 제 빨대 LED 조명에 어떻게 적용할 수 있을지 고민하고 있어요. 특히 육각형 구조가 빛의 분산에 좋을 것 같은데, 이걸 3D 구조로 만들려면 어떤 수학적 계산이 필요할까요?"

김 선생님은 내 태블릿을 살펴보시더니 몇 가지 스케치를 그리셨다. 그리고는 선반에서 실제 정이십면체 모형을 가져와 설명을 시작하셨다.

"정이십면체 구조를 응용하면 어떨까? 이렇게 꼭지점마다 빨대를 연결하면 안정적인 구조가 될 거야. 자, 이 각도를 계산해 보자. 정이십면체는 20개의 정삼각형 면으로 이루어져 있고, 각 꼭지점에서 5개의 면이 만나. 이 모형을 봐. 여기 꼭지점에서 빨대가 연결된다고 생각해봐."

선생님은 화이트보드에 각도 계산식을 자세히 적으셨다.

"빨대의 길이가 10cm라면, 이 공식에 따라 필요한 빨대의 개수는 30개가 되고, 꼭지점은 12개가 필요해. 그리고 빛이 가장 효과적으로 퍼지려면 이 꼭지점 각도가 중요한데….”

선생님은 내 개인프로젝트 진행상황을 확인하시고, 팀프로젝트 활동도 체크해 주셨다. 내가 작성한 3D 모델링 파일을 보시며 몇 가지 조언도 주셨다. 이런 맞춤형 지도는 일반 학교에서는 상상할 수 없는 경험이다.

매 학기 초, 우리는 ‘개인 학습 설계’ 시간을 갖는다. 담임 선생님과 1:1 상담을 통해 이번 학기 나의 목표와 필요한 학점을 계획한다. 빨대 업사이클링 프로젝트를 위해 나는 ‘창의적 제품 디자인’, ‘환경공학 기초’, ‘사업계획서 작성법’, ‘특허와 지식재산권’ 등의 과목을 선택했다.

학기 초 상담실에서 담임 박지훈 선생님은 내 학습 계획표를 함께 검토해 주셨다. 화면에는 내가 지금까지 이수한 과목들과 앞으로 필요한 과목들이 체계적으로 정리되어 있었다.

“이번 학기 네 프로젝트 계획을 봤는데, 빨대 LED 조명에 필요한 학습 모듈을 몇 가지 추천해 줄게.” 담임 박지훈 선생님이 태블릿으로 몇 가지 강의 목록을 공유하셨다. 화면에는 각 모듈의 상세 설명과 선수 과목, 그리고 해당 과목을 듣는 다른 학생들의 간단한 평가도 볼 수 있었다.

“여기 수학 모듈 중 ‘3D 구조 설계’를 보면, 정다면체부터 복잡한 다면체 구조까지 다루고 있어. 과학 모듈 중 ‘LED 회로 기초’는 실제 회로를 설계하고 저전력 시스템을 구축하는 내용이 포함되어 있고, 디자인 모듈 중 ‘지속가능한 제품 디자인’은 업사이클링 재료의 특성을 고려한 디자인 원칙을 배울 수 있어. 이 세 가지를 우선적으로 수강하면 좋을 것 같아.”

선생님은 계속해서 설명하셨다.

“각 모듈을 완료한 후 담임 상담을 예약하면, 네 프로젝트에 어떻게 적용할 수 있을지 깊이 있게 논의할 수 있을 거야. 예를 들어, 3D 구조 설계 모듈을 완료하면, 너의 빨대 조명 구조의 안정성과 심미성을 함께 점검해볼 수 있지.”

이런 방식의 교육은 처음에는 낯설었지만, 곧 그 장점을 체감할 수 있었다.

내가 원하는 시간에, 내 속도에 맞춰 학습할 수 있고, 이해가 안 되는 부분은 반복해서 볼 수 있다. 특히 LED 회로 부분은 세 번이나 다시 보며 이해했다. 그리고 선생님들과의 상담 시간은 일방적인 강의가 아닌, 내 프로젝트와 관련된 심도 있는 대화로 이루어진다.

다중 어드바이저의 융합 지도

다음 날 오후 1시, LMS 알림이 떴다. '지식재산의 이해' 온라인 강의가 새로 업로드되었다. 강의는 특허 명세서 작성법에 관한 내용이었고, 수강 후 예약 시스템을 통해 원하는 어드바이저와 상담을 잡을 수 있었다.

강의에서는 실제 특허 명세서 사례들을 보여주며 각 항목의 중요성을 설명했다.

"특허 명세서의 '발명의 상세한 설명' 부분은 해당 기술을 당업자가 쉽게 실시할 수 있도록 상세하게 기재해야 합니다. 여기 LED 조명 특허의 예시를 보면…."

강의를 듣고 나서, 나는 국어 담당 이지현 선생님과 과학 담당 박준호 선생님에게 동시 상담을 신청했다. 상담 예약 시스템에서 두 분의 공통 가능 시간을 선택하고, 상담 주제로 '빨대 LED 조명 특허 명세서 작성 지도'라고 입력했다.

다음 날, 상담석에 앉자 대형 모니터에 두 분이 화상으로 연결되었다. 이지현 선생님은 사무실에서, 박준호 선생님은 과학실에서 접속하셨다.

"로나, 특허 명세서에 관한 질문이 있다고?" 이지현 선생님이 환한 표정으로 물으셨다.

"네, 제 빨대 LED 조명의 특허 명세서를 작성하려고 하는데, 기술적 설명 부분에서 어려움을 겪고 있어요." 내가 태블릿으로 작성 중인 명세서 초안을 공유했다.

박준호 선생님이 고개를 끄덕이셨다. "기술적 설명이 명확해야 특허 심사에서 인정받을 수 있지. 네 빨대 LED 조명의 핵심 기술은 뭐라고 생각해?"

"빨대를 특정 기하학적 패턴으로 배열해 LED 빛이 산란되는 효과를 극대화하는 구조입니다." 내가 대답했다.

"좋아, 그럼 그 패턴의 과학적 원리와 기존 조명과의 차별점을 구체적으로 설명해 볼까?" 박 선생님이 제안하셨다. "예를 들어, 네 조명은 빨대의 반투명 특성을 활용해 빛을 분산시키는 원리인데, 이걸 이렇게 표현할 수 있어. '본 발명은 폴리프로필렌 재질의 반투명 빨대를 정이십면체 구조로 배열하여, LED 광원으로부터 방출된 빛이 빨대 내부에서 다중 반사 및 산란되어 부드러운 조명 효과를 제공하는 것을 특징으로 한다.'"

이지현 선생님은 내 초안을 보시며 조언을 주셨다. "과학적 원리는 박 선생님의 도움을 받고, 명세서 형식은 내가 도와줄게. 특히 '청구항' 부분은 법적 보호를 받기 위해 중요한 부분이니 세심하게 작성해야 해. 예를 들어, 첫 번째 청구항은 이렇게 시작하는 게 좋을 것 같아. '폐플라스틱 빨대를 활용한 조명 장치에 있어서, 다수의 폐플라스틱 빨대가 정이십면체 구조를 형성하도록 연결되는 프레임부와 상기 프레임부의 중심에 위치하는 LED 광원부를 포함하는 것을 특징으로 하는 업사이클링 조명 장치.'"

이것이 바로 우리 학교의 '다중 어드바이저 시스템'이다. 하나의 과목에 여러 분야의 전문가 어드바이저가 팀을 이루어 학생들을 지도한다. '지식재산의 이해' 과목의 경우, 국어는 명세서 작성법을, 과학은 기술적 원리 설명을, 사회는 관련 법규와 경제적 가치를, 수학은 특허의 통계적 가치를, 영어는 국제 특허 출원을 담당한다.

지난 몇 주 동안 빨대 업사이클링 프로젝트를 위해, 나는 LMS에서 다양한 학습 모듈을 수강하고 여러 어드바이저들과 상담했다.

국어 모듈에서는 '설득력 있는 기술 문서 작성법'과 '사업계획서 구성 원리'를 배웠다. 특히 기억에 남는 것은 이지현 어드바이저와의 상담이었다. "서로나, 특허 명세서는 기술적 문서지만, 마케팅 카피는 감성적 접근이 필요해. '그냥 빨대 조명'이 아니라 '버려질 운명이었던 빨대에 새 생명을 불어넣은 환경친화적 디자인 조명'으로 표현하는 거지." 이런 조언 덕분에 내 제품 소개서는 훨씬 매력적으로 변했다.

수학 모듈에서는 '3D 구조 설계'와 '사업 원가 분석'을 수강했다. 김태연 어드바이저는 내게 실제 계산 방법을 보여주셨다. "빨대 직경이 5mm일 때와 8mm일 때 구조의 안정성이 어떻게 달라지는지 이 공식으로 계산해봐. 그리고 이 구조물을 만들기 위해 필요한 빨대의 최소 개수는…." 이 계산을 통해 나는 최적의 빨대 크기와 개수를 정할 수 있었다.

과학 모듈의 'LED 회로 기초'와 '재료 물성 이해'는 실제 작품 제작에 직접적인 도움이 되었다. 박준호 어드바이저와 함께 브레드보드에 회로를 구성하며 배터리 수명을 최대화하는 방법을 배웠다. "이 저항을 47옴으로 바꾸고, 이렇게 병렬 연결하면 빛의 밝기는 유지하면서 배터리 소모는 줄일 수 있어." 또한 빨대 소재 분석을 통해 열에 약하다는 특성을 발견하고, LED 발열을 최소화하는 회로를 설계했다.

사회 모듈에서는 '환경 비즈니스의 이해'와 '소비자 심리학'을 통해 업사이클링 제품의 시장성을 분석했다. 정혜원 어드바이저는 실제 시장 데이터를 보여주셨다. "환경 친화적 제품에 대한 소비자 인식 조사를 보면, 20~30대 여성이 주요 타깃이 될 수 있어. 이들은 환경 가치에 프리미엄을 지불할 의향이 있지." 이를 바탕으로 나는 타깃 고객층을 명확히 하고 마케팅 전략을 수립했다.

미술 모듈의 '지속가능한 제품 디자인'과 '컬러 심리학'은 제품의 외관을 결정하는 데 중요했다. 김민서 어드바이저는 색상 팔레트를 제안해 주셨다. "빨대의 원래 색상을 살리되, 베이스는 자연스러운 나무 소재를 사용하면 지속가능성의 메시지가 더 강화될 거야." 그분의 조언에 따라 자연 소재와 업사이클링 플라스틱의 조화를 이루는 디자인을 완성했다.

영어 모듈에서는 '비즈니스 영어 커뮤니케이션'과 '국제 피칭 전략'을 배웠다. Smith 어드바이저는 내 영어 발표를 꼼꼼히 검토해 주셨다. "이 부분은 좀 더 직접적으로 표현하는 게 좋겠어. 'This lamp is made from straws.'보다는 'This lamp transforms discarded straws into elegant lighting.'가 더 강력한 메시지를 전달해." 덕분에 글로벌 창업 대회를 위한 영어 피칭 자료를 효과적으로 준비할 수 있었다.

교실에서 모든 학생이 같은 내용을 듣는 일방적인 강의가 아니라, 각자의 프로젝트와 학습 속도에 맞춘 맞춤형 교육. 내가 직접 선택한 모듈을 수강하고, 관련 분야의 전문가들에게 1:1 지도를 받으며, 모든 학습이 내 프로젝트와 자연스럽게 연결되는 교육 시스템. 이것이 바로 한국발명창업가고등학교에서 내가 경험한 한 학기의 진정한 융합 교육의 힘이다.

팀 프로젝트: 협업의 힘

우리 학교의 수업은 개인 프로젝트와 팀 프로젝트로 나뉜다. 개인 프로젝트는 말 그대로 나만의 프로젝트다. 빨대 업사이클링 제품 개발이 나의 개인 프로젝트다. 그러나 실제 창업 현장에서는 혼자 모든 것을 할 수 없다. 그래서 팀 프로젝트도 중요하다.

학기 중반인 4월 중순, 기숙사 방에서 태블릿으로 LMS에 접속했다. 달력에는 '팀 프로젝트 주간 시작'이라는 빨간색 알림이 깜빡이고 있었다. 팀 프로젝트 LMS 채널에 접속하자, 디지털 캐릭터로 표현된 최지원 어드바이저의 영상 안내가 자동으로 재생되었다.

"안녕하세요, 여러분! 이번 주는 팀 프로젝트 주제 선정 주간입니다. 각 팀은 공유 작업 공간에 아이디어를 모으고, 금요일까지 최종 주제를 결정해 주세요. 주제가 정해지면 관련 학습 모듈을 추천해 드리고, 필요한 경우 외부 전문가 상담도 연결해 드리겠습니다. 팀 채팅방에서 아이디어 회의를 시작해 보세요!"

영상이 끝나자마자 내 태블릿 화면에 팀 채팅방 알림이 뜨기 시작했다. 화면을 터치하자 각 팀원의 얼굴이 담긴 화상 채팅방이 열렸다.

디자인과 이민지의 밝은 목소리가 먼저 들렸다. "다들 안녕? 지금 우리 개인 프로젝트를 보니까 공통점이 있는 것 같아. 나는 폐유리로 인테리어 소품을 만들고, 서로나는 빨대로 LED 조명을, 정우는 종이로 에코 노트를, 수현이는 커피 찌꺼기로 방향제를 만들고 있잖아. 다들 환경 관련 아이디어를 다루고 있으니, 팀 프로젝트도 환경 쪽으로 가면 어떨까?"

발명과 김정우가 고개를 끄덕이며 대답했다. "좋은 생각이야. 실제로 우리학교 학생들 80%가 환경 관련 개인 프로젝트를 진행하고 있대. 근데 좀 더 구체적인 걸 정해야 할 것 같은데. 환경이라는 주제가 너무 광범위하잖아."

창업과 윤수현이 갑자기 눈을 빛내며 말했다. "에코 마켓 앱은 어떨까? 각자 개인 프로젝트로 만든 업사이클링 제품들을 판매할 수 있는 플랫폼 말이야. 지난주에 내가 '앱 개발 입문' 모듈을 수강했는데, 기본적인 UI 디자인과 간단한 기능 구현은 할 수 있을 것 같아."

나도 화상 채팅에 적극적으로 참여했다. "와, 그거 정말 좋은 아이디어다! 개인 프로젝트는 각자 다르지만, 팀 프로젝트로는 우리 모두의 제품을 알릴 수 있는 앱을 만드는 거지? 나는 마케팅 부분을 담당할 수 있을 것 같아. '디지털 마케팅 전략' 모듈에서 배운 SNS 홍보 기법을 적용해볼 수 있겠다."

이민지가 태블릿으로 무언가를 빠르게 그리더니 우리 모두에게 공유했다. "내가 생각하는 앱 디자인 초안이야. 첫 화면에는 친환경 제품들이 카테고리별로 분류되어 있고, 각 제품을 클릭하면 상세 페이지로 넘어가는 구조야. 여기 하단에는 '내 주변 에코 마켓' 기능을 넣어서 지역 기반 거래도 가능하게 만들면 어떨까?"

정우가 흥분한 목소리로 말했다. "그리고 각 제품마다 '환경 기여도' 점수를 매겨서 얼마나 환경에 도움이 되는지 수치화하면 어떨까? 예를 들어, 서로나의 빨대 조명은 '플라스틱 쓰레기 감소: 5점, 에너지 효율성: 4점' 이런 식으로 말이야."

수현이 덧붙였다. "사용자들이 친환경 제품을 구매할 때마다 '에코 포인트'를 적립하는 시스템도 추가하면 좋을 것 같아. 이 포인트로 나무 심기 프로젝트에 기부할 수도 있고!"

우리는 두 시간 넘게 아이디어를 나누고, 온라인 화이트보드에 함께 기획안을 작성했다. 이번 학기 나는 'ECO 라이프' 팀에 소속되어 있다. 우리 팀은 나(창업과)를 포함해 발명과 김정우, 디자인과 이민지, 창업과 윤수현으로 구성되어 있다. 각자의 개인 프로젝트는 빨대를 활용한 LED 조명(나), 종이 포장재를 재활용한 에코 노트(정우), 폐유리를 활용한 인테리어 소품(민지), 커피 찌꺼기로 만든 방향제(수현) 등 다양하다.

팀 주제가 결정된 후, LMS에 '팀 프로젝트 계획서'를 제출했다. 계획서에는 앱의 핵심 기능, 개발 일정, 각 팀원의 역할 분담, 필요한 학습 모듈 등을 상세히 작성했다. 다음 날 아침, 내 태블릿에 알림이 울렸다. 최지원 어드바이저의 피드백이 도착한 것이다.

"'에코 마켓 앱' 주제 아주 좋습니다. 팀원들의 개인 프로젝트와 시너지 효과가 기대되네요. 특히 환경 기여도 점수화 아이디어가 참신합니다. 앱 개발을 위해 UI/UX 디자인(이민지), 앱 개발 기초(수현), 환경 지표 개발(정우), 이커머스 마케팅(서로나) 관련 학습 모듈을 추천합니다. 또한 실제 앱 서비스를 운영 중인 외부 전문가 멘토링도 연결해 드릴게요. 네이버 출신 개발자 정민수 멘토님이 다음 주 수요일 오후 2시에 가능하십니다. 화상 상담 일정을 잡고 싶으면 예약 시스템을 이용해 주세요. 추가로, 환경부의 '친환경 스타트업 대회' 정보도 공유합니다. 5월 말 접수 마감이니 참고하세요."

피드백을 받은 우리 팀은 즉시 추천받은 학습 모듈을 각자 수강 신청했다. 나는 '이커머스 마케팅' 모듈을 클릭해 첫 번째 강의를 시작했다. "친환경 제품의 마케팅에서 가장 중요한 것은 진정성입니다. 소비자들은 단순히 '친환경'이라는 라벨에 현혹되지 않습니다. 제품의 전체 생애주기에서 환경에 미치는 영향을 투명하게 공개하는 것이 중요합니다."

마을과 함께하는 학습: 지역사회 연계 프로그램

우리 학교의 또 다른 특별한 프로그램은 '마을공동체 연계 프로그램'이다. 이를 통해 우리는 교실에서 배운 지식을 실제 지역사회에 적용해볼 수 있다. 이론만 배우는 것이 아니라, 실제 상황에서 문제를 해결하는 경험을 쌓는 것이다.

5월 첫째 주 토요일, 'ECO 라이프' 팀은 에코 마켓 앱을 개발하면서 지역 상인들과 협력하기로 했다. 학교에서 도보로 15분 거리에 있는 '행복시장'에 작은 부스를 마련하고, 우리가 만든 업사이클링 제품을 판매하는 '팝업 스토어'를 열었다.

우리는 아침 일찍 학교의 메이커스페이스에 모였다. 이민지는 폐유리로 만든 모자이크 화분을, 정우는 다양한 디자인의 에코 노트를, 수현이는 커피 찌꺼기 방향제 샘플을, 나는 빨대 LED 조명 프로토타입 세 개를 가져왔다. 모든 제품에는 QR코드가 부착되어 있었는데, 스캔하면 제품의 제작 과정과 환경 기여도를 볼 수 있는 웹페이지로 연결되었다.

시장에 도착해 부스를 설치하자 호기심 많은 시장 상인들과 지역 주민들이 모여들기 시작했다. 60대로 보이는 한 상인이 내 빨대 조명을 유심히 살펴보더니 질문을 던졌다.

"이게 정말 빨대로 만든 거야? 어떻게 이런 생각을 했니? 요즘 우리 가게에서도 플라스틱 빨대 대신 종이 빨대를 쓰고 있는데, 남은 플라스틱 빨대를 어떻게 처리해야 할지 고민이었어."

나는 기회를 놓치지 않고 우리의 앱 아이디어를 설명했다. "저희가 개발 중인 '에코 마켓' 앱을 통해 이런 업사이클링 제품들을 온라인에서도 판매하려고 해요. 혹시 사장님 가게에 남은 플라스틱 빨대가 있으시면 저희에게 기부해 주시면 어떨까요? 저희가 조명으로 만들어서 앱에 올리고, 판매 수익금의 일부를 사장님께 드릴 수도 있어요."

"이 앱으로 우리 가게에서도 친환경 제품을 판매할 수 있는 건가요?" 다른 상인분이 물으셨다.

“네, 저희가 만든 제품뿐만 아니라 마을의 다양한 친환경 제품도 함께 판매할 수 있어요. 예를 들어, 사장님이 유기농 채소를 파신다면, 앱에 등록하고 ‘친환경 농산물’ 카테고리에 올릴 수 있어요. 일종의 지역 친환경 제품 장터가 되는 거죠.” 내가 태블릿으로 앱 프로토타입 화면을 보여주며 설명하자 많은 상인분들이 관심을 보이셨다.

특히 유기농 채소를 파는 김 할머니는 즉석에서 앱 테스터로 참여하겠다고, 심지어 과일 박스와 채소 포장에 사용된 종이 상자를 정우에게 기부하시겠다고 제안하셨다. 정우는 할머니의 가게 로고를 넣은 맞춤형 에코 노트를 만들어 드리기로 약속했다.

우리의 팝업 스토어는 예상보다 훨씬 성공적이었다. 오후 2시, 부스 앞에는 작은 인파가 모였고, 이민지의 유리 화분 5개와 내 빨대 조명 2개가 판매되었다. 무엇보다 값진 것은 지역 주민들로부터 받은 피드백이었다.

“앱에 중고 거래 기능도 있으면 좋겠어요.”

“환경 교육 콘텐츠도 있으면 아이들 교육에 좋을 것 같아요.”

“우리 동네 제로웨이스트 가게 지도가 있으면 편리할 것 같네요.”

모든 피드백을 꼼꼼히 기록하고, 우리는 오후 5시에 부스를 정리했다. 돌아가는 길에 수현이 제안했다. “우리가 받은 피드백을 앱 개발에 반영하면 좋을 것 같아. 특히 지역 친환경 가게 지도 기능은 당장 추가할 수 있을 것 같아.”

학교의 메이커스페이스는 주말에 지역 주민들에게 개방되어 ‘공유 메이커스페이스’로 운영된다. 우리 학생들이 강사가 되어 주민들에게 간단한 업사이클링 기법을 가르치기도 한다. 나는 다음 주 토요일에 ‘빨대로 만드는 미니 액자’ 워크숍을 진행하기로 했다. 이미 LMS를 통해 10명의 지역 주민이 신청했고, 나는 워크숍 계획서를 작성하느라 분주했다.

“먼저 참가자들에게 플라스틱 쓰레기 문제의 심각성을 5분간 설명한 후, 빨대를 활용한 업사이클링의 다양한 가능성을 소개합니다. 그다음, 준비된 재료를 나눠주고 단계별로 액자 만드는 방법을 시연합니다."

또한 학기 말에는 '지역 공동체 축제'가 열린다. 6월 마지막 주에 열리는 이 축제에서는 학생들의 프로젝트 결과물을 지역 주민들에게 소개하고, 함께 즐기는 시간을 갖는다. 이 행사를 위해 우리 팀은 매주 화요일과 목요일 오후 팀 작업 시간에 모여 에코 마켓 앱의 베타 버전을 개발하고 있었다.

동료 평가 시스템: 함께 성장하기

오전 10시, 우리 기숙사 공용 학습공간에서 코딩 모듈 'LED 색상 제어 알고리즘' 학습을 마쳤다. 영상 강의에서는 아두이노를 활용한 LED 제어 방법과 RGB 값을 조절해 다양한 색상을 구현하는 방법을 배웠다. 학습을 마친 후 바로 동료 평가 시스템에 접속했다. 화면에 '이해도 확인 단계'라는 문구와 함께 문제가 나타났다.

'LED 색상을 순차적으로 변경하는 알고리즘을 구현하시오. 최소 5가지 색상이 부드럽게 전환되어야 하며, 사용자가 밝기를 조절할 수 있는 기능을 포함할 것'

이 과제를 위해 24시간의 풀이 시간이 주어졌다. 나는 즉시 코딩을 시작했다. 먼저 색상 배열을 정의하고, 각 색상 간 전환을 위한 보간법을 구현했다. 두 시간 정도 집중해서 코딩한 결과, 기본적인 알고리즘을 완성할 수 있었다. 코드를 마무리하고 동료 평가자를 찾기 위해 예약 시스템에 접속했다.

예약 화면에는 현재 평가가 가능한 학생들의 목록이 표시되어 있었다. 각 학생의 전공과 관련 모듈 이수 내역을 볼 수 있었다. 나는 전자공학에 관심이 많은 발명과 3학년 박지호 선배를 평가자로 선택했다. '평가 요청이 수락되었습니다. 오후 2시에 화상 미팅이 시작됩니다.' 알림이 표시되었다.

오후 2시, 정확히 약속 시간에 화상 채팅이 연결되었다. 박지호 선배의 얼굴이 화면에 나타났다. 그는 친절한 미소로 인사했다.

"안녕, 서로나! 코드 먼저 설명해 줄래?"

나는 공유 화면을 통해 내 코드를 보여주며 설명을 시작했다.

"네, 제 코드는 LED 색상을 배열로 관리하는 방식을 택했어요. 여기 보시면, 먼저 다섯 가지 색상(빨강, 파랑, 초록, 보라, 노랑)을 RGB 값으로 배열에 정의했습니다. 그리고 이 타이머 함수를 사용해 일정 시간마다 색상이 순차적으로 변하도록 구현했습니다. 특히 여기 이 부분에서…."

"그럼 색상 간 전환 효과는 어떻게 구현했어? 갑자기 바뀌는 건 아니지?" 선배가 코드의 특정 부분을 가리키며 물었다.

"네, 저는 RGB 값을 점진적으로 변화시키는 보간법을 사용해 페이드 인/아웃 효과를 구현했습니다. 예를 들어, 빨강(255,0,0)에서 파랑(0,0,255)으로 전환할 때, 각 단계마다 빨강 값은 5.1씩 감소하고 파랑 값은 5.1씩 증가하도록 설정했어요. 이렇게 하면 색상이 갑자기 변하는 것이 아니라 부드럽게 전환됩니다. 이를 위해 현재 색상에서 다음 색상까지 50단계로 나누어 점진적으로 변화시키는 알고리즘을 설계했습니다."

"사용자가 밝기를 조절하는 기능은 어떻게 구현했어?" 선배가 더 궁금해하며 물었다.

"여기 이 슬라이더 함수를 보세요. 사용자가 0부터 100까지의 값으로 밝기를 조절하면, 이 값에 따라 모든 RGB 값에 비율을 곱해주는 방식으로 구현했습니다. 예를 들어, 밝기를 50%로 설정하면 모든 RGB 값에 0.5를 곱해 전체적인 밝기를 낮추는 거죠."

선배는 내 설명을 들은 후 몇 가지 추가 질문을 했고, 내 대답에 만족한 듯 고개를 끄덕였다. 그리고는 평가 시스템에 점수를 입력하기 시작했다.

"코드 흐름이 정말 깔끔하네. 특히 LED 색상 배열을 관리하는 방식이 인상적이야. 알고리즘의 효율성, 코드 구조, 기능 구현도 모두 잘 되어 있어. 5점 만점에 5점을 줄게. 그리고 한 가지 제안하자면, 색상 변화 속도를 사용자가 조절할 수 있는 기능도 추가하면 어떨까? 그리고 이 코드를 네 빨대 LED 조명 프로젝트에 어떻게 적용할 건지 궁금하네."

나는 빠르게 대답했다. "그 제안 정말 좋네요! 색상 변화 속도 조절 기능을 추가하면 더 다양한 분위기 연출이 가능할 것 같아요. 실제 제 프로젝트에는 이 코드를 아두이노 나노에 업로드해서 빨대 구조 내부에 설치할 계획이에요. 빨대의 반투명한 성질 때문에 색상이 부드럽게 번지는 효과가 더 아름답게 보일 거예요."

우리 학교의 모든 교과목은 이러한 동료 평가로 이루어진다. 온라인 학습 모듈을 완료한 후, 학생들은 자신의 이해도를 검증받기 위해 다른 학생에게 설명하고 평가를 받는다. 처음엔 동료에게 설명하고 평가받는 과정이 부담스러웠지만, 이제는 그 가치를 깨달았다. 다른 학생에게 내 지식을 설명하는 과정에서 개념이 더 명확해지고, 내가 어떤 부분을 제대로 이해하고 있는지, 또 어떤 부분이 부족한지 스스로 깨닫게 된다.

또한 선배들에게 평가받는 과정에서 많은 실질적인 조언을 얻을 수 있다. 박지호 선배는 화상 채팅을 마치기 전에 자신의 2학년 때 프로젝트 경험을 공유해주었다. "나도 2학년 때 조명 프로젝트를 한 적이 있어. 그때 배터리 효율 문제로 고생했는데, LED 밝기와 색상 전환 속도를 적절히 조절하면 배터리 수명을 두 배로 늘릴 수 있더라. 다음 주 메이커스페이스에서 만나면 내가 그때 사용한 회로도를 보여줄게."

성장하는 학습 여정

오늘 아침, 태블릿에 접속해 내 학습 현황을 확인했다. 대시보드에는 각 과목별 진행 상황이 시각적으로 표시되어 있었다. 국어 8레벨(732/1000점), 수학 7레벨(689/1000점), 과학 10레벨(892/1000점), 사회 6레벨(573/1000점) 등 그중에서도 눈에 띄는 것은 영어 9레벨을 달성했다는 푸른색 알림이었다.

현재 나는 영어 과목에서 2번 통과점수를 받으면서 9레벨을 달성했다. '통과점수'란 각 레벨에서 다음 레벨로 넘어가기 위해 필요한 평가 기준을 통과했음을 의미한다. 영어 8레벨에서는 '비즈니스 이메일 작성'과 '제품 설명 프레젠테이션'이라는 두 가지 평가를 통과해야 했다. 각 평가마다 100점 만점에 85점 이상을 받아야 통과할 수 있었다.

우리 학교의 모든 과목은 이런 레벨 시스템으로 운영된다. 일반 학교처럼 1학년, 2학년 식의 학년 구분이 아니라, 과목별로 1레벨부터 30레벨까지 자신의 속도에 맞춰 올라갈 수 있다. 1년에 최대 30레벨까지 올라갈 수 있으며, 각 레벨은 100점 만점이다.

대시보드를 살펴보니, 영어 9레벨부터는 '국제 비즈니스 커뮤니케이션', '글로벌 마케팅 전략', '국제 피칭 기법' 등의 고급 모듈을 수강할 수 있게 됐다. 이전에는 접근할 수 없었던 새로운 학습 콘텐츠들이 잠금 해제된 것이다. 영어 레벨이 올라갈수록 더 실질적인 비즈니스 영어를 배울 수 있고, 고학년이 될수록 더 높은 레벨의 수업을 들을 수 있다.

또한 졸업 시점에 도달한 레벨에 따라 다양한 인증을 받을 수 있다. 예를 들어, 영어 25레벨을 달성하면 'CEFR C1 레벨 인증'을 받을 수 있고, 과학 분야에서 28레벨 이상 달성하면 '과학 전문가 자격증'을 취득할 수 있다. 이런 인증들은 대학 입시나 취업 시 공인된 자격으로 인정받는다.

실전 중심의 국제 피칭 경험

영어 9레벨을 달성한 덕분에, 최근에는 Smith 어드바이저의 '국제 피칭 전략' 모듈을 수강할 수 있게 되었다. 기존의 영어 수업과는 확연히 달랐다. 문법이나 단어를 외우는 것이 아니라, 실제 비즈니스 상황에서 자신의 아이디어를 효과적으로 전달하는 방법을 배우는 실전 중심 교육이었다.

수업은 매주 화요일 오전 10시, 고층 건물 배경의 가상 회의실에서 진행된다. Smith 어드바이저는 실리콘밸리에서 10년간 스타트업 액셀러레이터를 운영한 경험이 있는 분이다. 화상 강의에서 그는 깔끔한 정장 차림으로 나타나 비즈니스 미팅 환경을 그대로 재현했다.

"Good morning, everyone. Today we'll discuss how to pitch your business idea to international investors. Remember, you have only 5 minutes to make a lasting impression." ("좋은 아침입니다, 여러분. 오늘은 국제 투자자들에게 비즈니스 아이디어를 피칭하는 방법에 대해 논의하겠습니다. 기억하세요, 여러분은 지속적인 인상을 남기기 위한 단 5분의 시간만 있습니다.") Smith 어드바이저가 프레젠테이션을 시작했다.

전체 수업이 영어로 진행되지만, 화면 하단에 한국어 자막이 실시간으로 제공되었다. 필요할 때마다 자막을 참고할 수 있어 내용 이해에 큰 도움이 되었다.

"When pitching to Silicon Valley investors, focus on three key elements: the problem you're solving, your unique solution, and the market potential." ("실리콘밸리 투자자들에게 피칭할 때는 세 가지 핵심 요소에 집중하세요. 여러분이 해결하고자 하는 문제, 여러분만의 독특한 솔루션, 그리고 시장 잠재력입니다.") Smith 어드바이저는 성공적인 피칭의 요소들을 설명하며 실제 사례 영상을 보여주었다.

강의 마지막에 Smith 어드바이저는 중요한 공지를 했다.

"Next week, we'll have an international pitch competition. Each team will present their business idea in English to our guest judges from Silicon Valley. They're real venture capitalists looking for innovative ideas. Prepare a 5-minute video presentation and upload it to the LMS by Wednesday." ("다음 주에는 국제 피칭 경연대회가 있을 예정입니다. 각 팀은 실리콘밸리에서 오신 심사위원들에게 영어로 비즈니스 아이디어를 발표하게 됩니다. 이분들은 혁신적인 아이디어를 찾고 있는 실제 벤처 캐피털리스트들입니다. 5분짜리 영상 프레젠테이션을 준비해서 수요일까지 LMS에 업로드하세요.")

이 소식에 가슴이 뛰었다. 실제 실리콘밸리 투자자들 앞에서 발표할 기회라니! 바로 그날 저녁, 우리 'ECO 라이프' 팀은 긴급 화상 회의를 열었다.

"이번 피칭에서는 에코 마켓 앱과 우리 각자의 개인 프로젝트를 어떻게 연결시킬지가 중요할 것 같아," 민지가 의견을 냈다.

"맞아, 앱을 중심으로 하되, 각자의 개인 프로젝트가 앱에서 어떻게 판매되고 환경에 기여하는지 보여주면 좋을 것 같아." 정우가 덧붙였다.

우리는 매일 저녁 8시부터 10시까지 기숙사 공용 학습공간에서 모여 피칭 영상을 준비했다. 발표 자료는 문제 제시(환경 오염과 업사이클링 제품의 판로 부족), 솔루션(에코 마켓 앱), 시장 분석, 비즈니스 모델, 환경적 영향, 팀 소개 순으로 구성했다.

나는 시장 분석 부분을 맡았다. 영어로 전문적인 내용을 전달해야 한다는 부담감이 컸지만, Smith 어드바이저의 개별 지도를 받으며 준비할 수 있었다.

먼저 영어 스크립트를 작성해 보았다.

"For our eco-friendly LED light made from recycled straws, we're targeting the global home decor market, which is estimated to reach $800 billion by 2025. According to our research, 72% of consumers aged 20-35 are willing to pay a premium for sustainable home products, representing a significant market opportunity for our innovation." ("우리의 재활용 빨대로 만든 친환경 LED 조명은 전 세계 홈 데코 시장을 대상으로 하고 있으며, 이 시장은 2025년까지 8000억 달러에 이를 것으로 예상됩니다. 저희 연구에 따르면, 20~35세 소비자의 72%가 지속 가능한 홈 제품에 프리미엄을 지불할 의향이 있어, 우리의 혁신 제품에 상당한 시장 기회를 제공합니다.")

스크립트를 작성한 후, 학교의 AI 발음 교정 시스템을 활용해 발음을 연습했다. 'estimated', 'sustainable', 'premium' 등 어려운 단어들을 반복하며 익혔다. AI 시스템은 내 발음을 분석하고 즉각적인 피드백을 제공해 주었다.

"Try to emphasize the second syllable in 'sustainable': sus-TAIN-able," ("'sustainable'이라는 단어의 두 번째 음절을 강조해 보세요: 서스-테인-어블") AI의 조언에 따라 발음을 수정하니 정확도가 68%에서 91%로 향상되었다.

최종적으로 우리 팀은 5분 분량의 영어 피칭 영상을 제작하고 LMS에 업로드 했다. 영상에서 나는 자신감 있게 시장 분석 부분을 발표했다. 처음에는 영어로 사업 계획을 설명하는 게 너무 어려웠지만, 발음 교정 AI와 Smith 어드바이저의 피드백 덕분에 자신감이 생겼다.

일주일 후, Smith 어드바이저는 실리콘밸리 투자자들의 피드백을 공유했다. 우리 팀은 "환경적 가치와 사업성을 균형 있게 제시한 점"에서 높은 평가를 받았다. 특히 내가 담당한 시장 분석 부분은 "구체적인 데이터를 활용한 설득력 있는 프레젠테이션"이라는 평가를 받았다.

이 경험은 단순한 수업 과제가 아니라, 실제 비즈니스 세계를 체험하는 소중한 기회였다. 영어 실력 향상은 물론, 글로벌 시장을 바라보는 시야도 넓어졌다.

창업대회: 아이디어가 현실이 되는 과정

어느 날 아침, 태블릿으로 LMS에 접속하자 메인 화면에 빨간색 알림이 떴다.

"7월 창업대회 안내: 다음 달 셋째 주 금요일은 7월 창업대회입니다. 모든 팀은 발표 자료와 시제품을 준비해 주세요. 이번 달 심사위원으로는 벤처캐피탈 '퓨처인베스트'의 김서진 대표이사와 환경기업 'ECO인사이드'의 정대원 CEO가 방문하십니다. 또한 지역주민 대표 2명도 소비자 관점에서 평가에 참여합니다."

알림을 본 순간, 긴장감과 설렘이 동시에 밀려왔다. 우리 학교에서는 한 달에 한 번, 정기적으로 창업대회가 열린다. 이 대회는 단순한 학내 행사가 아니라 실제 비즈니스 세계와 연결되는 관문이다. 실제 투자자들이 심사위원으로 참여하고, 우수한 제품은 실제 투자를 받을 기회도 제공된다.

특히 이번 대회에는 지역 주민 대표도 심사위원으로 참여한다고 한다. 이는 제품의 시장성을 실제 소비자 관점에서 평가받을 수 있는 귀중한 기회다. 모든 학생은 1년에 2회(개인 1회, 팀 1회) 필수로 참가해야 하는데, 이는 학교의 실전 중심 교육 철학을 잘 보여준다.

나의 첫 창업대회 참가는 5월이었다. 개인 프로젝트인 빨대 LED 조명으로 참가했다. 당시 기억이 생생하다. 발표 전날 밤, 기숙사 방에서 발표 자료를 끝없이 점검하며 긴장했던 순간들. 아직 시제품이 완성되지 않은 상태라 더욱 걱정되었지만, 아이디어의 혁신성과 환경적 가치를 강조하는 전략을 택했다.

발표 당일, 학교 강당에는 100여 명의 학생들과 교사들, 그리고 외부 심사위원 5명이 자리했다. 내 차례가 되자 심장이 빠르게 뛰었지만, 깊게 숨을 들이마시고 무대 위로 올라갔다.

"안녕하세요, 저는 창업과 1학년 서로나입니다. 오늘 소개드릴 제품은 '에코라이트'입니다. 매일 버려지는 수천 개의 플라스틱 빨대에 새 생명을 불어넣은 LED 조명입니다."

첫 문장을 말하자 긴장이 조금 풀렸다. 준비한 프레젠테이션을 진행하며, 제품의 환경적 가치, 디자인 특징, 목표 시장 등을 설명했다. 프로토타입 사진과 3D 렌더링 이미지를 보여주며 최종 제품의 비전을 공유했다.

발표를 마치고 질문 시간이 시작되었다. 투자사 대표가 첫 질문을 던졌다.

"아이디어는 참신하지만, 대량 생산했을 때의 원가 계산은 해보셨나요? 소비자 가격대는 어떻게 설정할 계획인가요?"

이 질문에 대비해 수학 모듈에서 배운 원가 계산법을 적용해 답변했다. "네, 재료비와 인건비를 고려했을 때 개당 생산원가는 약 15,000원으로 예상됩니다. 시중의 디자이너 조명 가격을 조사한 결과, 비슷한 디자인 조명의 가격대가 3~5만원 선인 점을 고려해, 소비자 가격은 38,000원으로 책정할 계획입니다."

다음으로 환경기업 CEO가 질문했다. "버려진 빨대를 어떻게 수거할 계획인가요? 수거 시스템이 없다면 원재료 확보가 어려울 수 있습니다."

"좋은 지적 감사합니다. 현재 학교 주변 카페 5곳과 협력하여 사용된 빨대를 수거하는 파일럿 프로그램을 운영 중입니다. 앞으로는 지역 프랜차이즈 카페 체인과 협력하여 수거 네트워크를 확장할 계획입니다."

결과적으로 '혁신성 부문 장려상'을 받았고, 심사위원들로부터 "실용적인 환경 솔루션"이라는 평가를 받았다. 비록 큰 상은 아니었지만, 첫 참가에서 입상한 것만으로도 큰 성취감을 느꼈다.

무엇보다 값진 것은 발표 후 받은 구체적인 피드백이었다. "LED 발열 문제는 어떻게 해결할 계획인가요?", "빨대 수거 네트워크 구축 비용은 어떻게 충당할 예정인가요?", "유사 제품과의 차별점은 무엇인가요?"와 같은 날카로운 질문들은 내 프로젝트의 약점을 보완하는 데 큰 도움이 되었다.

석유 시추 기술의 이번 7월 창업대회에는 팀 프로젝트인 '에코 마켓 앱'으로 참가할 예정이다. 개인 프로젝트 경험을 바탕으로 이번에는 더욱 철저히 준비하고 있다. 특히, 이전 대회에서 부족했던 시장 분석과 수익 모델 부분을 보완하기 위해 집중적으로 노력했다.

대회 2주 전, 박지훈 담임 선생님께 피칭 연습 세션을 신청하며 준비에 힘썼다. 15분간의 화상 상담에서 박 선생님은 구체적인 조언을 주셨다.

"앱의 차별점을 더 명확하게 부각시키면 좋겠어. 시중에 이미 많은 중고거래 앱이 있잖아. 너희 앱만의 특별한 가치는 뭐지? 환경 기여도 점수화 시스템을 더 자세히 설명하고, 실제 사용자 테스트 결과도 포함하면 좋을 것 같아."

이 조언에 따라 우리 팀은 발표 자료를 수정하고, 앱의 베타 버전을 완성하기 위해 매일 밤 팀 작업 시간을 갖고 있다. 이번에는 반드시 좋은 성과를 거두고 싶다.

기숙사 창가에 앉아 첫 학기의 마지막 날을 맞이했다. 창밖으로 보이는 학교 정원은 여름의 짙은 녹음으로 가득하다. 태블릿으로 한 학기 동안의 학습 기록을 살펴보니, 그간의 성장이 숫자와 그래프로 시각화되어 보였다.

첫 학기를 마무리하며 생각해 보니, 이 학교에서의 경험은 내 인생을 완전히 바꾸어 놓았다. 입학 전, 나는 막연히 '창업'에 관심이 있었지만 구체적인 방향이나 실행 계획은 없었다. 그러나 지금의 나는 명확한 비전과 실행 경험을 갖게 되었다.

전통적인 교육 방식에서는 결코 경험할 수 없었을 맞춤형 학습, 실전 중심 교육, 그리고 지역사회와의 연계를 통해 나는 빠르게 성장했다. 학교의 레벨 시스템 덕분에 자신의 속도와 관심사에 맞춰 학습할 수 있었고, 실제 프로젝트를 통해 이론을 바로 적용해볼 수 있었다.

무엇보다도 이제 나는 '왜 공부해야 하는지'를 명확히 알게 되었다. 예전에는 시험을 위해, 좋은 성적을 위해 공부했다면, 지금은 내 꿈을 이루기 위한 도구로서 학습의 가치를 이해하게 되었다.

내 빨대 LED 조명 프로젝트 하나를 위해 수학, 과학, 디자인, 마케팅 등 다양한 지식이 필요했다. 수학 시간에 배운 기하학 원리는 조명 구조 설계에, 과학 시간에 배운 LED 회로 지식은 제품 기능 구현에, 디자인 수업에서 배운 색상 심리학은 제품 디자인에, 마케팅 시간에 배운 브랜딩 전략은 제품 홍보에 직접 적용되었다.

이전에는 단순한 암기 대상이었던 교과 내용들이 이제는 내 꿈을 이루기 위한 필수적인 도구가 되었다. 학문 간의 경계가 무너지고, 모든 지식이 유기적으로 연결되는 경험은 정말 놀라웠다.

한국발명창업가고등학교는 단순한 학교를 넘어, 미래를 만들어가는 실험실이자 창업 인큐베이터다. 이곳에서는 실패해도 괜찮다. 오히려 실패를 통해 배우는 것을 장려한다. 내 첫 LED 조명 프로토타입이 합선으로 작동하지 않았을 때, 박준호 어드바이저는 "훌륭해, 이제 무엇이 문제인지 알게 되었네."라고 말씀하셨다.

태블릿에 저장된 첫 학기 프로젝트 사진들을 넘겨보며, 그간의 변화를 실감한다. 처음에는 형태도 없던 아이디어가 점차 구체화되어 실제 제품으로 발전하는 과정이 담겨있다. 초기 스케치부터 3D 모델링, 첫 프로토타입, 개선된 버전들까지 각 단계마다 배움과 성장이 있었다.

앞으로 남은 2년 반 동안 어떤 성장을 이룰지, 어떤 아이디어를 현실로 만들어갈지 생각하면 가슴이 설렌다. 지금은 단순한 빨대 조명이지만, 졸업할 때는 본격적인 친환경 조명 스타트업을 창업하는 것이 목표이다.

창가에 기대어 노트에 다음 학기 계획을 적어본다.

1. 빨대 LED 조명 시제품 완성 및 소량 생산 시작
2. 지역 소매점 3곳 입점 추진
3. 환경부 주최 친환경 창업대회 참가
4. 특허 출원 준비

한국발명창업가고등학교에서의 첫 학기는 끝났다. 한 학기지만 너무나 큰 성장이 있었다. 이곳에서 배운 지식과 경험을 바탕으로, 나는 더 큰 세상을 향해 나아갈 준비를 할 수 있었다.

나만 알고 싶은 창업 끝판왕: 고등·성인편

빨대의 변신:
2학기 창업 도전기

빨대의 변신: 2학기 창업 도전기

문제 발견하기

10월의 상쾌한 가을바람이 교정을 스쳐지나가는 오후, 나는 메이커스페이스에 앉아 지난 1학기 동안 개발해온 빨대 LED 조명 시제품을 바라보고 있었다. 1학기 창업대회에서 아쉽게 입상하지 못했던 순간이 아직도 생생했다. 열심히 준비했지만, 최종 발표에서 긴장한 나머지 설명을 제대로 하지 못했고, 작품의 완성도도 부족했다.

"아직도 이게 아쉬워서 그런가."

나는 한숨을 내쉬며 시제품을 손에 들었다. 화려한 빛을 내는 LED 조명이었지만, 빨대를 연결하기 위해 사용했던 글루건 자국이 그대로 남아 있었고, 몇몇 부분은 이미 떨어져 나가기 시작했다.

심사위원들의 피드백이 귓가에 맴돌았다. "신기한 아이디어지만, 만드는 과정이 너무 복잡해요. 글루건을 사용하면 아이들이 화상을 입을 위험이 있고, 칼로 빨대를 자르는 것도 위험할 수 있어요. 더 안전하게 만들 수 있는 방법이 있다면 좋겠네요."

그 말이 계속 내 머릿속에서 맴돌았다. 집에서 어린 사촌들이 놀러 왔을 때, 함께 LED 조명을 만들려고 했지만 글루건을 사용하다가 손을 데어 울음을 터뜨렸던 장면도 떠올랐다. 또 얼마 전 학교 근처 카페에서 관찰한 어린 손님들이 빨대를 가지고 놀다가 부모님께 꾸중을 듣는 장면도 생각났다.

"답은 분명히 있을 거야. 아무도 다치지 않고, 누구나 쉽게 만들 수 있는 방법이 있을 거야."

나는 LMS에 접속하여 '문제 발견과 정의' 모듈을 다시 열어보았다. 창업의 첫 단계는 '문제 발견하기'였다. 사용자들이 실제로 겪는 어려움을 찾아 해결책을 제시하는 것이 진정한 가치를 만드는 방법이었다.

"빨대 업사이클링의 장벽은 바로 '안전'과 '접근성'이구나. 어린이들도 쉽고 안전하게 만들 수 있는 방법이 필요해!"

내 노트에 문제점을 정리하기 시작했다.

1. 글루건은 화상 위험이 있다.
2. 칼로 빨대를 자르는 것은 어린이들에게 위험하다.
3. 빨대를 정확한 크기로 자르기 어렵다.
4. 빨대 연결이 튼튼하지 않아 쉽게 망가진다.
5. 완성된 작품이 오래 보존되지 않는다.

문제를 명확히 정의하니 조금씩 마음이 가벼워졌다. 이제 이 문제들을 해결할 방법을 찾아야 했다.

해결책 구상하기

그날 저녁, 기숙사로 돌아온 나는 룸메이트 민지와 함께 브레인스토밍을 시작했다. 민지는 디자인과 학생으로, 항상 새로운 관점에서 문제를 바라보는 능력이 있었다.

"민지야, 글루건이나 칼 없이 빨대를 연결하고, 자를 수 있는 방법 없을까? 계속 고민해도 답이 안 나와." 나는 침대에 누워 천장을 바라보며 한숨을 내쉬었다. 이미 일주일 동안 여러 방법을 시도해 봤지만, 마땅한 해결책을 찾지 못했다. 인두기로 원하는 크기의 구멍을 뚫어 연결해 보기도 했지만, 빨대 구멍의 크기가 일정하지 않거나, 너무 커서 연결이 헐거워지는 문제가 있었다.

민지는 책상에서 스케치북을 들고 와서 내 옆에 앉았다. "글쎄, 우리가 생각해야 할 건 '연결'하는 방법이잖아. 세상에 연결하는 방법은 접착제만 있는 게 아니야. 물리적인 연결 방식도 있잖아." 민지는 잠시 생각하더니 손가락으로 원형을 그리며 말했다. "빨대에 구멍을 뚫어서 다른 빨대를 끼워넣는 건 어때? 마치 레고 블록처럼! 그럼 접착제 없이도 연결할 수 있지 않을까?"

내 눈이 번쩍 빛났다. 단순하면서도 영리한 발상이었다. "그래! 그리고 구부러지는 부분이 있는 주름관 빨대를 이용해서 연결 부위를 고정시킬 수도 있겠다! 접착제 필요 없이!"

하지만 곧 문제점도 발견했다. "그런데 빨대에 어떻게 정확한 크기의 구멍을 뚫지? 인두기로 해봤는데 구멍이 너무 불규칙하게 나와."

우리는 밤늦게까지 다양한 아이디어에 대한 의견을 나누었다. 나는 빨대 전용 안전 가위도 구상했지만, 구체적인 디자인이 떠오르지 않아 머리를 감싸쥐고 고민했다. "아, 모르겠다. 너무 어려워."

다음 날, 좌절감을 안고 메이커스페이스로 향했다. 그곳에서 우연히 펀치를 발견했고, 영감을 얻었다. 종이에 구멍을 뚫는 펀치처럼, 빨대에 구멍을 뚫는 특별한 도구를 만들면 어떨까? 나는 서둘러 박준호 과학 어드바이저에게 상담을 신청했다.

"선생님, 이렇게 빨대에 구멍을 뚫고 주름관 빨대로 고정하는 방식을 생각했어요. 어떻게 생각하세요?"

박 선생님은 내 스케치를 주의 깊게 살펴보시더니 미소를 지으셨다. "좋은 생각이야. 이건 '모듈형 시스템'이라고 부를 수 있어. 표준화된 부품들을 다양한 방식으로 조합할 수 있게 해주지. 하지만 빨대에 정확한 위치에 구멍을 뚫는 건 어떻게 할 거니? 그리고 빨대를 안전하게 자르는 방법도 생각해 봐야 할 것 같은데."

이 질문이 내 두 번째 발명품 아이디어로 이어졌다. "빨대 천공기를 만들면 어떨까요? 정확한 위치에 같은 크기의 구멍을 뚫을 수 있는 도구요!"

"그리고 안전 가위도 필요할 것 같아요. 어린이들도 다치지 않고 정확한 길이로 빨대를 자를 수 있는 특별한 가위요."

박 선생님은 고개를 끄덕이셨다. "그 아이디어들을 구체화해 보렴. 스케치와 프로토타입을 만들어서 다시 상담하자."

나는 희망을 품고 메이커스페이스로 돌아갔다. 이제 구체적인 계획이 필요했다.

시제품 개발하기

아이디어를 구체화하기 위해 나는 메이커스페이스에서 많은 시간을 보냈다. 천공기와 안전 가위의 디자인을 스케치하고, 3D 모델링 프로그램으로 구현하기 시작했다.

하지만 일은 생각보다 훨씬 복잡했다. 첫 번째 3D 프린팅 모델은 완전히 실패로 끝났다. 빨대를 고정시키는 부분의 크기가 맞지 않았고, 구멍을 뚫는 칼날은 너무 약해서 빨대를 뚫지 못했다.

"아…. 다시 해보자."

나는 첫 실패에 좌절하지 않고 디자인을 수정했다. 두 번째 모델에서는 칼날 부분을 강화했지만, 이번에는 빨대가 찌그러지는 문제가 생겼다.

"왜 이렇게 안 되는 거야."

3D 프린터로 프로토타입을 만들 때마다 재료비가 들었고, 시간도 많이 소요됐다. 일주일 동안 다섯 번의 실패를 거듭한 후, 나는 점점 자신감을 잃어갔다.

"이런 식으로는 창업대회에 참가하기 어려울 것 같아."

그때 발명과 선배인 지호가 메이커스페이스에 들어왔다.

"무슨 일이야? 표정이 안 좋네."

내가 프로젝트와 겪고 있는 어려움을 설명하자, 지호 선배는 조언을 해주었다.

"음, 다른 방식으로 접근해 봐. 3D 프린터만 고집할 필요는 없어. 기존 제품을 개조하거나 조합해서 새로운 도구를 만들 수도 있어."

지호 선배의 조언을 듣고 문방구에서 다양한 펀치와 가위를 구입한 뒤, 이를 분해하고 재조합하는 시도를 거듭했다.

마침내, 열흘 간의 시행착오 끝에 빨대 천공기의 프로토타입을 완성했다. 구멍의 크기와, 빨대가 움직이지 않도록 고정하는 방식을 획기적으로 개선할 수 있었다.

안전 가위도 개발했다. 칼이 아닌 가위를 사용하되, 원하는 길이로 정확하게 자를 수 있도록 가위에 특별한 가이드를 추가했다. 가위 안쪽에 빨대를 넣을 수 있는 홈을 만들고, 눈금을 표시해 정확한 길이로 자를 수 있도록 설계했다. 아이들이 빨대를 집어넣고 눈금에 맞추어 누르기만 하면 안전하게 원하는 길이로 잘라낼 수 있는 시스템이었다.

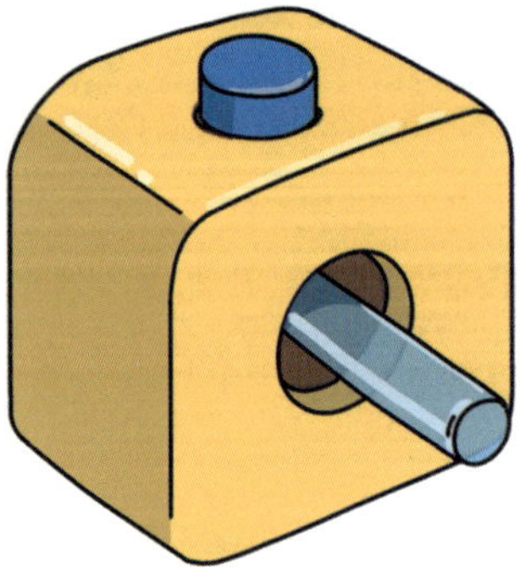

시제품을 테스트하면서 나는 이 시스템으로 다양한 것을 만들 수 있다는 것을 발견했다. 첫 번째로 만든 것은 빨대 모빌이었다. 다양한 길이와 색상의 빨대로 만든 모빌은 바람에 따라 우아하게 움직였다. LED 조명을 달았을 때는 빛이 빨대를 통과해 환상적인 분위기를 연출했다.

"와, 정말 예쁘다!"

그러나 이 과정에서도 실패는 계속됐다. 빨대 연결 부위가 너무 약해 모빌이 쉽게 망가졌다. 주름관 빨대로 고정하는 방식도 완벽하지 않았다.

"이대로는 안 돼. 더 튼튼한 연결 방법이 필요해."

나는 여러 종류의 빨대를 테스트하면서 새로운 방법을 발견했다. 기존 빨대에서 짧은 부분을 잘라내 '고정링'을 만들고, 이 고정링을 통해 주름관 빨대가 일반 빨대 구멍을 통과하도록 했다. 주름관 빨대가 첫 번째 빨대의 구멍을 통과한 후, 이 고정링을 빨대 위에 끼워 연결 부위를 한 번 더 잡아주는 방식이었다. 이렇게 하니 연결 부위가 훨씬 단단해져 구조물이 쉽게 흔들리거나 분리되지 않았다. 마치 이중 잠금장치처럼 작동하는 이 방식으로 안정성을 크게 높일 수 있었다.

한 달간의 노력 끝에, 빨대 모빌 제작 키트의 기본 시스템이 완성되었다. 하지만 나는 여기서 멈추지 않았다. '더 복잡한 것도 만들 수 있을까?'라는 도전 의식이 생겼다.

"빨대로 자동차를 만들면 어떨까?"

그러나 자동차를 만드는 것은 모빌보다 훨씬 복잡했다. 움직이는 부품과 진자 장치가 필요했다. 나는 혼자서는 이 도전을 감당할 수 없다고 느꼈다.

"도움이 필요해…."

이 아이디어를 실현하기 위해 나는 김태연 수학 어드바이저와 정혜원 사회 어드바이저에게 도움을 청했다.

"자동차를 만들려면 어떤 부품들이 필요할까요? 그리고 이런 제품이 교육 시장에서 가치가 있을까요?"

김 어드바이저는 자동차의 기본 구조에 대해 설명해 주셨다. 바퀴, 차체, 구동 시스템, 조향 장치 등이 필요했다.

"자동차의 움직임을 이해하려면 물리학과 기계공학의 기본 원리를 알아야 해. 예를 들어, 바퀴의 회전 운동을 만들기 위해서는 모터와 기어가 필요하고, 방향을 바꾸기 위해서는 서보모터 같은 장치가 필요해."

정 어드바이저는 이런 제품이 교육 시장에서 어떤 가치를 가질 수 있는지 조언해 주셨다.

"아이들이 직접 만들고 제어할 수 있는 자동차라면, STEAM 교육에 아주 좋은 도구가 될 거야. 과학, 기술, 공학, 예술, 수학을 모두 배울 수 있거든. 특히 요즘 코딩 교육이 중요해지고 있어서, 프로그래밍을 통해 제어할 수 있는 자동차는 교육 시장에서 큰 관심을 받을 수 있어."

하지만 자동차 제작에는 전자공학 지식이 필요했다. 나는 전자공학에 관심 있는 정우에게도 도움을 청했다.

"정우야, 빨대 자동차에 아두이노와 모터를 연결하고 싶은데 도와줄 수 있을까?"

정우는 기꺼이 도움을 주었다. 하지만 처음부터 쉽지는 않았다. 아두이노 나노를 연결하고 코딩하는 과정에서 여러 번 오류가 발생했다. 모터 드라이버 연결에서 합선이 일어나 부품이 타버린 적도 있었다.

"이거 진짜 어렵다…. 이대로는 못 할 것 같아."

하루는 실험실에서 늦게까지 작업하다가 배터리가 과열되어 연기가 나는 사고도 있었다. 다행히 큰 사고로 이어지지는 않았지만, 나와 정우는 큰 충격을 받았다.

"우리가 너무 무리하는 건 아닐까? 그냥 모빌만 만들까?"

정우는 잠시 생각하더니 말했다.

"아니야, 포기하지 말자. 우리가 실수한 부분을 찾아보자. 그리고 안전 장치를 더 강화하면 돼."

우리는 다시 처음부터 회로를 점검했고, 전기공학 어드바이저에게 자문을 구했다. 그 결과, 배터리 연결 방식의 문제점을 발견하고 수정할 수 있었다.

두 달간의 시행착오 끝에, 드디어 아두이노 나노, 서보모터(조향장치), DC모터(구동력), 모터 드라이버(속도 제어), 블루투스 모듈을 이용한 자동차 프로토타입이 완성되었다.

가장 혁신적인 아이디어는 스마트폰으로 자동차를 제어하는 것이었다. 나는 앱 인벤터를 이용해 간단한 조종 앱을 만들었다. 하지만 앱 개발도 생각보다 어려웠다. 블루투스 연결이 자주 끊어지고, UI 디자인이 직관적이지 않아 여러 번 수정해야 했다.

"이렇게 하면… 아, 또 연결이 끊겼어!"

하지만 포기하지 않고 계속 도전한 결과, 마침내 안정적으로 작동하는 앱을 만들 수 있었다. 더 나아가, 사용자들이 직접 코딩을 통해 자신만의 조종 앱을 만들 수도 있게 했다.

"드디어 됐다! 정우야, 우리가 해냈어!"

첫 번째 완성된 빨대 자동차가 움직이기 시작했을 때, 우리는 환호성을 질렀다. 여러 차례의 실패와 좌절을 거쳐 마침내 성공한 것이다.

비즈니스 모델 개발하기

제품 개발과 함께, 나는 이 아이디어를 어떻게 비즈니스로 발전시킬지 고민했다. 아무리 좋은 제품이라도 사업 모델이 없으면 지속 가능하지 않다는 것을 창업 수업에서 배웠다.

창업 수업에서 배운 '비즈니스 모델 캔버스'를 활용해 계획을 세우기 시작했지만, 처음에는 막막했다.

"대체 누가 이 제품을 살까? 얼마에 팔아야 할까? 어떻게 홍보해야 할까?"

나는 사회 선생님께 도움을 청했다.

"선생님, 제 제품의 비즈니스 모델을 어떻게 구성해야 할지 모르겠어요."

정 선생님은 먼저 목표 고객을 명확히 정의하는 것이 중요하다고 조언했다.

"먼저 '누구를 위한 제품인지' 생각해 봐. 직접 사용하는 어린이들? 부모님? 학교? 각각의 고객군이 어떤 가치를 원하는지 생각해 보는 거야."

며칠 동안 시장 조사를 했다. 교육용 장난감과 키트의 현황, 가격대, 유통 채널 등을 분석했다. 그리고 잠재 고객들을 인터뷰하기 위해 학교 근처 초등학교의 학부모들과 교사들을 만났다.

그 과정에서 많은 어려움이 있었다. 몇몇 학부모들은 빨대 키트에 관심을 보이지 않았고, 가격이 비싸다고 느끼는 사람도 있었다. 어떤 교사는 "이미 비슷한 교구가 많은데 굳이 이걸 써야 할 이유가 있나요?"라고 물었다.

좌절감을 느꼈지만, 이런 피드백을 통해 제품의 차별점을 더 명확히 해야 한다는 것을 깨달았다.

"우리의 핵심 가치는 '안전하고 창의적인 업사이클링 교육'이야. 타깃 고객은 교육기관과 환경에 관심 있는 부모님들이 될 거야."

제품 라인업을 세 가지로 구상했다.

1. 빨대 모듈형 키트: 천공기, 안전 가위, 다양한 색상의 빨대가 포함된 기본 키트(10,000원)
2. 빨대 모빌 키트: 모빌을 만들 수 있는 확장 키트(LED 포함)(15,000원)
3. 빨대 자동차 키트: 아두이노, 모터, 블루투스 모듈이 포함된 고급 키트(35,000원)

가격 책정도 쉽지 않았다. 너무 비싸면 구매자가 적을 것이고, 너무 싸면 지속 가능한 비즈니스가 될 수 없었다. 나는 재료비, 제작 비용, 유통 마진 등을 계산하고, 경쟁 제품의 가격도 고려하여 적정 가격을 산출했다.

유통 선략도 세웠나. 학교 근처 문방구와 협력해 키트를 판매하고, 온라인 쇼핑몰을 통해 전국으로 배송하는 방안도 구상했다. 하지만 이 과정에서도 현실적인 문제가 있었다.

“문방구 주인 아저씨가 우리 제품을 팔아줄까? 온라인 쇼핑몰은 어떻게 만들지? 배송은 어떻게 할까?”

마케팅 전략으로 ‘빨대 업사이클링 워크숍’을 생각했다. 지역 초등학교를 방문해 아이들에게 빨대 업사이클링의 재미와 환경적 가치를 알리고, 직접 제품을 만들어 보게 하는 체험 활동이었다.

그러나 워크샵을 진행하기 위해서는 학교와의 협력이 필요했고, 이것도 쉽지 않은 도전이었다.

“그래도 한 번 시도해 봐야지.”

정 선생님의 도움을 받아 학교에 제안서를 작성했다. 첫 번째 학교에서는 거절당했지만, 두 번째로 접촉한 환경 교육에 관심이 많은 초등학교에서 워크숍을 진행할 기회를 얻었다.

피드백 받고 개선하기

창업대회가 2주 앞으로 다가왔다. 나는 내가 만든 시제품이 정말 잘 작동하는지 확인하고 싶었다. 그래서 여러 사람들에게 시제품을 보여주고 사용해 보게 했다.

먼저 룸메이트 민지와 ECO 라이프 팀원들이 빨대 키트를 테스트했다. 그들은 빨대를 이리저리 연결해 보고, 만든 작품을 움직여봤다.

“로나야, 이 부분이 조금 약한 것 같아. 이렇게 흔들면 빨대 연결 부위가 헐거워져.” 민지가 말했다.

나는 고개를 끄덕이며 메모했다. 문제는 주름관 빨대가 일반 빨대 구멍을 통과할 때 충분히 단단하게 고정되지 않는다는 것이었다. 나는 생각했다.

“아하! 짧게 자른 빨대 조각을 고정링으로 사용하면 어떨까?”

빨대 연결부가 헐거워지는 문제를 해결하기 위해, 나는 ‘이중 고정 시스템’을 개발했다. 일반 빨대에서 1cm 정도 길이의 짧은 고리(고정링)를 여러 개 잘라내고, 이 고정링을 주름관 빨대가 일반 빨대 구멍을 통과한 지점에 끼워넣었다. 이 고정링은 마치 팔찌처럼 연결 부위를 둘러싸 단단하게 고정시켰다. 특히, 이 해결책의 장점은 접착제 없이도 구조물의 내구성을 크게 높일 수 있다는 점이었다.

다음으로 나는 학교 근처 초등학교 방과후 수업에 참여했다. 5학년과 6학년 학생 15명이 시제품을 테스트했다.

“와, 진짜 재미있어요!” 김준호라는 5학년 학생이 자신이 만든 빨대 모빌을 들어 올리며 환하게 웃었다. 알록달록한 빨대로 만든 모빌이 공중에서 살랑살랑 춤을 추었다.

“스마트폰으로 자동차를 움직일 수 있다니 정말 신기해요!” 박소연이라는 6학년 학생은 블루투스로 연결된 빨대 자동차를 이리저리 조종하며 환호성을 질렀다.

하지만 몇몇 학생들은 어려움을 겪고 있었다.

“앱 인벤터가 너무 어려워요…. 어떻게 블루투스를 연결하는지 모르겠어요.” 한 학생이 고개를 갸우뚱거렸다.

나는 이 문제를 메모했다. ‘앱 사용이 더 쉬워야 해. 그림과 함께 단계별 설명서를 만들어야겠다!’

마지막으로 초등학교 김선생님과 박선생님의 피드백도 들었다.

“이런 키트가 있다면 과학 수업에 정말 도움이 될 것 같아요. 특히 STEAM 교육에 딱 맞네요. 아이들이 직접 만들면서 과학, 기술, 공학, 예술, 수학을 모두 배울 수 있으니까요."

"다만, 학교에서 사용하려면 더 튼튼해야 해요. 아이들이 거칠게 다루기도 하니까요. 30명이 한 교실에서 사용하면 금방 부서지거나 잃어버릴 수 있어요."

나는 이 피드백을 바탕으로 빨대의 내구성을 높이는 방법을 고민했다. 그리고 특별한 아이디어가 떠올랐다!

"빨대와 빨대를 더 튼튼하게 이어주는 특별한 연결책을 만들면 어떨까?"

나는 2구(두 개의 방향으로 연결), 3구(세 개의 방향으로 연결), 4구(네 개의 방향으로 연결) 등 다양한 모양의 연결책 디자인을 스케치했다. 이 연결책은 단단한 재질로 만들어 전체 구조물이 더 튼튼해지도록 했다.

창업대회 준비하기

창업대회가 일주일 앞으로 다가왔다. 나는 발표 자료를 준비하기 위해 김민서 디자인 선생님과 이지현 국어 선생님의 도움을 받았다.

이지현 선생님은 효과적인 피칭 구조에 대해 조언해 주었다. "성공적인 피칭 발표는 논리적 흐름이 중요해요. 먼저 시장 규모와 검증된 고객 문제점을 제시하고, 다음으로 당신의 솔루션이 가진 기술적 우위와 지식재산권 전략을 설명하세요. 마지막으로 비즈니스 모델과 구체적인 투자금 활용 계획으로 마무리하면 투자자들을 설득할 수 있어요."

김민서 선생님은 시각적 전달 방법에 초점을 맞추었다. "교육 기술 제품은 신뢰성과 창의성을 동시에 보여줘야 합니다. 정보의 중요도에 따라 시각 요소를 배치하고, 특히 교육기관을 대상으로 할 때는 투자 대비 교육적 효과를 보여주는 그래픽이 효과적이에요."

두 전문가의 조언을 바탕으로, 나는 핵심 가치 제안을 고객층별로 명확히 정리했다. "'빨대의 변신'은 순환경제와 STEAM 교육을 결합한 업사이클링 교육 솔루션입니다. 이 제품은 폐플라스틱에 새 가치를 부여하면서 동시에 초중등 교육과정의 핵심역량을 개발하는 이중가치 모델을 구현합니다. 특허 출원 중인 모듈형 연결 시스템은 사용 편의성과 구조적 안정성을 모두 제공하며, 블루투스 기반 확장성으로 디지털 리터러시까지 함양할 수 있습니다."

발표를 위한 시연 순서도 체계적으로 준비했다. 빨대 천공기 사용법, 안전 가위 활용법, 모빌 제작 과정, 자동차 조립 및 제어 방법까지 모든 단계를 5분 내에 효과적으로 보여줄 수 있도록 반복 연습했다. 이와 함께 초기 투자 계획, 판매 전략, 수익 모델을 포함한 구체적인 사업 계획도 꼼꼼히 준비했다.

"초기 투자금 1,000만 원으로 첫 해에 3,000개의 키트를 만들 계획이다. 한 키트당 10,000원에 판매해서 3,000만 원의 매출을 올리고, 첫 해에 500만 원의 이익을 목표로 한다. 학교와 방과후 교실에 우선 판매하고, 앞으로 3년 동안 전국의 초중등학교에 우리 키트를 공급하는 것이 목표다!"

나는 발표 원고를 쓰고 또 쓰며 외웠다. 거울 앞에서 발표 연습도 수십 번 했고, 친구들과 선생님들 앞에서 예행연습도 여러 번 했다.

창업대회 도전하기

드디어 창업대회 당일이 되었다! 나는 아침 일찍 일어나 모든 준비물을 확인했다. 시제품 5개, 발표 자료가 담긴 USB, 데모 영상, 그리고 엄마가 선물해준 행운의 목걸이까지 모든 것이 완벽했다. 대회장에 도착하자 이미 많은 참가자들이 부스를 설치하고 있었다. 내 부스 번호는 7번. 행운의 숫자라고 생각하며 미소 지었다.

"너무 긴장하지 마. 넌 충분히 준비했어."

강하다 멘토가 다가와 격려했다. 그는 신입생 캠프 때부터 내 아이디어에 관심을 보이며 조언을 아끼지 않았던 멘토였다.

"고마워요, 선배. 정말 많은 도움을 주셨어요."

나는 진심을 담아 답하며 부스 세팅을 마무리했다. 얼마 지나지 않아 심사위원들이 각 부스를 순회하기 시작했다. 검은색 정장을 입은 첫 번째 심사위원이 내 부스 앞에 멈춰 서며 관심 있게 전시된 시제품들을 살펴보았다. 그의 명함에는 벤처캐피털 대표라고 적혀 있었다.

"안녕하세요. 제품 소개 부탁드립니다."

심사위원의 말에 나는 긴장된 마음을 진정시키기 위해 깊게 숨을 들이마셨다. 준비한 대로만 하면 된다고 스스로를 다독이며 발표를 시작했다.

"안녕하세요, 저는 '빨대의 변신'이라는 업사이클링 교육 키트를 개발한 서로나입니다. 매일 수백만 개의 플라스틱 빨대가 버려지는 환경 문제와, 아이들이 안전하게 창의력을 발휘할 교육 도구가 부족하다는 교육 문제, 이 두 가지를 동시에 해결하고자 이 제품을 개발했습니다."

목소리가 점점 안정되어가는 것을 느끼며, 나는 테이블 위에 준비해둔 시제품들을 하나씩 들어 보여주기 시작했다. 먼저 손에 빨대 천공기를 들고 시연하기 시작했다.

"이 천공기는 일반 종이 펀치와 비슷해 보이지만, 빨대에 정확한 크기의 구멍을 뚫을 수 있도록 특별히 설계했습니다. 보시는 것처럼 이렇게 간단히…."

천공기에 빨대를 넣고 레버를 누르자 깔끔한 원형 구멍이 생겼다. 심사위원이 고개를 끄덕이며 관심을 보였다.

"다음 단계로, 다른 빨대를 이 구멍에 끼워 연결한 후, 이 작은 고정링으로 단단하게 고정합니다." 내 손이 능숙하게 부품들을 조립해 나갔다. "이 방식의 가장 큰 장점은 접착제 없이도 튼튼하게 연결할 수 있다는 점입니다!"

시연을 이어가며 테이블 위에 전시해둔 완성품들을 가리켰다.

"제가 미리 제작해온 모빌과 자동차 모형도 있습니다. 특히 이 자동차는 단순한 모형이 아니라 실제로 작동합니다. 블루투스 모듈과 소형 모터를 빨대 구조물에 결합해 스마트폰으로 제어할 수 있게 만들었어요. 더 나아가 학생들이 앱 인벤터로 직접 조종 프로그램을 개발할 수도 있어 코딩 교육까지 확장 가능합니다."

심사위원은 자동차를 손에 들고 살펴보다가 질문했다. "흥미로운 제품이네요. 시중의 다른 교육 키트와 비교했을 때 경쟁력은 무엇이라고 보시나요?"

나는 준비했던 답변을 자신감 있게 말했다. "저희 제품은 세 가지 핵심 경쟁력을 가지고 있습니다. 첫째, '업사이클링'을 통한 환경적 가치 창출입니다. 둘째, 글루건이나 칼 없이도 만들 수 있는 '안전성'입니다. 셋째, 레고와 같은 프리미엄 키트가 5만 원 이상인 반면, 저희 제품은 1만 원대로 가격 '접근성'이 뛰어납니다. 버려질 빨대에 새 생명을 불어넣으면서 교육적 가치도 더하는 이중 효과를 제공합니다."

"초기 자금은 어떻게 마련할 계획인가요?" 심사위원이 다음 질문을 던졌다.

나는 준비한 사업 계획을 설명했다. "저희는 1,000만 원의 초기 투자로 첫 생산을 시작할 계획입니다. 주요 판매처는 학교와 방과후 교실이 될 것이며, 교사들을 위한 워크숍을 개최하고 교육청과 협력해 STEAM 특별 프로그램도 진행할 예정입니다."

심사위원은 만족스러운 표정으로 고개를 끄덕였다. 그가 메모를 마치고 물러서자, 교육 분야의 전문가로 보이는 두 번째 심사위원이 다가왔다. 그녀는 명찰에 '초등학교 교장'이라고 적혀 있었다.

"이 키트를 통해 아이들이 어떤 것을 배울 수 있을까요?" 교장 선생님이 궁금해했다.

이 질문은 내가 가장 자신 있게 답할 수 있는 부분이었다. "저희 키트는 STEAM 교육의 모든 요소를 통합했습니다. 과학적으로는 무게중심과 균형 원리를 실험하며 배울 수 있습니다. 기술 측면에서는 스마트폰 앱으로 만든 작품을 제어하며 디지털 활용 능력이 향상됩니다."

나는 잠시 숨을 고르고 계속했다. "공학적으로는 튼튼한 구조물 설계 원리를 익히고, 예술적으로는 색과 형태를 활용해 창의력을 발휘합니다. 수학적으로는 길이 측정과 각도 계산을 통해 공간 감각이 발달하고요."

교장 선생님의 눈빛이 점점 더 관심으로 빛났다. "가장 중요한 것은, 아이들이 즐겁게 놀면서 배우는 과정에서 자연스럽게 환경 보호의 중요성도 깨닫게 된다는 점입니다. 놀이를 통해 문제 해결 능력과 융합적 사고력을 기르게 됩니다."

교장선생님은 테이블 위의 키트를 손에 들고 직접 조작해보더니 미소를 지었다. "정말 아이들이 좋아할 것 같네요. 우리 학교에도 도입하고 싶습니다."

마지막 심사위원은 녹색 재킷을 입은 환경단체 대표였다. 그녀는 환경적 가치에 초점을 맞춘 질문을 했다. "빨대 외에 다른 플라스틱 폐기물도 활용할 계획이 있나요?"

"네, 있습니다!" 나는 열정적으로 대답했다. "장기적으로는 '플라스틱 업사이클링 시리즈'를 구상 중입니다. '페트병의 변신'에서는 미니 정원이나 로켓을 만들고, '플라스틱 컵의 변신'으로는 스피커나 간이 전화기를 제작할 수 있는 키트를 개발할 계획입니다."

모든 심사가 끝나고, 나는 깊은 안도의 한숨을 내쉬었다. 긴장했지만 준비한 모든 내용을 전달했다는 만족감이 들었다. 결과가 어떻게 나오든, 이 과정에서 배운 것들이 내게는 큰 자산이 될 것이다.

꿈이 현실이 되는 순간

오후 4시, 드디어 시상식이 시작되었다. 대강당에는 긴장감이 감돌았다. 모든 참가자들이 자리에 앉아 결과를 기다렸다.

"이번 10월 창업대회 결과를 발표하겠습니다."

심사위원장이 무대 위로 올라와 마이크를 잡았다.

"먼저 장려상 2팀을 발표하겠습니다. '에코 연필' 팀과 '스마트 화분' 팀입니다. 두 분 무대로 올라와 주세요."

두 팀이 무대로 올라가 상장과 작은 상금을 받았다. 모두가 박수를 쳤다.

"다음으로 우수상 1팀을 발표하겠습니다. '태양열 조리기' 팀입니다. 축하합니다!"

태양열 조리기 팀의 대표가 무대로 올라가 상을 받았다.

"이어서 최우수상 1팀을 발표하겠습니다. '분리수거 로봇' 팀입니다. 축하드립니다!"

강당에 박수 소리가 울려 퍼지는 가운데, 나는 마음을 추스르려 애썼다. 분리수거 로봇 팀의 프로젝트가 정말 인상적이었기에, 그들이 대상을 받을 것이라 확신했었다. '그래도 운이 좋다면 대상을 받을 수 있지 않을까?' 하는 작은 희망을 품었다.

"마지막으로, 이번 10월 창업대회 대상은…."

심사위원장이 흰 봉투를 열어 잠시 내용을 확인하더니 미소를 지었다. 강당에는 긴장감이 감돌았다.

"'빨대의 변신' 프로젝트의 서로나 학생입니다! 축하합니다!"

순간 내 귀를 의심했다. 정신이 멍해지는 듯했다. 내 이름이 호명되자 주변에 앉아있던 친구들이 일제히 환호성을 지르며 자리에서 일어났다.

"정말… 정말요?" 나는 놀라움에 말을 더듬었다.

여전히 현실감이 없는 상태로 무대로 올라가 상장과 상금 봉투를 받았다. 그 순간 지난 몇 개월간의 여정이 빠르게 스쳐 지나갔다. 처음 카페에서 버려진 빨대를 보고 아이디어를 얻었던 순간, 밤늦게까지 메이커스페이스에서 시제품을 만들던 날들, 수없이 맞닥뜨렸던 실패와 좌절, 그리고 다시 일어서서 도전했던 모든 순간들이 생생하게 떠올랐다.

떨리는 목소리로 마이크 앞에 섰다. "감사합니다. 이 프로젝트는 단순한 아이디어에서 시작했지만, 많은 분들의 도움과 조언 덕분에 여기까지 올 수 있었습니다. 처음에는 그저 빨대로 무언가를 만들어보자는 소박한 생각이었는데, 지금은 STEAM 교육의 모든 요소를 담은 종합 교육 키트로 발전했습니다. 특히,

우리 학교 선생님들과 밤늦게까지 함께 아이디어를 발전시켜준 팀원들께 진심으로 감사드립니다."

객석을 바라보니 팀원들이 환하게 웃으며 박수를 치고 있었다. 그들과 함께 했던 모든 순간이 가슴 따뜻하게 다가왔다.

"앞으로도 환경과 교육에 도움이 되는 제품을 계속 개발하겠습니다! 재활용 소재를 활용한 이 키트처럼, 지속가능한 미래를 위한 작은 발걸음을 계속해 나가겠습니다. 오늘 이 자리에 함께해 주신 모든 분들께 다시 한번 감사드립니다. 여러분의 지지와 격려가 있었기에 이 모든 것이 가능했습니다."

시상식 후, 놀랍게도 여러 투자자들이 나에게 다가와 명함을 건네며 관심을 표했다. 특히 한 교육기업 대표는 즉석에서 협업을 제안했다.

"서로나 학생, 우리 '꿈꾸는 학교' 교육기업에서 이 키트를 대량 생산하고 전국 학교에 공급하는 데 관심이 있습니다. 다음 주에 우리 회사로 와서 좀 더 이야기 나눠볼 수 있을까요?"

나는 입학한 지 6개월 만에 내 아이디어가 실제 비즈니스로 발전하는 것을 경험하고 있었다. 이것이 바로 한국발명창업가고등학교에서 배운 '생각을 현실로, 아이디어를 가치로' 만드는 과정이었다.

기숙사로 돌아가는 길, 나는 밤하늘의 별들을 바라보며 생각했다.

'작은 빨대 하나로 시작된 아이디어가 이렇게 큰 변화를 만들어낼 수 있구나. 앞으로 내가 만들어갈 더 많은 변화들이 기대된다.'

다음 날 아침, 나는 초등학교에서 첫 번째 워크숍을 진행하기로 했다. 30명의 6학년 학생들이 '빨대의 변신' 키트로 자신만의 작품을 만들 예정이었다. 나는 설레는 마음으로 준비했다.

창업의 여정은 이제 막 시작되었다. 내 '빨대의 변신'은 단순한 학교 프로젝트를 넘어, 환경과 교육에 실질적인 가치를 더하는 진정한 창업으로 첫 발을 내딛었다. 그리고 나는 앞으로도 계속해서 새로운 문제를 발견하고, 창의적인 해결책을 찾아나갈 것이다.

대상 수상 이후의 현실

대상 수상 이후의 현실

10월의 창업대회는 내 인생을 완전히 바꿔놓았다. "빨대의 변신이 대상 수상자입니다!"라는 발표가 울려퍼질 때, 강당은 박수 소리로 가득 찼고 내 심장은 터질 듯 뛰었다.

그날 밤, 너무 흥분해서 잠들 수 없었다. 상금 100만 원을 어떻게 투자할지, 이 프로젝트를 어떻게 발전시킬지 머릿속으로 계획을 세웠다. 대상을 받은 기쁨은 컸지만, 그 뒤에 숨은 책임과 부담에 대해서는 미처 생각하지 못했다.

시상식 다음 날부터 학교 분위기가 달라졌다. 복도를 걸을 때마다 다른 학생들이 나를 알아보고 축하해주었다. 교감 선생님은 마주칠 때마다 "우리 학교의 자랑"이라며 웃으셨고, 학생들은 자기주도 학습 플랫폼에서 내 프로젝트에 대해 이야기했다.

며칠 후, 교장 선생님이 나를 온라인 미팅에 초대하셨다. 화상 회의에는 모르는 세 명의 초등학교 교장 선생님들이 접속해 있었다.

"서로나 학생, 이분들은 내가 초대한 인근 초등학교 교장 선생님들이야. 네 '빨대의 변신' 프로젝트에 큰 관심을 보이셔서 직접 얘기를 나누길 원하셨어."

긴장된 마음으로 내 프로젝트를 설명했다. 천공기로 구멍을 뚫어 빨대를 연결하는 모듈형 시스템, LED 조명을 결합한 창의적인 작품들, 환경 보호와 교육적 가치까지. 그러자 한 교장 선생님이 바로 제안하셨다.

"우리 학교 전교생 400명에게 이 키트를 제공할 수 있을까요? 환경 교육 주간에 특별 프로그램으로 진행하고 싶습니다."

당황했지만, 기쁨에 차서 대답했다. "네, 물론이죠! 언제까지 필요하신가요?"

"한 달 후인 11월 말까지 가능할까요?"

대상을 받은 지 일주일도 안 된 시점에서, 나는 400개의 키트를 제작해 납품하기로 약속했다. 그리고 그것은 시작에 불과했다.

학교들의 제품 주문 요청

창입대회 영상이 학교 홈페이지와 지역 교육청 SNS에 공유되면서, '빨대의 변신'은 빠르게 입소문을 탔다. 처음 약속했던 초등학교 외에도, 다른 3개 초등학교와 3개 중학교에서 연락이 왔다. 그들 모두 환경 교육과 창의력 개발에 완벽한 교구라며 주문을 원했다.

어느 날 아침, 학교 메일함에 쌓인 이메일들을 확인하며 충격에 빠졌다. 총 7개 학교에서 1,500개가 넘는 키트 주문이 들어온 것이다. 모두 11월 말부터 12월 초까지, 올해 안에 배송되기를 원했다.

그러나 갑자기 중요한 문제가 떠올랐다. 행정실에서 온 메일에 따르면, 학교와 거래하기 위해서는 사업자등록이 필요하다는 것이었다. 세금계산서 발행이 필요하고, 학교 회계 처리를 위해 반드시 사업자가 필요했다.

"사업자등록이라고? 어떻게 하는 거지?"

나는 학습예약시스템을 통해 창업 실무 어드바이저와의 상담을 신청했다. 다행히 빠른 시일 내에 3학년 창업과 멘토 강하다 선배와의 상담 일정이 잡혔다. 그는 이미 안전 불놀이 용품으로 창업 경험이 있었고, 신입생 창업캠프 때부터 나를 자주 도와준 멘토 선배였다.

"로나, 사업자등록에 대해 질문이 있다고 들었어. 학교랑 거래하려면 필요하지?"

"네, 선배. 갑자기 여러 학교에서 주문이 들어왔는데, 사업자등록이 필요하대요. LMS에서 사업자등록 관련 강의를 봤지만 실제로 어떻게 해야 할지 감이 안 와요."

강하다 선배는 놀란 표정이었다. "벌써 학교랑 거래 단계야? 대단한데. 사업자등록은 할 수 있지만, 생각해야 할 것들이 많아."

선배는 세금 신고, 부가가치세, 종합소득세 등 내가 미처 생각하지 못했던 것들을 설명해 주었다. 특히 '세금폭탄'에 대해 강조했다.

"첫해에는 세금이 많이 안 나올 수 있지만, 매출이 잘 나와서 다음 해에 많이 벌면 종합소득세가 생각보다 많이 나올 수 있어. 이걸 '세금폭탄'이라고 해서 준비 안 하면 큰일 날 수 있어."

강하다 선배는 나에게 '창업 실전: 사업자등록과 세금'이라는 심화 모듈을 꼭 이수하라고 조언했다.

"이 모듈은 세무서 방문부터 세금 신고까지 모든 과정을 상세히 다루고 있어. 실제 사례와 함께 해야 할 일과 하지 말아야 할 일이 정리되어 있지. 내가 이 모듈 덕분에 많은 실수를 피할 수 있었어."

또한 우리 학교의 자기주도 학습 시스템을 최대한 활용하라고 조언했다.

"로나, 우리 학교의 가장 큰 장점은 언제든 도움을 요청할 수 있다는 거야. 세무 전문 어드바이저, 법률 어드바이저, 생산 관리 어드바이저 등 이 모든 전문가들과 상담할 수 있어. 그리고 메이커스페이스, 창업 인큐베이팅 센터 같은 시설도 적극 활용해."

선배의 조언에 따라 나는 그날 저녁 LMS에서 '창업 실전' 모듈을 공부했고, 다음 날 세무 전문 어드바이저와의 상담을 예약했다. 세무 어드바이저는 사업자등록 신청서 작성부터 세금 신고 일정까지 체계적으로 안내해 주셨다.

"서로나 학생, 간이과세자로 등록하는 것이 좋겠네요. 연 매출 8,000만 원 미만일 경우 세금 부담이 적고 신고 절차도 간소화됩니다. 그리고 모든 거래와 영수증은 꼭 정리해 두세요. 나중에 세금 신고할 때 필요합니다."

그 조언을 바탕으로 나는 '서로나공방'이라는 이름으로 사업자등록을 신청했다. 사업자 주소는 학교의 창업 인큐베이팅 센터로 등록했다.

사업자등록증을 받았을 때의 기분은 묘했다. 자랑스러우면서도 한편으로는 더 큰 책임감이 느껴졌다. 이제 정말 '사업가'가 된 것이다. 하지만 내가 과연 이 모든 걸 감당할 수 있을까?

법률 어드바이저와의 상담을 통해 계약서 작성법도 배웠다. 어드바이저는 계약 조건, 납품 일정, 하자보수 책임 등 중요한 조항들에 대해 설명해 주셨고, 표준 계약서 템플릿도 제공해 주셨다.

이 모든 준비를 마치고 나서야 나는 상금 100만 원으로 재료를 대량 주문했다. 빨대 10,000개, 천공기용 금속 부품, 안전 가위 제작용 재료, LED와 배터리, 모듈 연결용 부품들까지. 주문서를 작성하면서 처음으로 진짜 사업을 시작한다는 느낌이 들었다. 설레는 마음과 동시에 공포가 밀려왔다.

혼자서 모든 것을 감당하려는 시도

재료가 도착하자 나는 즉시 작업에 들어갔다. 학교 메이커스페이스에 자리를 잡고, 아침부터 저녁까지 키트를 조립하기 시작했다. 각 키트에는 빨대 20개, LED 세트 1개, 연결 모듈 세트, 그리고 설명서가 포함되어야 했다. 빨대마다 천공기로 구멍을 미리 뚫어야 했고, 안전 가위는 워크숍 참가자 4명당 1개 정도만 있으면 충분했다.

처음에는 이 모든 작업을 혼자서 해내려고 했다. 아침 6시에 일어나 등교 전 2시간, 방과 후 7~8시간, 주말에는 아침 6시부터 밤 12시까지 키트 작업에 매달렸다. 매일같이 늦게 기숙사에 돌아오던 어느 날, 룸메이트 민지가 걱정스러운 눈빛으로 물었다.

"로나야, 밤에 제대로 잠은 자고 있는 거니? 요즘 너 얼굴색이 안 좋아 보여."

"괜찮아, 그냥 좀 피곤한 것뿐이야. 첫 납품이 중요하니까." 나는 그렇게 대답하고 다시 작업에 몰두했다.

우리 학교는 다양한 형태의 도움을 제공하는 시스템을 갖추고 있었다. 생산 관리 선생님이 메이커스페이스에 들러 조언을 해주셨다.

"서로나 학생, 이런 대량 생산은 공정을 나누어 효율성을 높이는 게 중요해요. 학교의 '프로젝트 지원 시스템'을 활용해 보는 건 어떨까요? 작업 보조나 공간, 장비 지원을 요청할 수 있어요."

나는 그 조언의 가치를 이해했지만, 우선은 내가 직접 시도해 보고 싶었다. '이건 내 첫 프로젝트니까, 처음부터 끝까지 경험해 보고 싶어.'라는 생각이 강했다. 성공에 대한 자신감과 열정이 넘쳤다.

학습 관리 시스템에는 '생산 공정 효율화', '소규모 생산 관리' 같은 모듈이 있었지만, 당장 실행에 옮기기에 급급해 그것들을 제대로 살펴볼 시간을 내지 못했다.

일주일이 지나자 제대로 먹지도, 자지도 못한 결과가 나타났다. 손가락은 천공기와 안전 가위를 사용하면서 상처투성이가 되었고, 눈은 충혈되어 있었다. 팀 활동 프로젝트와 이수 과제를 최소한의 시간으로 마무리하고 나머지 시간은 오직 제품 제작에만 쏟았다. 그런데도 작업 속도는 생각보다 훨씬 느렸다. 일주일 동안 겨우 300개 정도의 키트를 완성했을 뿐이었다.

이 속도라면 1,500개를 만들기 위해 4주가 필요했다. 하지만 납품까지는 단 3주밖에 남지 않았다.

학교 행정실에서는 계약서와 세금계산서 발행을 요청하는 이메일이 왔고, 처음 주문했던 초등학교에서는 샘플을 보여달라는 연락이 왔다. 모든 것이 한꺼번에 밀려오는 느낌이었다.

어느 날 밤, 메이커스페이스에서 혼자 작업하다가 문득 깨달았다. '이렇게는 속도가 너무 느리겠다. 도움이 필요할지도….'

하지만 다음 순간, 내 마음속에서 다른 생각이 떠올랐다. '조금만 더 시스템을 개선해 보자. 내가 할 수 있을 거야.' 첫 사업에 대한 의욕과 열정이 넘쳤지만, 점점 현실적인 한계를 느끼기 시작했다.

발명과 친구 정우가 메이커스페이스에 들어와 내 작업을 보더니 제안했다. "로나야, 도와줄까?"

나는 잠시 고민하다가 대답했다. "고마워 정우야. 사실 도움이 필요할 것 같긴 한데… 우선 내가 시스템을 좀 더 개선해 볼게. 정 안 되면 연락할게."

정우는 미소 지으며 말했다. "알겠어. 네가 잘할 거라 믿어. 하지만 사업은 혼자 하기 어려운 법이니까, 필요하면 언제든지 말해."

그의 말을 듣고 나는 고개를 끄덕였다. '정우 말이 맞아. 하지만 먼저 내 방식으로 최대한 해보고 싶어. 어디까지 할 수 있는지 알아보고 싶어.'

그렇게 며칠을 더 보냈지만, 상황은 나아지지 않았다. 오히려 피로가 쌓이면서 실수가 늘어났다. 전동기로 뚫은 구멍의 위치가 조금씩 달라지고, LED 연결부 납땜도 고르지 못했다. 마감 기한이 다가오자 그런 문제들을 점점 무시하기 시작했다.

'일단 수량만 맞추자. 나중에 문제가 생기면 그때 해결하면 돼.'

회계 관리도 엉망이 되어갔다. 재료비 영수증을 제대로 정리하지 못했고, 세금계산서 발행 마감일도 자꾸 놓쳤다. 강하다 선배가 경고했던 '세금 관리'를 제대로 하지 못하고 있었다.

우리 학교의 자기주도 학습 시스템은 다양한 자원과 지원을 제공했지만, 정작 나는 그것을 제대로 활용하지 못하고 있었다. 혼자서는 이런 규모의 사업을 진행하기 어렵다는 현실을 조금씩 깨닫기 시작했다. 도움을 청하는 것이 능력 부족이 아니라 사업의 성장을 위한 필수 과정임을 배워가고 있었다. 그렇게 첫 납품 날짜가 다가오고 있었다.

새벽 1시, 그날도 나는 밤샘 작업을 하고 있었다. 메이커스페이스는 24시간 개방되어 있어서 몇 명은 새벽까지 활동을 하고 있었다. 내 몸은 피곤했지만, 마감 기한이 다가오는 압박감이 휴식을 허락하지 않았다.

"조금만 더… 오늘은 최소한 100개는 완성해야 해."

손을 뻗어 커피를 마시려는데, 실수로 팔꿈치가 작업대를 쳤고 완성된 키트 몇 개가 바닥에 떨어졌다. 한숨을 내쉬며 무릎을 꿇고 빨대들을 주워 담았다. 그때 문득 바닥에 떨어진 키트 중 하나가 눈에 들어왔다.

"잠깐만… 이게 무슨 일이지?"

키트를 집어들어 자세히 살펴보니, 빨대에 뚫린 구멍의 모양이 완벽한 원이 아닌 타원형으로 일그러져 있었다. 구멍의 크기도 다른 빨대들보다 약간 컸다. 더 심각한 문제는 5개의 구멍 간격이 불규칙했다. 빨대를 고정대 끝까지 밀어넣고 펀치로 눌러야 하는데, 그렇게 하지 않은 것이 분명했다.

급하게 일어나 작업대 위에 놓인 다른 키트들도 확인해 보았다.

"이런…."

날짜별로 만든 키트들을 비교해보니 문제의 심각성이 드러났다. 첫 주에 만든 키트는 구멍이 일정했지만, 시간이 지날수록 구멍의 위치와 크기가 제각각이었다. 특히 최근 이틀간 만든 것들은 빨대를 고정대에 제대로 밀어넣지 않아 구멍 간격이 일정하지 않았고, 펀치를 한 번에 누르지 못해 구멍이 타원형으로 찢어져 있었다.

"이건 사용할 때 분명히 문제가 생길 거야."

그제야 깨달았다. 피로가 누적되면서 집중력이 떨어져 빨대를 고정대 끝까지 밀어넣지 않았고, 펀치도 한 번에 정확하게 누르지 못했다. 게다가 마감에 쫓겨 품질 검수 과정마저 생략했다. 불규칙한 구멍 위치 때문에 빨대 연결이 어색하거나 쉽게 헐거워질 수 있었고, 타원형 구멍은 빨대 끼우기를 더 어렵게 만들었다.

"도대체 이걸 어떻게 해결하지?"

절망감이 밀려왔다. 이미 만든 키트만 해도 1,000개가 넘었다. 오류가 있는 재료들을 모두 찾아서 다시 만들어야 할지도 모른다는 생각에 현기증이 일었다.

문득 오늘 초등학교에서 샘플 키트 테스트 결과가 올 예정이라는 생각이 났다. 피곤함에도 불구하고 이메일을 확인해야겠다는 생각이 들었다. 스마트폰을 꺼내 이메일 앱을 열었다.

“어? 이게 뭐지?”

교수학습개발부 박선생님이 보낸 이메일이 보였다. 오후 5시에 온 메일이었다. 작업에 몰두하느라 확인하지 못했던 것이다. 불안한 마음으로 이메일을 열었다.

“서로나 학생에게,

샘플 키트를 받아 교사들과 함께 테스트해 보았습니다. 몇 가지 심각한 문제점이 발견되어 알려드립니다.

빨대 연결 구멍이 불규칙해 학생들이 조립하는 데 어려움이 있습니다. 특히 5학년 아이들은 빨대 구멍이 좁아서 연결하는 데 어려움이 많았습니다. 빨대 구멍의 간격이 일정하지 않아 완성된 구조물이 비대칭적으로 보이는 문제도 있었습니다.

LED 조명 키트 중 약 10%가 제대로 작동하지 않았습니다. 불이 들어오지 않거나 깜빡거리는 현상이 발생했습니다.

특히 우려되는 점은 아두이노 자동차 키트의 배터리 과열 문제입니다. 테스트 중 한 키트에서 열이 크게 발생하여 안전상 큰 문제가 될 수 있습니다. 다행히 안전사고는 일어나지 않았으나, 어린 학생들이 사용하기에는 위험한 수준입니다.

이 상태로는 전교생 대상 워크숍 진행이 어렵다고 판단됩니다. 개선된 샘플을 다시 보내주시거나, 계약 조건을 재논의해야 할 것 같습니다.

환경 교육 취지는 매우 좋으나, 안전이 최우선이라는 점 이해해 주시길 바랍니다.

내일 오전 10시에 사무실에서 이 건에 대해 논의했으면 합니다.”

손에서 휴대폰이 미끄러져 바닥에 떨어질 뻔했다. 마치 누군가가 내 가슴을 세게 치는 듯한 충격이었다. 심장이 빠르게 뛰기 시작했고, 숨이 가빠졌다.

“이게… 이게 무슨….”

손이 떨렸다. 물을 마시려고 했지만 컵을 제대로 잡을 수도 없었다. 그때 문이 열리며 누군가 들어왔다.

"로나? 아직도 여기 있었어?"

민지였다. 룸메이트인 그녀는 내가 침대에 돌아오지 않자 걱정되어 메이커스페이스를 찾아온 것이었다.

"민지야… 넌 왜 아직 안 자?"

"네가 걱정돼서 그래. 요새 거의 잠을 안 자더라. 잠깐 쉬어가는 게 어때? 이렇게 계속하다가는 건강에 문제 생길 거야."

민지는 내 변한 안색을 보고 급히 물을 가져왔다. "로나야, 무슨 일이야? 얼굴이 하얗게 변했어."

물을 한 모금 마시고 냉정함을 되찾으려 노력했다. 휴대폰을 건네주며 메일을 보여주었다.

"방금 확인했어…. 초등학교에서 샘플 테스트 결과가 왔어."

민지는 메일을 읽더니 놀란 표정을 지었다. 나는 다른 키트들을 집어 그녀에게 보여주며 문제점을 설명했다.

"이게 바로 내가 쉴 수 없는 이유야. 봐, 불량이 너무 많아. 불량품을 확인해서 다시 만들어야 할지도 몰라."

고정대에 빨대를 끝까지 밀어넣지 않고 펀치로 누른 키트들을 보여주었다. 구멍들의 간격이 불규칙했고, 일부는 타원형으로 찢어져 있었다.

민지는 키트를 자세히 살펴보더니 걱정스러운 표정을 지었다. "그러게 왜 혼자서 이렇게 무리하려고 했어? 우리가 도와줄 수 있었잖아."

"다들 너무 바쁜데 내가 다른 동료들에게 짐을 지워주고 싶지 않았어. 혼자서도 잘할 수 있을 거라 생각했고…."

민지는 나를 안타깝게 바라보았다. "로나야, 내가 디자인과에서 배운 첫 번째 교훈이 뭔지 알아? '혼자 하지 마라'였어. 아무리 뛰어난 디자이너도 모든 면에서 완벽할 수는 없어. 팀으로 일하면 서로의 강점을 살릴 수 있지."

나는 고개를 저었다. "아니야, 이건 내가 책임져야 해. 처음부터 끝까지 모든 과정을 경험해 보고 싶었어. 게다가 다들 자기 프로젝트로 바쁠 텐데 어떻게 도움을 청해."

민지가 내 어깨에 손을 올렸다. "배터리 과열 문제는 어떻게 된 거야?"

나는 고개를 끄덕였다. "그 문제는… 이전에 정우와 함께 작업할 때 한 번 발생했었어. 우리는 회로 연결을 수정해서 해결했다고 생각했는데, 모든 키트를 체크하지 않았나 봐. 잘못된 회로 설계가 일부 키트에 적용된 것 같아."

"LED 불량도 10%나 된다는데, 어떻게 된 거야?"

"납땜을 너무 서둘러서 그랬을 거야. 요즘 손이 너무 떨려서…." 내 목소리가 흔들렸다. "민지야, 어떡하지? 납품 기한은 다음 주인데…."

민지는 잠시 생각하더니 결단력 있게 말했다. "우선 잠을 자자. 지금은 너무 지쳐서 제대로 생각할 수 없어. 내일 아침에 차분히 대책을 세워보자."

나는 그녀의 조언을 따르고 싶지 않았다. 시간이 너무 부족했다. 하지만 민지가 강하게 주장했다.

"로나, 이대로는 안 돼. 네가 쓰러져버리면 모든 게 끝이야. 4시간만 자고 아침에 다시 시작하자. 내가 깨워줄게."

그렇게 기숙사로 돌아와 몇 시간의 불안한 수면을 취했다. 하지만 나는 계속 악몽에 시달렸다. 아이들이 내 키트로 다치는 장면, 교장선생님들이 실망한 표정으로 계약을 취소하는 장면, 대상 수상이 취소되는 장면.

다음 날 아침, 거울 속 내 얼굴은 알아볼 수 없을 정도로 지쳐 있었다. 눈은 충혈되었고, 다크서클이 깊게 패였다. 얼굴은 창백했고, 입술은 건조해 갈라져 있었다.

아침 일찍 메이커스페이스로 돌아와 재고 상자들을 모두 열어 점검하기 시작했다. 노트북을 켜고 문제점을 차분히 정리해 나갔다.

상황은 생각보다 훨씬 심각했다. 만든 1,000개의 제품 중 20%가 불량이었다. 더 큰 문제는 이미 초등학교 교사들이 샘플에서 안전 문제를 발견했다는 점이었다. 안전은 교육 제품에서 가장 중요한 요소인데, 그것이 의심받고 있었다.

점심시간이 되었지만, 나는 식당에 가지 않고 메이커스페이스에 남아 해결 방법을 고민했다. 생각이 정리되지 않아 즐겨 듣는 음악을 틀어보았지만, 머릿속은 여전히 혼란스러웠다.

"내가 어쩌다 이렇게 된 거지?"

중학교 2학년 때부터 꿈꿔왔던 창업. 누구나 안전하게 환경보호 활동에 참여할 수 있는 제품을 만들고자 했던 내 꿈이 안전 문제로 위태로워지다니. 아이러니했다.

메이커스페이스 창문 밖으로 캠퍼스가 보였다. 학생들은 점심시간을 즐기며 웃고 있었다. 태양은 환하게 빛나고 있었지만, 내 마음은 어둠 속에 가라앉아 있었다.

'그냥 포기할까?'

순간 그런 생각이 스쳐 지나갔다. 교장선생님들에게 사과하고, 주문을 취소해달라고 요청하는 것. 이미 들어간 비용은 손해를 보더라도, 더 이상의 문제가 생기기 전에 그만두는 것이 현명한 선택일지도 모른다는 생각이 들었다.

그때 민지가 샌드위치를 들고 메이커스페이스에 들어왔다.

"네가 밥을 안 먹을 것 같아서 가져왔어. 일단 뭐라도 먹어."

민지는 작업대 위에 샌드위치를 놓고, 내가 만든 표를 살펴보았다.

"꽤 체계적으로 분석했네. 그런데 이것만으로는 부족해."

"뭐가 더 필요한데?"

"로나야, 네가 지금 빠뜨린 게 뭔지 알아?" 민지가 진지한 표정으로 물었다. "인적 자원이야. 혼자서는 이 문제를 해결할 수 없어."

나는 한숨을 쉬었다. "알아. 하지만 다른 사람들에게 도움을 청하는 게 부끄러워. 내가 대상을 받았는데, 결국 혼자서는 아무것도 할 수 없다는 걸 인정하게 될까 봐…."

민지는 내 눈을 똑바로 바라보며 말했다. "로나, 창업은 결코 혼자 하는 게 아니야. 세상의 모든 성공한 창업가들도 팀이 있어. 스티브 잡스에게는 스티브 워즈니악이 있었고, 빌 게이츠에게는 폴 앨런이 있었어. 너는 우리 팀이 있잖아."

"그렇지만…."

"그리고 넌 지금 네 인생의 첫 대량 생산을 경험하고 있어. 실수는 당연한 거야. 문제는 실수를 했느냐가 아니라, 그 실수를 어떻게 해결하느냐지."

민지의 말은 내 마음 깊이 와닿았다. 그동안 나는 창업대회에서 대상을 받은 '천재 학생'으로서의 완벽한 이미지를 지키려고 애쓰고 있었던 것 같았다. 누구에게도 도움을 청하지 않고, 모든 것을 혼자 해결하려는 고집이 지금의 위기를 만들었다.

나는 샌드위치를 한 입 베어 물며 조용히 말했다. "고마워, 민지야. 네 말이 맞아. 도움이 필요해."

"그럼 먼저 누구에게 도움을 청할 수 있을지 생각해보자."

민지와 함께 메모장에 이름 목록을 적기 시작했다.

강하다 선배: 창업 경험, 위기 관리 조언
정우: 전자공학, 회로 설계
수현: 생산 관리, 품질 검사
학교의 창업 어드바이저
제품 안전 전문가(학교 외부 자문 필요?)

목록을 완성하자 마음이 조금 가벼워졌다. 정말로 내 곁에는 도움을 줄 수 있는 많은 사람들이 있었다.

그날 오후, 나는 강하다 선배에게 도움을 청했다. 선배는 내 상황을 듣자마자 긴급 미팅을 소집했다. 저녁 7시, 메이커스페이스에는 강하다 선배, ECO 라이프 팀원들, 그리고 몇몇 발명과 디자인과 친구들이 모였다.

“자, 문제를 냉정하게 분석해 보자.” 강하다 선배가 화이트보드 앞에 서서 말했다. “우선 가장 심각한 문제는 배터리 과열이야. 이건 안전 사고로 이어질 수 있어.”

정우가 아두이노 키트를 집어들며 말했다. “회로를 살펴봤는데, 문제는 배터리 보호 회로가 없다는 거야. 단락(쇼트)이 발생했을 때 전원을 차단하는 장치가 필요해.”

“게다가 사용한 리튬이온 배터리는 충격이나 과충전 시 발열 및 폭발 위험이 있어,” 발명과 3학년 선배가 덧붙였다. “성능이 달라질 수 있지만 안정적인 니켈수소 배터리로 바꾸거나, 아니면 배터리 보호 회로를 반드시 추가해야 해.”

“구멍 위치 문제는 어떻게 해결할 거야?” 민지가 물었다.

수현이 손을 들었다. “그건 내가 해결해 볼게. 3D 프린터로 빨대를 정확히 고정할 수 있는 지그를 만들면 돼.”

“품질 관리 시스템도 전혀 없었잖아,” 수현이 계속해서 말했다. “각 단계마다 검수 과정을 넣어야 해. 적어도 구멍 위치, LED 작동, 배터리 안전 테스트는 반드시 필요해.”

모두가 자신의 전문 분야에서 조언을 해주었다. 문제를 명확히 인식하고, 해결책을 제시해주는 것만으로도 큰 도움이 되었다.

“로나, 혼자 하려고 하지 마.” 민지가 내 어깨를 두드리며 말했다. “처음부터 우리가 함께 했었어야 했어.”

“맞아, 이게 바로 창업의 현실이야.” 강하다 선배가 차분하게 말했다. “나도 첫 사업에서 비슷한 경험을 했어. 안전 물놀이 용품을 만들었는데, 첫 제품이 테스트에서 실패했지. 아이들이 쓰다가 다칠 뻔했었어.”

“정말요?” 내가 놀라서 물었다.

“그래, 정말 힘든 시간이었어. 하지만 그 경험이 나를 더 나은 창업가로 만들었어.” 강하다 선배의 눈빛이 진지했다. “실패는 성공의 어머니라는 말이 있잖아. 지금 경험하는 이 어려움이 네 사업의 기반을 더 튼튼하게 만들어줄 거야.”

회의가 끝나고 모두가 각자의 역할을 맡기로 했다. 정우는 회로 재설계를, 수현이는 품질 관리 시스템 구축을, 민지는 포장 디자인 개선을 담당하기로 했다. 나는 제품 자체의 개선에 집중하기로 했다.

내가 해야 할 가장 중요한 일은 학교들에게 상황을 솔직하게 설명하는 것이었다. 강하다 선배의 조언에 따라, 나는 교장 선생님들께 보낼 이메일을 작성했다.

> **김○○ 교장 선생님께,**
>
> 샘플 키트에 대한 피드백 감사드립니다. 학생들의 안전과 교육적 가치를 위해 솔직하게 현 상황을 말씀드리고자 합니다.
> 첫 대량 생산 과정에서 품질 관리에 심각한 문제가 있었음을 인정합니다. 특히 배터리 과열 문제는 즉시 해결해야 할 안전 문제로 인식하고 있습니다.
> 현재 전문가와 팀원들의 도움을 받아 모든 키트를 재검사하고 있으며, 회로 설계를 수정 중입니다. 이로 인해 납품 일정을 2주 연기해 주실 것을 부탁드립니다.
> 양해해 주시면 감사하겠습니다. 실망을 끼쳐드려 진심으로 죄송합니다.
> 정확한 일정과 개선된 제품에 대한 정보는 3일 이내에 다시 말씀드리겠습니다.
>
> 서로나 드림

이메일을 보내고 불안한 마음으로 답장을 기다렸다. 워스트 시나리오를 생각하며 밤잠을 설치기도 했다. 모든 계약이 취소되고, 학교에 손해배상을 해야 한다면? 이 사건이 알려져 내 장래 창업 기회에 영향을 준다면?

하지만 예상과 달리, 교장 선생님들은 대부분 이해심 있게 반응했다. 첫 번째 답장은 특히 인상적이었다.

> **서로나 학생에게,**
>
> 솔직한 답변에 감사드립니다. 학생 창업가로서 이런 상황에서 문제를 인정하고 해결책을 찾고자 하는 태도가 매우 인상적입니다.
> 우리 학교는 일정을 2주 연기하는 것에 동의합니다. 오히려 이러한 문제 해결 과정이 교육적으로 의미 있다고 생각합니다. 가능하다면 개선 과정을 기록해 두었다가, 워크숍 때 학생들에게 '실패를 통한 성장'에 대해서도 이야기해 주면 좋겠습니다.
> 함께 좋은 결과를 만들어 갑시다.

나는 이 메일을 읽고 눈물을 참을 수 없었다. 그동안의 긴장과 불안, 그리고 이해받는다는 안도감이 뒤섞여 감정이 복받쳐 올랐다. 하지만 일부 학교는 학사 일정 때문에 이번 학기 내에 워크숍이 어려워졌다며 내년으로 연기를 요청했다.

모든 개선 작업을 진행하면서, 우리는 작업 공간도 완전히 재구성했다. 메이커스페이스 한쪽에 생산 라인을 설치하고, 각 단계마다 품질 검수 절차를 추가했다. 강하다 선배의 조언에 따라 '린 생산 방식'을 도입했는데, 이는 낭비를 최소화하고 효율을 극대화하는 방법이었다.

"이런 식으로 작업하면 훨씬 효율적이야," 강하다 선배가 설명했다. "각 사람이 한 단계씩 담당하고, 완성된 제품은 바로 다음 단계로 넘어가. 불량품은 즉시 발견하고 수정할 수 있지."

놀랍게도 여러 친구들이 자발적으로 도와주겠다고 나섰다. 발명과, 디자인과, 창업과 학생들이 각자의 전문성을 살려 생산 과정에 참여했다. 한 달 전만 해도 나는 이 모든 걸 혼자 해내려고 했었다. 하지만 이제는 20명이 넘는 친구들이 교대로 생산 라인에 참여했다.

"우리가 만들면 훨씬 빨리 끝날 거야." 정우가 웃으며 말했다.

"내가 너무 고집부렸던 것 같아." 솔직하게 고백했다. "혼자서 모든 걸 할 수 있다고 생각했어."

"로나, 창업의 핵심은 팀워크야." 강하다 선배가 말했다. "창업가는 혼자 일하는 사람이 아니라, 함께 일할 사람들을 모으고 이끄는 사람이야."

2주 후, 우리는 마침내 첫 납품을 완료했다. 재설계된 천공기와 지그 덕분에 모든 구멍이 정확한 위치에 뚫렸고, 새로운 연결 시스템으로 튼튼하게 조립할 수 있었다. LED 조명은 전문적인 품질 검사를 거쳤고, 배터리 보호 회로가 추가된 자동차 키트는 안전성이 크게 향상되었다.

특히 디자인 면에서도 큰 개선이 있었다. 민지가 새롭게 디자인한, 환경 친화적인 재생지로 만든 패키지는 시각적으로 매력적일 뿐만 아니라, 내부에 키트 구성품을 안전하게 보관할 수 있는 트레이가 있었다. 또한 연령별로 구분된 상세한 설명서도 추가되었다.

워크숍 당일, 나는 첫 번째 초등학교를 방문했다. 약 200명의 학생들 앞에서 워크숍을 진행하기 위해 학교에서는 특별히 우리 학교의 멘토 학생 10명이 함께 참여할 수 있도록 협조해 주었다.

“여러분, 오늘은 특별한 빨대 업사이클링 워크숍을 진행할 예정입니다.” 나는 마이크를 잡고 떨리는 목소리로 시작했다. “이 키트를 통해 우리가 매일 사용하고 버리는 플라스틱이 얼마나 가치 있는 자원이 될 수 있는지 함께 경험해 보도록 하겠습니다. 오늘은 특별히 우리 학교 학생들이 멘토로 참여해 여러분을 도와줄 거예요.”

각 교실마다 멘토 학생들이 배치되어 아이들을 지도했다. 발명과 학생들은 빨대 연결 방법과 LED 회로 연결을, 디자인과 학생들은 창의적인 디자인 아이디어를, 창업과 학생들은 환경 보호의 중요성과 업사이클링의 가치를 설명했다. 이들의 도움 덕분에 워크숍은 예상보다 훨씬 원활하게 진행되었다.

놀랍게도 아이들의 반응은 매우 열정적이었다. 그들은 안전 가위를 사용해 빨대를 자르고 연결하여 다양한 형태의 제품을 만들었다. 어떤 아이들은 꽃 모양 모빌을, 어떤 아이들은 기하학적 구조물을, 그리고 고학년 학생들은 LED 조명을 추가해 환상적인 빛의 작품을 만들었다.

가장 감동적인 순간은 한 5학년 학생이 다가와 말했을 때였다.

“선생님, 저도 나중에 이런 걸 만들고 싶어요. 어떻게 하면 되나요?”

그 질문에 나는 잠시 말문이 막혔다. 불과 몇 개월 전, 내가 김하디 선배에게 비슷한 질문을 했던 것이 떠올랐다. 이제는 내가 다른 학생에게 영감을 주는 위치가 되었다니, 놀라운 변화였다.

“우선, 주변의 환경 문제에 관심을 갖고 관찰하는 것부터 시작하면 좋을 것 같아.” 나는 미소를 지으며 대답했다. “그리고 실패를 두려워하지 마. 나도 이 키트를 만들면서 수없이 많이 실패했거든.”

워크숍이 끝난 후, 김 교장 선생님이 다가와 감사 인사를 전했다.

"서로나 학생, 정말 훌륭한 워크숍이었어요. 학생들이 환경과 창의력에 대해 많은 것을 배웠을 뿐만 아니라, 실패와 도전에 대한 이야기도 들을 수 있어 더욱 의미 있었습니다. 멘토 학생들의 참여도 큰 도움이 되었어요."

"감사합니다. 실은 처음에 많은 어려움이 있었지만, 그것도 좋은 경험이 된 것 같아요. 멘토들 덕분에 더 성공적으로 마무리할 수 있었습니다."

"그게 바로 진짜 교육이죠," 교장 선생님이 고개를 끄덕였다. "책에서는 배울 수 없는 것들이니까요."

그날 저녁, 학교로 돌아가는 버스 안에서 멘토들과 함께 워크숍을 돌아보며 이야기를 나눴다. 모두가 뿌듯해하는 표정이었고, 이 봉사활동이 자신들에게도 큰 의미가 있었다고 말했다. 좋은 일도 하고, 봉사활동 시간도 인정받을 수 있어 일석이조라는 농담도 오갔다.

'빨대의 변신' 키트는 전국 총 10개 이상의 학교에 납품되었고, 교육청의 환경 교육 우수 교구로 선정되기도 했다. 하지만 마음 한편에는 아쉬움이 있었다. 아직 주변의 소개로만 판매가 이루어지고 있었고, 제품을 모르는 사람들이 너무 많았기 때문이다.

다음 날 저녁, 기숙사 방에서 민지와 대화를 나누고 있었다.

"민지야, 생각해 보니 우리 제품을 아직 모르는 사람들이 너무 많아. 학교나 지인들의 소개로만 판매되고 있어서 더 넓은 시장으로 나아가지 못하고 있는 것 같아."

민지는 잠시 생각하더니 말했다. "맞아. 좋은 제품인데 알리는 방법이 부족한 것 같아. 마케팅 전략이 필요할 것 같은데?"

"그래, 마케팅…. 근데 어떻게 시작해야 할지 모르겠어."

다음 날, 나는 담임 선생님과 면담을 요청했다.

담임선생님과 상담 – 브랜딩 전문가 연결

"서로나, 이제 본격적으로 '빨대의 변신'을 사업화할 준비가 됐니?"

선생님은 환한 미소로 물으셨다. 오후 상담 시간에 들어선 나를 반갑게 맞아 주셨다.

"네, 정말 하고 싶은데… 어떻게 더 많은 사람들에게 알려야 할지 모르겠어요."

"네 프로젝트는 처음부터 큰 가능성을 보였어. 상품 자체는 정말 훌륭해. 천공기와 안전 가위, 그리고 모듈형 시스템까지 이미 완성도가 높지."

선생님은 내 노트를 가리키며 말을 이어가셨다.

"하지만 이제는 어떻게 소비자들에게 이 가치를 전달할지, 어떻게 브랜드로 성장시킬지 고민해야 할 때야. 실제 사업으로 성공하려면 전문적인 브랜딩이 필요할 것 같구나."

선생님의 말씀에 고개를 끄덕였다. 사실 학교 수업에서 '마케팅'과 '브랜딩'에 대해 배우긴 했지만, 실제로 내 제품에 어떻게 적용해야 할지 막막했다. 그동안 제품 개발에만 집중했고, 소비자들에게 어떻게 다가갈지는 깊이 생각해 보지 않았다.

"다행히, 내가 아는 브랜딩 전문가가 있어. 윤소현 디렉터라고, 현재 에코브릿지의 브랜드 디렉터로 일하고 있지. 네 프로젝트에 관심이 있으시다고 해서 멘토링을 해주시겠다고 하셨어."

내 눈이 커졌다. 에코브릿지는 환경과 디자인을 결합한 브랜드로, MZ세대 사이에서 엄청난 인기를 끌고 있었다. 그곳의 브랜드 디렉터가 나의 멘토가 되다니!

"정말요? 언제 만날 수 있나요?"

"다음 주 금요일, 방과 후에 학교 창업 인큐베이팅 센터로 와주신대. 첫 미팅을 위해 네 프로젝트를 깊이 있게 정리해 가면 좋을 것 같아."

브랜딩 멘토링 준비

일주일 동안 나는 '빨대의 변신' 프로젝트에 관한 모든 자료를 정리했다. 지난 10월 창업대회 이후 보완한 제품들의 사진, 제작 과정 영상, 환경 보호 효과에 대한 데이터, 교육적 효과에 대한 학생들과 교사들의 피드백까지 모두 정리했다. 특히 대상 수상 이후 몇몇 학교에서 진행했던 시범 수업의 결과도 추가했다.

디자인과 친구 민지와 함께 프레젠테이션 디자인도 신경 썼다. 심플하면서도 환경 친화적인 느낌을 주는 디자인으로, 내 프로젝트의 가치를 잘 전달할 수 있도록 했다.

금요일이 되어 설레는 마음으로 창업 인큐베이팅 센터에 도착했다. 윤소현 디렉터는 생각보다 젊고 에너지 넘치는 인상이었다. 세련된 에코백을 들고 환한 미소로 나를 맞이해 주셨다.

"안녕하세요. 서로나 학생? 담임 선생님께 많은 이야기 들었어요. 특히 '빨대의 변신' 프로젝트는 정말 흥미롭더라고요."

"안녕하세요, 디렉터님. 바쁘실 텐데 시간 내주셔서 정말 감사합니다."

긴장된 마음으로 준비한 프레젠테이션을 시작했다. 빨대 업사이클링의 환경적 가치부터 모듈형 시스템의 교육적 효과, 그리고 창업대회 이후 진행한 몇 차례의 워크숍 결과까지 약 15분에 걸쳐 설명했다.

윤소현 디렉터는 집중해서 듣고 계셨고, 중간중간 질문과 메모를 하셨다. 내 발표가 끝나자, 잠시 생각에 잠기시더니 말씀을 시작하셨다.

"정말 인상적인 프로젝트예요. 특히 창업대회 이후 몇몇 학교에서 워크숍을 진행하고, 피드백을 수집한 노력이 돋보여요. 하지만 이제는 한 단계 더 나아가야 할 시점인 것 같네요."

"어떤 부분을 더 발전시켜야 할까요?"

"로나는 지금까지 '빨대의 변신'이라는 제품에 집중해 왔어요. 천공기, 안전가위, 모듈형 시스템… 이 모든 것들이 뛰어난 제품임은 확실해요. 하지만 이제는 제품을 넘어 '브랜드'로 생각해 볼 때예요. 소비자들이 단순히 '좋은 제품'을 넘어 '의미 있는 브랜드'를 경험할 수 있도록 말이죠."

윤소현 디렉터는 테이블 위에 몇 가지 브랜드 책자를 펼쳤다. 에코브릿지와 함께 몇 가지 환경 친화적인 브랜드들의 사례였다.

"로나에게 한 가지 질문을 던지고 싶어요. '빨대의 변신'과 '서로나'을 통해 소비자들에게 어떤 이야기를 하고 싶나요? 단순히 '환경을 보호하자' 또는 '교육에 좋다'를 넘어서, 소비자들에게 어떤 감정, 어떤 경험, 어떤 세계관을 제공하고 싶은지 생각해 봤나요?"

이 질문에 순간 말문이 막혔다. 그동안 '어떻게 만들 것인가'에만 집중했지, '왜 만드는가'와 '어떤 세계를 만들고 싶은가'에 대해서는 깊이 고민하지 않았다.

"음, 버려지는 빨대로 새로운 가치를 만들고, 아이들에게 창의적인 경험을 제공하고 싶어요. 특히 창업대회 이후 워크숍을 진행하면서, 아이들이 빨대로 무언가를 만들며 보이는 기쁨과 놀라움이 정말 인상적이었어요."

"그래요, 그 '기쁨'과 '놀라움'이 중요한 지점이에요. 하지만 브랜딩은 그 감정을 보다 체계적이고 일관되게 전달하는 작업이에요. 소비자들이 '서로나'라는 이름을 들었을 때, 어떤 감정과 기대를 가지게 할지, 어떤 가치관과 세계관을 공유하게 할지 고민해야 해요."

윤소현 디렉터는 내 프레젠테이션 마지막 페이지를 가리키며 질문을 이어갔다.

"로나가 지금까지 해온 워크숍과 학교 연계 활동들은 정말 훌륭해요. 하지만 이것을 어떻게 체계적인 브랜드 경험으로 발전시킬 수 있을까요? 단발성 워크숍을 넘어, 지속적으로 소비자들과 소통하고 관계를 맺는 방법은 무엇일까요?"

브랜드의 본질을 찾아서

윤소현 디렉터는 첫 미팅에서 나에게 세 가지 숙제를 내주셨다.

1. 브랜드 본질(Brand Essence) 정의하기: '빨대의 변신'과 '서로나'가 추구하는 핵심 가치와 본질은 무엇인지 정의하기
2. 브랜드 스토리 작성하기: 어떻게 이 프로젝트를 시작하게 되었는지, 그리고 어떤 미래를 꿈꾸는지에 대한 진정성 있는 이야기 작성하기
3. 소비자 여정(Customer Journey) 구상하기: 소비자가 '서로나' 브랜드를 처음 접하는 순간부터 충성 고객이 되기까지의 경험 여정 상상하기

"이 세 가지를 깊이 고민하고 와주세요. 다음 주에 만나서 함께 발전시켜 볼게요."

일주일 동안 나는 이 세 가지 숙제에 몰두했다. 학교 수업과 과제는 빠르게 해결하고, 밤늦게까지 브랜드에 대한 책과 영상을 찾아보며 연구했다. 특히 윤소현 디렉터가 추천해 준 "브랜드의 본질"이라는 책은 많은 영감을 주었다.

둘째 날 밤, 나는 내 방 벽에 큰 종이를 붙이고 마인드맵을 그리기 시작했다. 중앙에 '서로나'와 '빨대의 변신'을 적고, 그 주변에 관련된 모든 단어와 이미지를 적어 나갔다. '창의성', '환경', '놀이', '교육', '연결', '변화', '재탄생'…. 점점 더 많은 단어들이 연결되었다.

셋째 날, 나는 처음 빨대로 무언가를 만들기 시작했던 그 순간으로 돌아가 보기로 했다. 중학교 2학년 때, 엄마의 카페 바닥에 떨어진 빨대를 주워 뭔가를 만들던 그 순간의 감정이 무엇이었는지 떠올려 보았다.

그때 느꼈던 것은 단순한 '호기심'이었다. "이 버려지는 빨대로 뭔가 만들 수 없을까?" 그 호기심이 창의적인 실험으로 이어졌고, 그 실험은 점점 더 체계적인 시스템으로 발전했다. 그리고 무엇보다, 그 과정에서 느꼈던 '즐거움'이 있었다.

넷째 날, 나는 창업대회 이후 진행했던 워크숍들을 돌아보았다. 아이들이 처음 천공기와 안전 가위를 사용해 빨대를 연결하는 순간, 그들의 눈에서 반짝이

던 '발견의 기쁨'을 떠올렸다. 자신만의 작품을 완성했을 때의 '성취감'도 생각났다. 그리고 선생님들이 "이런 교구가 정말 필요했어요."라고 말했을 때의 '보람'도 기억났다.

다섯째 날, 나는 모든 생각을 정리하여 '브랜드 본질'을 정의해 보았다. '호기심에서 시작된 창의적 발견', '버려지는 것에서 찾는 새로운 가능성', '누구나 쉽게 경험하는 창조의 즐거움'과 같은 문구들이 떠올랐다.

여섯째 날, 브랜드 스토리를 작성하기 시작했다. 단순히 제품의 기능이나 효과를 설명하는 것이 아니라, 내가 왜 이 프로젝트를 시작하게 되었는지, 그리고 어떤 세상을 꿈꾸는지에 대한 진정성 있는 이야기를 담으려 노력했다.

마지막 날, 소비자 여정을 상상해보았다. 한 초등학생이 학교 워크숍에서 '빨대의 변신'을 처음 접하는 순간부터, 집에서 부모님과 함께 키트를 사용하고, SNS에 자신의 작품을 공유하며, 결국 '서로나' 브랜드의 열정적인 지지자가 되기까지의 여정을 그려보았다.

브랜드 아이덴티티의 탄생

다음 주 금요일, 나는 준비한 브랜드 전략 자료를 가지고 윤소현 디렉터와 다시 만났다. 지난번 미팅에서 받은 조언들을 바탕으로 많은 고민과 준비를 했기에, 이번에는 더 자신감 있게 내 생각을 전달할 수 있었다.

브랜드 본질 정의

"'서로나'와 '빨대의 변신'의 본질은 '창의적 호기심에서 시작된 지속가능한 발견의 여정'입니다." 내가 설명을 시작했다. "버려지는 빨대에서 무한한 가능성을 발견하는 과정, 그리고 그 과정에서 누구나 경험할 수 있는 창조의 즐거움을 전달하고자 합니다."

윤소현 디렉터는 고개를 끄덕이며 경청했다.

브랜드 핵심 가치 소개

나는 준비해 온 프레젠테이션을 화면에 띄우고 브랜드의 핵심 가치를 설명했다.

"우리 브랜드는 네 가지 핵심 가치를 가지고 있습니다. 첫째, '창의적 발견'입니다. 이것은 버려지는 것에서 새로운 가능성을 발견하는 호기심과 창의성을 의미합니다. 예를 들어, 우리 키트로 아이들이 빨대로 건축물을 만들면서 구조의 원리를 자연스럽게 배우게 됩니다."

화면을 넘기며 계속했다. "둘째, '포용적 접근성'입니다. 나이, 배경, 기술 수준에 상관없이 누구나 참여할 수 있어야 합니다. 그래서 5세 아이부터 70세 노인까지 쉽게 사용할 수 있는 안전 가위와 직관적인 연결 방식을 개발했습니다."

"셋째, '지속가능한 즐거움'입니다. 환경을 생각하면서도 끊임없이 즐거움을 추구하는 균형을 뜻합니다. 우리는 단순히 환경 보호를 강조하는 것이 아니라, 재활용이 얼마나 재미있고 창의적일 수 있는지 보여주려고 합니다."

브랜드 스토리 공유

이어서 나는 브랜드의 탄생 배경을 이야기했다.

"제 브랜드 스토리는 중학교 시절로 거슬러 올라갑니다. 당시 어머니가 운영하시던 카페에서 매일 수십 개씩 버려지는 빨대를 보며 안타까움을 느꼈습니다.

어느 날 무심코 바닥에 떨어진 빨대 몇 개를 주워 무언가 만들기 시작했는데, 처음에는 그저 호기심에서 시작된 장난이었지만, 점점 더 창의적인 아이디어가 떠올랐습니다."

나는 초기 시제품 사진들을 보여주며 설명을 이어갔다. "빨대를 안전하고 튼튼하게 연결하는 방법을 찾기 위해 수많은 실험을 거쳤습니다. 처음에는 테이프와 풀을 사용했지만 견고하지 않았고, 나중에는 천공기와 안전 가위, 모듈형 연결 시스템을 개발했습니다. 이 과정에서 깨달은 것은, 버려지는 것에서도 무한한 가능성을 발견할 수 있다는 사실이었습니다."

"'서로나'라는 이름은 '서로[互]'와 '나[我]'의 합성어로, 함께 도우며 개인도 성장한다는 의미를 담고 있습니다. 저는 '빨대의 변신'을 통해 환경 문제에 대한 인식을 높이는 동시에, 모든 사람들이 창의적인 발견의 즐거움을 경험할 수 있기를 바랍니다."

워크숍 진행 사진들을 보여주며 말을 이었다. "창업대회에서 대상을 받은 이후, 여러 학교에서 워크숍을 진행하며 아이들의 눈에서 반짝이는 호기심과 발견의 기쁨을 보았습니다. 특히 평소 수업시간에 집중하지 못하던 아이들도 빨대로 무언가를 만들 때만큼은 완전히 몰입하는 모습이 인상적이었습니다. 그 순간 확신했습니다. '빨대의 변신'은 단순한 교구가 아닌, 모두가 함께 창조하고 성장하는 플랫폼이 될 수 있다고 말입니다."

고객 여정 시나리오 제시

마지막으로 나는 잠재 고객의 경험을 구체적인 이야기로 풀어냈다.

"10살 지민이가 어떻게 우리 브랜드를 경험하게 되는지 상상해 봤습니다. 지민이는 학교 특별 활동 시간에 '빨대의 변신' 워크숍에 참여합니다. 처음에는 '그냥 빨대로 뭘 만드나?' 하는 의구심이 있었지만, 안전 가위를 사용해 빨대를 연결하는 순간 신기함을 느낍니다. 자신만의 모빌을 완성했을 때는 큰 성취감과 자부심을 경험합니다."

이어지는 경험을 설명했다. "집에 돌아간 지민이는 부모님에게 열정적으로 오늘 만든 작품과 경험을 이야기합니다. '엄마, 오늘 버려지는 빨대로 이걸 만들었어요! 제가 디자인했어요!' 부모님은 지민이의 창의성에 감탄하며, 온라인 스토어에서 '빨대의 변신' 키트를 주문합니다."

"키트가 도착하자, 가족은 함께 주말 저녁을 보내며 더 복잡한 구조물을 만들어 봅니다. TV 시청 대신 모두가 테이블에 모여 각자의 작품을 만들며 대화합니다. 아빠는 브릿지, 엄마는 꽃병, 지민이는 로봇을 만듭니다. 지민이의 작품을 SNS에 '#서로나챌린지' 해시태그와 함께 공유하고, 다른 사람들의 창의적인 작품도 살펴봅니다."

마지막 시나리오를 설명했다. "몇 주 후, 지민이의 생일 파티에서는 친구들과 함께 '빨대의 변신'으로 특별한 장식을 만듭니다. 케이크 주변에 빨대로 만든 미니 공원을 장식하고, 각자 작은 선물도 만들어 교환합니다. 친구들도 이 새로운 경험에 흥미를 느끼고, 그들의 가정에서도 '서로나' 브랜드를 접하게 됩니다."

"이렇게 지민이와 그의 가족, 친구들은 '서로나'와 지속적인 관계를 맺으며, 창의적 발견과 지속가능한 즐거움을 경험하는 충성 고객이 됩니다."

발표를 마치자 윤소현 디렉터는 내 발표를 진지하게 들으시더니 만족스러운 미소를 지으셨다.

"정말 훌륭해요, 서로나. 특히 브랜드 본질과 핵심 가치가 매우 명확하게 정의되었어요. '창의적 호기심에서 시작된 지속가능한 발견의 여정'이라는 본질은 제품의 특성과 브랜드의 지향점을 완벽하게 담고 있네요."

그녀는 메모를 하며 계속 말했다. "지민이를 통한 고객 여정 스토리텔링도 매우 구체적이고 공감이 가요. 이제 이 가치들을 시각적으로, 그리고 경험적으로 어떻게 표현할지 생각해 봐야겠네요. 로고 디자인, 패키지, 웹사이트, 그리고 워크숍 경험까지 모두 이 브랜드 본질을 일관되게 반영해야 할 거예요."

윤소현 디렉터의 긍정적인 반응에 나는 자신감을 얻었다.

브랜드 비주얼 아이덴티티 개발

다음 몇 주 동안, 윤소현 디렉터의 지도와 디자인과 친구들의 도움을 받아 브랜드 비주얼 아이덴티티를 개발했다. 로고, 색상 팔레트, 서체, 패키지 디자인, 웹사이트 레이아웃 등을 모두 브랜드 가치와 일관성 있게 만드는 작업이었다.

로고는 빨대로 만든 'S'와 'N'의 결합 형태로, 연결과 재창조의 의미를 담았다. 색상은 아쿠아 블루(창의성), 소프트 코랄(포용성), 세이지 그린(지속가능성)을 주요 색상으로 선택했다. 서체는 둥근 모서리의 친근한 글꼴과 깔끔한 산세리프를 조합해 사용했다.

특히 패키지 디자인에 많은 공을 들였다. 모든 패키지는 재활용 종이로 만들고, 내부에는 간단한 설명서와 함께 QR코드를 넣어 온라인 튜토리얼과 커뮤니티에 쉽게 접근할 수 있도록 했다. 패키지 자체가 하나의 교육 도구이자 예술 작품이 되도록 설계했다.

"패키지를 열는 순간부터 소비자 경험이 시작됩니다. 단순히 제품을 담는 상자가 아니라, 브랜드 세계로의 초대장이 되어야 해요."

윤소현 디렉터의 말씀에 따라, 패키지를 열면 "당신의 창의적 여정을 환영합니다"라는 메시지가 가장 먼저 보이도록 했다. 그리고 내부에는 다양한 빨대 모듈과 함께 영감을 줄 수 있는 아이디어 카드도 넣었다.

"브랜드 경험은 모든 터치포인트에서 일관되어야 해요. 로고, 색상, 패키지, 웹사이트, 심지어 고객 서비스까지 모두 동일한 브랜드 본질과 가치를 전달해야 합니다."

온라인 프레즌스 구축하기

비주얼 아이덴티티가 확립된 후, 우리는 온라인 프레즌스 구축에 집중했다. 웹사이트, 소셜 미디어 계정, 그리고 디지털 콘텐츠 전략을 개발했다.

웹사이트는 브랜드 스토리, 제품 소개, 튜토리얼, 커뮤니티 갤러리 등으로 구성했다. 특히 사용자들이 자신의 작품을 공유할 수 있는 '서로나 갤러리' 섹션을 중요하게 다루었다.

소셜 미디어 전략은 플랫폼별 특성에 맞게 수립했다.

- 인스타그램: 아름답고 영감을 주는 작품 사진, 비하인드 스토리, 사용자 참여 이벤트
- 유튜브: 상세한 튜토리얼, 프로젝트 아이디어, 창의적인 도전과제
- 틱톡: 짧고 재미있는 만들기 과정, '#서로나챌린지' 홍보
- 네이버 블로그: 환경 이슈, 창의 교육에 관한 깊이 있는 콘텐츠

"소셜 미디어는 단순히 제품을 홍보하는 도구가 아니라, 브랜드와 소비자가 소통하는 장이에요. 특히 브랜드 세계관을 확장하고, 커뮤니티를 형성하는 데 중요한 역할을 합니다."

윤소현 디렉터는 특히 콘텐츠의 진정성과 일관성을 강조하셨다. 화려한 마케팅 문구보다 실제 사용자들의 이야기와 경험을 중심으로 콘텐츠를 구성하라는 조언이었다.

"숫자에 집착하지 마세요. 팔로워가 많다고 해서 반드시 좋은 브랜드가 되는 것은 아니에요. 진정한 브랜딩은 깊이 있는 관계를 구축하는 것이니까요."

오프라인 경험 디자인: 향기와 감각

브랜딩은 디지털 세계에만 국한되지 않는다는 점을 배웠다. 특히 윤소현 디

렉터는 오프라인 경험, 특히 감각적 경험의 중요성을 강조하셨다.

"사람들은 브랜드를 오감으로 경험합니다. 특히 후각은 기억과 감정에 강력하게 연결되는 감각이에요. '서로나'만의 특별한 향기를 개발해 보는 건 어떨까요?"

처음에는 생소한 제안이었지만, 곧 그 의미를 이해하게 되었다. 우리는 천연 재료로 만든 은은한 숲 향과 오렌지 향을 섞은 '서로나 시그니처 향'을 개발했다. 이 향기는 패키지, 워크숍 공간, 이벤트 등 모든 오프라인 경험에 적용했다.

"워크숍을 진행할 때, 입구에서부터 이 향기가 참가자들을 맞이한다면 어떨까요? 그들이 집에 돌아가서도 이 향기를 떠올리며 '서로나'의 경험을 기억할 거예요."

또한 오프라인 워크숍과 이벤트를 더욱 특별하게 만들기 위한 다양한 아이디어를 구상했다.

- 특별한 배경음악: 창의적이고 평화로운 분위기를 조성하는 음악 선정
- 촉각적 경험: 다양한 질감의 빨대와 부자재를 통한 풍부한 촉각 경험 제공
- 공간 디자인: 브랜드 색상과 가치를 반영한 워크숍 공간 디자인
- 웰컴 키트: 참가자들에게 제공되는 특별한 웰컴 패키지 개발

브랜딩 전략의 실행과 확산

6개월간의 브랜딩 작업 끝에, '서로나'는 단순한 학생 프로젝트에서 진정한 브랜드로 성장했다. 새로운 비주얼 아이덴티티와 브랜드 경험 전략을 바탕으로, 우리는 본격적인 시장 진출을 준비하기로 했다.

첫 번째 단계로, 우리는 리뉴얼된 브랜드로 '서로나 창의 워크숍' 시리즈를 시작했다. 학교뿐만 아니라 지역 도서관, 과학관, 환경 센터 등 다양한 장소에서 워크숍을 열었다. 각 워크숍은 '서로나' 브랜드 경험을 완벽하게 구현한 공간으로 설계되었다.

두 번째 단계로, 온라인 스토어를 오픈했다. 기본 키트, 테마별 키트, 교육기관용 대형 키트 등 다양한 제품 라인을 구성했다. 모든 제품은 새로운 패키지 디자인과 함께 시그니처 향기가 입혀져 있었다. 특히 온라인 스토어에서는 단순히 제품만 판매하는 것이 아니라, 사용자들이 자신의 작품을 공유하고 서로 영감을 주고받는 커뮤니티 공간도 함께 제공했다.

"구매는 브랜드 경험의 시작일 뿐이에요. 구매 후 사용자가 어떻게 브랜드와 지속적인 관계를 맺을 수 있을지가 더 중요합니다."

윤소현 디렉터의 조언에 따라, 우리는 '#서로나챌린지'라는 온라인 캠페인을 시작했다. 사용자들이 자신만의 빨대 창작물을 만들고 소셜 미디어에 공유하도록 장려하는 캠페인이었다. 매달 가장 창의적인 작품을 선정해 특별 키트를 증정하고, 그 작품을 다음 시즌 키트의 영감 카드에 포함시키기도 했다.

세 번째 단계로, 지역 사회와의 연계를 강화했다. 지역 카페와 협력하여 버려지는 빨대를 수거하는 '빨대 재활용 스테이션'을 운영하기로 했다. 이 스테이션은 단순한 수거함이 아니라, '서로나' 브랜드 세계관을 담은 미니 전시 전시장 역할도 했다. 그리고 스테이션에서 수거된 빨대는 세척과 소독 과정을 거쳐 제품 생산에 재활용되었다.

네 번째 단계로, 교육 기관과의 협력 프로그램을 확장했다. 단순히 키트를 납품하는 것을 넘어, 교사들을 위한 '창의 교육 가이드'를 개발하고 정기적인 워크숍을 진행했다. 교육부와 협력하여 공식 교육 프로그램으로 인증을 받기도 했다.

다섯 번째 단계로, 해외 시장 진출을 모색했다. 국제 교육 컨퍼런스와 환경 박람회에 참가하며 '서로나'의 가치와 비전을 세계에 알렸다. 특히 일본과 싱가포르의 교육 기관들로부터 큰 관심을 받았고, 시범 프로그램도 진행했다.

브랜딩의 성과와 깨달음

1년여의 브랜딩 여정을 거친 후, '서로나'는 놀라운 성장을 이루었다. 월 판매량은 5배 이상 증가했고, 전국 100개 이상의 학교와 교육 기관에서 정기적으로 키트를 구매하게 되었다. 소셜 미디어 팔로워는 꾸준히 증가했으며, 특히 사용자 생성 콘텐츠가 폭발적으로 늘어났다.

그러나 가장 큰 성과는 숫자가 아닌, '서로나'가 사람들에게 전달하는 가치와 경험이었다. 브랜드의 본질인 '창의적 호기심에서 시작된 지속가능한 발견의 여정'이 실제로 많은 사람들의 삶에 영향을 미치고 있다는 점이 가장 보람찼다.

"서로나 덕분에 우리 아이가 TV 대신 무언가를 만드는 데 시간을 보내게 되었어요. 아이의 집중력과 창의력이 눈에 띄게 향상되었답니다." - 학부모 피드백

"학생들이 환경 문제에 대해 단순히 배우는 것이 아니라, 직접 행동으로 옮기고 창의적으로 해결책을 모색하는 모습이 인상적입니다." - 교사 피드백

"빨대로 건축 구조를 배우는 과정이 너무 재미있어요! 저는 건축가가 될 거예요." - 초등학생 피드백

이런 피드백들을 받을 때마다, 내가 중학교 2학년 때 엄마의 카페에서 빨대를 주워 무언가를 만들기 시작했던 그 순간이 이렇게 큰 여정으로 이어질 줄은 몰랐나는 생각이 들었다.

유소현 디렉터와의 마지막 멘토링 세션에서, 그녀는 내게 중요한 질문을 던졌다.

"서로나, 브랜딩을 통해 가장 크게 배운 점은 무엇인가요?"

잠시 생각한 후, 나는 진심을 담아 대답했다.

"브랜딩은 단순히 예쁜 로고나 포장을 만드는 것이 아니라, 진정성 있는 가치와 이야기를 일관되게 전달하는 과정이라는 것을 배웠습니다. 제품이 아무리

좋아도, 그 가치가 사람들의 마음에 닿지 않으면 의미가 없다는 것도 깨달았고요. 무엇보다 브랜딩은 일방적인 메시지 전달이 아니라, 사람들과 지속적으로 관계를 맺고 함께 성장해 가는 여정이라는 것을 알게 되었습니다."

윤소현 디렉터는 따뜻한 미소로 고개를 끄덕였다.

"정확해요. 그것이 바로 브랜딩의 본질입니다. 앞으로도 '서로나'가 그 본질을 잃지 않고 많은 사람들에게 창의적 발견의 기쁨을 전할 수 있기를 바랍니다."

2학년을 마치고 3학년이 된 지금, '서로나'와 '빨대의 변신'은 더 이상 단순한 학교 프로젝트가 아니라 내 진로와 미래를 결정하는 중요한 여정이 되었다. 대학에 진학한 후에도 계속해서 '서로나'를 발전시켜 나갈 계획이다. 더 많은 업사이클링 제품 라인을 개발하고, 환경 교육과 창의성 개발을 결합한 교육 플랫폼으로 확장해 나가고 싶다.

무엇보다, '서로나'를 통해 내가 깨달은 가장 큰 교훈은 '버려지는 것에서도 새로운 가능성을 발견할 수 있다'는 것이었다. 그리고 그 발견의 여정은 혼자가 아닌, 많은 사람들과 함께할 때 더 의미있고 즐거워진다는 것도 알게 되었다.

이제 '서로나'는 단순한 제품이나 브랜드를 넘어, 환경과 창의성, 교육과 놀이가 조화롭게 어우러진 하나의 문화로 자리 잡아가고 있다. 그리고 나는 그 여정의 중심에서, 매일 새로운 가능성을 발견하는 즐거움을 느끼고 있다.

다음 목표는 더 다양한 폐기물을 활용한 '변신' 시리즈를 개발하는 것이다. '페트병의 변신', '종이컵의 변신' 등 버려지는 모든 것에 새로운 생명을 불어넣는 프로젝트들을 구상 중이다. 이 모든 브랜드들이 '서로나'의 핵심 가치와 세계관 아래 하나로 연결되어, 더 많은 사람들에게 창의적 발견과 지속가능한 즐거움을 전할 수 있기를 바란다.

나만 알고 싶은 창업 끝판왕: 고등·성인편

확장과 도약

확장과 도약

한국발명창업가고등학교 2학년 겨울방학이 시작되었다. 이곳은 다른 학교와 달리 방학이 되어도 대부분의 학생들이 집으로 돌아가지 않는다. 집에서는 자신이 하고 싶은 공부나 프로젝트를 제대로 진행하기 어렵기 때문에, 많은 학생들이 학교에 남아 자신의 사업 운영이나 창업 준비를 계속한다. 나 역시 이번 겨울방학을 통해 우리 스타트업 기업 '서로나'를 글로벌 무대로 도약시키기 위한 준비에 몰두하기로 했다.

메이커스페이스의 한쪽에 마련된 '서로나' 전용 공간에서 나는 노트북을 펼쳐 새로운 제품 라인 확장 계획을 정리하고 있었다. 창밖으로 내리는 눈을 바라보며, 지금까지의 성과와 앞으로의 계획을 구상하고 있었다. 창업 이후 1년 반이라는 시간 동안 '빨대의 변신'이라는 첫 제품에서 시작해 다양한 교육용 코딩 키트까지 제품 라인을 확장해 온 우리 회사의 여정이 놀랍게 느껴졌다.

새로운 제품 라인 개발

"로나야, 여기 있었구나."

민지가 두 손에 따뜻한 코코아를 들고 우리 작업실로 들어왔다. 민지는 디자인과에서 나와 함께 '서로나'를 시작한 창업 파트너로, 현재는 디자인 디렉터를 맡고 있다. 그녀의 뛰어난 디자인 감각은 '빨대의 변신'의 패키지부터 브랜드 아이덴티티까지 모든 시각적 요소를 담당하며 우리 제품의 성공에 큰 기여를 했다.

"응, 계속 새 제품 라인 아이디어를 고민하고 있었어." 내가 코코아를 받으며 답했다.

민지는 내 옆에 앉아 화면을 들여다보았다. "와, AI와 빨대 업사이클링의 결합? 대단한데."

"지금까지 환경 교육용 키트로 시작해서 코딩 제품군으로 성공했으니, 이제는 한 단계 더 발전해야 할 시점이라고 생각해."

LED 조명 키트로 시작했던 '빨대의 변신'은 약 6개월 전부터 블루투스 모듈과 간단한 코딩 기능을 접목한 '빨대로 코딩을' 시리즈로 확장되었다. 이 과정에서 정우와 수현이 각각 하드웨어와 소프트웨어 개발을 맡아 제품의 기술적 완성도를 높였고, 덕분에 학교와 교육기관에서 큰 인기를 얻었다.

나는 노트북 화면을 민지에게 더 잘 보이도록 돌렸다. "내가 구상 중인 것은 'AI와 함께하는 업사이클링 모빌리티' 시리즈야. 빨대 AI 자동차, 빨대 AI 드론, 빨대 AI 투석기, 빨대 AI 배, 빨대 AI 로봇까지. 기존의 코딩 제품에 인공지능을 결합하는 거야."

"그거 정말 흥미롭다! 다른 친구들한테도 말해봤어?" 민지가 물었다.

"아직. 좀 더 구체화한 다음에 오늘 저녁 팀 미팅에서 제안하려고. 정우가 전자공학에 강하니까 AI 모듈 개발에 적합할 것 같고, 수현이는 앱 개발을 잘하니까 사용자 인터페이스를 맡길 수 있을 것 같아. 그리고 하은이와 준영이도 이제 팀의 중요한 일원이니까 그들의 특기를 살려서 프로젝트에 참여시키고 싶어."

약 8개월 전, '빨대로 코딩을' 시리즈를 개발하면서 우리는 팀을 확장할 필요성을 느꼈다. 그때 합류한 하은이는 역사와 과학에 관심이 많은 발명과 학생으로, 우리 제품의 교육적 콘텐츠 개발에 큰 도움을 주었다. 준영이는 마케팅과 이벤트 기획에 탁월한 능력을 갖춘 창업과 학생으로, 그의 제안으로 시작한 전국 코딩 대회가 우리 브랜드를 알리는 데 결정적인 역할을 했다.

"하은이는 역사와 과학에 관심이 많으니 교육적 콘텐츠 개발에 참여하면 좋을 것 같고, 준영이는 마케팅과 대회 운영 경험이 풍부하니 AI 국제 대회 준비를 맡아줄 수 있을 거야."

"올해는 전국대회였는데, 내년에는 국제대회로 진행한다고?" 민지가 걱정하며 물었다.

"그래, 사실 올해 우리가 개최한 전국대회를 지켜보신 국제e모빌리티 엑스포 위원장님이 큰 관심을 보이셨어. 직접 연락이 와서 내년에 국제대회를 우리가 기획하면 장소 제공과 대회 홍보를 도와주신다고 제안하셨어. 또한 한국발명창업가고등학교와 협력 관계에 있는 여러 해외 학교들의 지원도 받을 수 있을 것 같아. 기회가 왔을 때 잡아야 한다고 생각해."

올해 초, 준영이의 제안으로 코딩 교육의 중요성을 알리고 '빨대로 코딩을' 시리즈를 홍보하기 위해 전국 규모의 코딩 대회를 열었다. 학교와 교육청의 지원을 받아 진행한 이 대회는 예상보다 훨씬 큰 성공을 거두었고, 여러 언론에서도 주목을 받았다. 그 과정에서 많은 기업과 기관들이 우리의 활동에 관심을 보이기 시작했다.

"와, 정말 대단한 기회네! 그렇다면 그 규모에 맞는 준비를 철저히 해야겠다."

"각자 역할이 완벽하게 맞네. 그리고 내 역할은?" 민지가 미소지으며 물었다.

"너는 당연히 전체 디자인과 브랜딩을 계속 맡아줘야지. 특히 AI 시리즈의 패키지와 시각적 아이덴티티가 정말 중요할 거야. 그리고 올해 우리가 개최한 전국 코딩 대회들의 브랜딩이 너 덕분에 성공했잖아. 내년에 계획 중인 국제 로봇 대회도 네가 담당해 주면 완벽할 것 같아."

특히 자랑스러웠던 것은 올해 처음으로 개최한 전국 규모의 대회들이었다. 스트로우 코딩 자동차 대회, 스트로우 코딩 드론 대회, 스트로우 코딩 로봇 대회에 전국에서 100여 명의 학생들이 참가했고, 많은 언론의 주목을 받기도 했다. 이 대회는 단순한 경진대회를 넘어 코딩 교육의 중요성을 알리고, 지속 가능한 미래를 위한 환경 교육의 가치를 전파하는 플랫폼이 되었다.

팀 미팅: AI로의 도약 전략

저녁 7시, 우리 다섯 명이 모두 모였다. 정우, 수현, 하은, 준영, 그리고 나, 모두 한국발명창업가고등학교에 함께 입학한 2학년 동기들이자 '서로나'의 공동 창업자들이었다.

"다들 방학 시작부터 여기 남아줘서 고마워," 내가 회의를 시작했다. "오늘은 '서로나'의 다음 단계에 대해 이야기하려고 해. 바로 AI 기술을 접목한 새로운 제품 라인과 글로벌 전략이야."

모두의 눈이 호기심으로 반짝였다. 나는 준비한 계획을 슬라이드로 보여주며 설명을 이어갔다.

"지금까지 우리는 빨대를 활용한 친환경 교육 키트 '빨대의 변신'으로 시작해서, 코딩 교육을 결합한 '빨대로 코딩을' 시리즈로 성공을 거두었어. 올해 개최한 코딩 대회들도 예상보다 큰 성공이었고. 하지만 이제는 한 단계 더 도약해야 할 시점이 왔다고 생각해. 그래서 내가 제안하는 건 모든 제품 라인을 AI 기반으로 업그레이드하는 것과, 내년에 국제 로봇 대회를 개최하는 거야."

준영이 즉시 반응했다. "국제 대회라…. 야심찬데, 좋은 생각이야! 올해 전국 대회에서 얻은 경험을 바탕으로 충분히 가능할 것 같아. 특히 AI 요소를 추가하면 글로벌 시장에서 더 경쟁력이 있을 거야."

"맞아, 그리고 국제대회를 위해 참가하는 학생들에게 AI 빨대 자동차, AI 빨대 드론, AI 빨대 로봇 키트를 제공하는 것도 좋을 것 같아. 이러면 우리 제품을 직접 경험하게 되고 자연스럽게 마케팅 효과도 얻을 수 있잖아," 준영이 덧붙였다.

정우가 기술적인 부분에 대해 질문했다. "기존 코딩 제품에 AI를 접목한다고 했는데, 구체적으로 어떤 AI 기능을 생각하고 있어? 라즈베리 파이나 ESP32 같은 하드웨어를 사용하려면 설계부터 많은 변화가 필요할 텐데."

정우의 질문은 핵심을 짚었다. 작년에 개발한 코딩 시리즈도 충분히 도전적인 프로젝트였지만, AI 기술을 접목하는 것은 훨씬 더 복잡한 과제였다.

"내가 생각하는 건 두 가지 접근이야." 내가 답했다. "하나는 제품 자체에 머신러닝 기능을 탑재하는 거야. 예를 들어, 빨대 AI 자동차는 사용자의 운전 패턴을 학습해서 점점 더 자율적으로 움직일 수 있게 하는 거지. 다른 하나는 앱에 AI 기능을 추가하는 거야. 사용자가 코딩의 개념부터 AI 알고리즘까지 단계적으로 배울 수 있는 교육 콘텐츠와 함께."

수현이 생각에 잠긴 표정으로 말했다. "앱 쪽은 내가 맡아볼게. 현재 우리 코딩 앱에 머신러닝 라이브러리를 추가하고, 블록 방식의 AI 프로그래밍 환경을 개발할 수 있을 것 같아. 특히 초보자도 쉽게 이해할 수 있는 직관적인 인터페이스가 중요할 거야."

하은이 교육적인 측면에서 의견을 보탰다. "AI를 주제로 한 교육 콘텐츠도 개발해야 할 것 같아. 요즘 학교에서도 AI 교육이 중요시되고 있잖아. 우리 제품이 단순한 장난감이 아니라 미래 기술을 배울 수 있는 교육 도구라는 점을 강조하면 좋을 것 같아."

민지는 이미 스케치북에 디자인 아이디어를 그리기 시작했다. "패키지도 AI 시리즈에 맞게 업데이트해야겠어. 기존의 친환경적이고 창의적인 이미지는 유지하면서, 첨단 기술의 느낌을 더하는 디자인이 필요해."

준영은 마케팅과 국제 대회 측면에서 의견을 냈다. "국제 로봇 대회를 성공시키려면 적어도 6개월 전부터 준비를 시작해야 해. 해외 참가자들을 유치하려면 영어, 일본어, 중국어 등 다양한 언어로 홍보 자료를 만들고, 국제 학교들과 네트워크를 구축해야 할 거야. 그리고 무엇보다 학교와 기업, 정부 기관들의 지원을 확보하는 것이 중요해."

준영의 말은 중요한 점을 짚었다. 고등학생인 우리가 국제 대회를 성공적으로 개최하려면 외부의 지원과 협력이 필수적이었다. 다행히 우리 학교는 다양한 기업 및 기관과 파트너십을 맺고 있었고, 올해 전국 대회의 성공으로 더 많은 후원자들이 관심을 보이고 있었다.

우리는 즉시 역할을 나누고 작업 계획을 세웠다. 정우는 AI 하드웨어 개발을, 수현은 AI 앱 개발을, 하은은 교육 콘텐츠를, 민지는 디자인을, 준영은 국제 대회 준비와 마케팅을, 그리고 나는 전체 프로젝트 조정과 비즈니스 전략 개발을 맡았다.

"그리고 또 하나 중요한 계획이 있어." 내가 마지막으로 덧붙였다. "우리가 내년에 국제 로봇 대회를 개최하고, 그 다음 해에는 대회 주제를 '코딩'에서 'AI'로 완전히 전환하는 거야. 학생들이 자신의 상상력으로 AI 로봇을 설계하고, 다양한 미션을 해결하는 국제 AI 대회를 개최하는 거지. 이를 통해 학생들이 현 시대에 꼭 배워야 할 AI 기술을 쉽게 접하고 배울 수 있는 기회를 제공할 수 있을 거야."

모두가 흥분된 표정으로 이 비전에 동의했다.

빨대 AI 자동차: 지능형 모빌리티의 시작

회의 다음 날부터 우리는 각자의 역할에 따라 개발에 착수했다. 첫 번째 프로젝트는 '빨대 AI 자동차'였다. 기존의 코딩 자동차에 인공지능 기능을 추가하는 것이 목표였다.

정우는 라즈베리 파이 제로와 다양한 센서들을 이용해 컴팩트한 AI 모듈을 설계하기 시작했다. 우리의 목표는 USB로 충전 가능하고, 블루투스로 스마트폰과 연결되어 쉽게 프로그래밍할 수 있는 모듈을 만드는 것이었다.

"AI 자동차의 핵심은 환경 인식 능력이야." 정우가 설명했다. "초음파 센서로 장애물을 감지하고, 적외선 센서로 라인을 따라가며, 카메라로 색채를 인식할 수 있어야 해. 그리고 이 데이터를 분석해 자율적으로 결정을 내리는 알고리즘이 필요해."

수현은 새로운 AI 블록 코딩 앱 개발에 집중했다. "사용자가 복잡한 AI 개념을 쉽게 이해하고 적용할 수 있도록, 블록 형태의 직관적인 인터페이스를 설계하고 있어. 특히 '학습 모드'에서는 사용자가 자동차를 직접 조종하면서 AI에게 '이런 상황에서는 이렇게 행동해'라고 가르칠 수 있어."

하은은 AI 자동차를 활용한 교육 커리큘럼을 개발했다. "초등학생부터 고등학생까지 다양한 연령대를 위한 단계별 학습 내용을 준비하고 있어. 기초 코딩부터 머신러닝의 기본 개념, 실생활 AI 응용 사례까지 체계적으로 배울 수 있게 구성했어."

민지는 AI 자동차의 디자인과 패키지를 담당했다. "AI 시리즈는 기존 코딩 시리즈와 구분되면서도 연결성을 가져야 해. 포장에 AI 관련 그래픽 요소를 추가하고, 색상 체계도 약간 변화를 줬어. 특히 '인텔리전트 빌더(Intelligent Builder)'라는 새로운 브랜드 타이틀을 제안해 볼게."

그리고 준영은 이 제품을 활용한 국제 대회 기획에 몰두했다. "AI 자동차 레이싱 챌린지를 주제로 대회를 구상 중이야. 참가자들이 자신만의 AI 알고리즘을 개발해 장애물 코스, 라인 트래킹, 객체 인식 등 다양한 미션을 수행하는 거야. 특히 해외 참가자들을 위한 영어, 일본어, 중국어 안내 자료도 준비하고 있어."

준영은 또한 학교의 국제교류 담당 선생님과 상의하여 한국발명창업가고등학교와 협력 관계에 있는 해외 학교들에 이 대회를 소개하고, 참가를 독려하는 방안도 모색하고 있었다. 이런 기존 네트워크를 활용하면 해외 참가자 모집이 훨씬 수월해질 것이다.

4주간의 집중 개발 끝에, 우리는 첫 번째 빨대 AI 자동차 프로토타입을 완성했다. 이 자동차는 기본적인 장애물 회피와 라인 트래킹이 가능했고, 가장 획기적인 기능은 '학습 모드'였다. 사용자가 리모컨으로 자동차를 여러 번 주행시키면, AI가 그 패턴을 학습해 점점 더 사용자의 스타일로 자율 주행할 수 있게 되었다.

AI 드론과 다른 제품들: 확장되는 AI 시리즈

빨대 AI 자동차의 성공적인 프로토타입 개발에 힘입어, 우리는 '빨대 AI 드론', '빨대 AI 투석기', '빨대 AI 배', '빨대 AI 로봇' 개발에도 착수했다. 각 제품마다 고유한 AI 기능을 추가하는 것이 목표였다.

'AI 드론'은 빨대의 경량성을 활용한 프레임에 AI 기반 비전 시스템을 탑재해, 자율 비행과 객체 추적이 가능하도록 설계되었다. 특히 3D 프린터로 제작한 특수 조인트를 활용해 빨대로 강력하면서도 가벼운 삼각형 트러스 구조를 구현했다.

'AI 투석기'는 하은의 아이디어로, 역사 교육과 물리학, AI를 결합한 제품이었다. 중세 시대 투석기 메커니즘을 빨대로 재현하고, 여기에 AI가 목표물까지의 거리와 각도를 계산해 자동으로 발사 각도와 힘을 조절하는 시스템을 추가했다.

'AI 배'는 수질 오염 모니터링을 위한 프로젝트로, 환경 교육과 AI의 결합이었다. 빨대와 페트병으로 만든 배에 수질 센서와 GPS를 장착해 자율 항해하며 수질 데이터를 수집하고, AI가 이를 분석해 오염 패턴을 파악할 수 있었다.

'AI 로봇'은 가장 자유도가 높은 제품으로, 사용자가 빨대로 자신만의 로봇을 디자인하고 다양한 센서와 액추에이터를 추가할 수 있게 했다. AI 기능으로는 패턴 인식, 음성 명령 처리, 환경 적응 학습 등이 있었다.

모든 제품은 동일한 AI 앱으로 제어 가능하도록 설계되었고, 사용자의 수준에 맞는 난이도별 교육 콘텐츠가 포함되었다. 특히 학교 교육과정과의 연계성을 강화하기 위해, 각국의 STEAM 교육 표준을 분석하고 이에 맞는 교사용 가이드도 개발했다.

국제 로봇 대회 준비와 글로벌 전략

AI 제품 개발과 함께, 우리는 내년에 개최할 국제 로봇 대회 준비에도 박차를 가했다. 올해 성공적으로 치러낸 전국 코딩 대회의 경험을 바탕으로, 이번에는 국제 규모의 대회를 계획했다. "제2회 모바일 엑스포 국제 로봇 경진대회(MEIR: Mobile Expo International Robotics Competition)"라는 이름으로, 학생들이 자신의 상상력을 발휘해 로봇을 설계하고 제작해 다양한 미션을 해결하는 대회였다.

국제 대회 개최라는 큰 도전을 위해, 우리는 다양한 기관과 기업의 지원을 확보하기 위한 노력도 병행했다. 학교의 도움으로 교육청과 과학기술정보통신부의 후원을 신청했고, 국제e모빌리티 엑스포 주최 측과도 긴밀히 협력하여 장소와 설비를 지원받기로 했다. 또한 AI 관련 기업들에게도 후원을 요청하여 상품과 기술 지원을 약속받았다.

준영은 대회 운영 계획을 수립했다. "대회는 초등부, 중등부, 고등부로 나누고, 각 부문별로 다양한 미션을 준비할 거야. 라인 트래킹, 장애물 통과, 미로 탈출, 객체 인식 등 다양한 도전 과제를 통해 참가자들의 코딩 실력과 창의성을 평가할 계획이야."

민지는 대회 브랜딩과 마케팅 자료를 준비했다. "로고부터 포스터, 웹사이트, 참가자 키트까지 모든 시각적 요소를 통일성 있게 디자인하고 있어. 특히 해외 참가자들을 위해 모든 자료를 다국어로 제작할 거야."

하은은 교육적 가치를 강화하기 위한 프로그램을 제안했다. "대회 기간 중에 AI 워크숍, 전문가 강연, 멘토링 세션 등 교육적 프로그램도 함께 운영하면 어떨까? 단순한 경쟁이 아니라 함께 배우고 성장하는 자리로 만들자." 이 프로그램들은 대회장소에 마련할 수 있도록 계획했다.

수현은 온라인 플랫폼 개발을 담당했다. "참가 신청부터 미션 공개, 결과 발표까지 모든 과정을 지원하는 온라인 플랫폼을 개발 중이야. 특히 해외 참가자들을 위한 다국어 지원과 사용자 친화적인 인터페이스에 중점을 두고 있어."

정우는 공정한 평가 시스템 구축을 맡았다. "각 미션별 평가 기준을 명확히 하고, 자동화된 점수 계산 시스템을 개발하고 있어. 특히 AI 요소에 대한 평가 방법도 고민 중이야."

나는 글로벌 파트너십 구축에 집중했다. "학교의 국제 교류 네트워크를 활용해 일본, 중국, 베트남 등 주요 국가의 교육 기관과 접촉 중이야. 특히 STEAM 교육에 관심이 높은 국제학교들을 중심으로 참가자를 모집할 계획이야."

우리의 목표는 첫 해에 최소 10개국에서 200명 이상의 참가자를 유치하는 것이었다. 그리고 그 다음 해에는 참가국을 20개국으로 확대하고, 대회 주제를 '코딩'에서 'AI'로 전환하는 계획이었다.

"2년 후의 제3회 대회는 '모바일 엑스포 국제 AI 대회(MEIA: Mobile Expo International AI Competition)로 이름을 바꾸고, AI 알고리즘 개발과 머신러닝 응용에 초점을 맞출 거야." 내가 장기 비전을 설명했다. "이를 통해 우리는 전 세계 학생들에게 AI 기술을 배우고 경험할 수 있는 플랫폼을 제공하게 될 거야."

해외 시장 진출 과정과 문화적 차이 극복

국제 대회 준비와 함께, 우리는 'AI와 함께하는 업사이클링' 시리즈의 해외 진출 전략도 수립했다. 이미 국내에서 성공을 거둔 코딩 제품 라인을 바탕으로, 이제는 글로벌 시장으로 확장할 차례였다.

하지만 해외 진출은 고등학생인 우리에게 큰 도전이었다. 언어 장벽, 법적·행정적 절차, 문화적 차이 등 많은 어려움이 예상되었다.

"해외 진출을 혼자서 하려고 하면 너무 무리야. 학교의 국제 교류 담당 선생님과 법률 자문 선생님의 도움을 받고, 현지 협력 파트너도 찾아야 해." 준영이 현실적인 조언을 해주었다.

다행히 한국발명창업가고등학교에는 이미 글로벌 진출에 성공한 선배 창업가들이 구축해놓은 전문가 네트워크가 있었다. 학교는 3년 전부터 국제 무역 전문 변호사, 각국 교육 시장 전문가, 현지 법률 자문위원들로 구성된 '글로벌 자문단'을 운영하고 있었고, 우리는 이 자문단을 통해 상표권 등록, 인증 획득 절차, 현지 규제 대응 방안 등에 대한 전문적인 조언을 손쉽게 얻을 수 있었다.

우리는 첫 해외 시장으로 일본, 중국, 그리고 베트남을 선택했다. 중국은 특히 AI 기술 분야에서 급속도로 발전하고 있었기 때문에, 우리가 배워야 할 부분이 많다고 판단했다.

"중국의 AI 기술력은 정말 대단해. 우리가 기술 교류를 통해 많이 배울 수 있을 거야." 정우가 말했다.

하은이 중국 시장 조사 담당을 자원했다. "내가 중국의 AI 드론과 AI 로봇 대회를 어떻게 운영하는지 조사해 볼게. 그들이 어떤 기술을 이용하고 있는지 벤치마킹하면 우리 제품 개발과 대회 운영에도 큰 도움이 될 거야."

베트남도 중요한 진출 시장으로 선정했다. 최근 한국과 베트남 간의 교류가 활발해지고 있었고, 한국발명창업가고등학교는 베트남, 중국, 일본의 몇몇 학교들과 협력 관계를 맺고 있었기 때문이다.

"베트남과 우리나라가 최근 교육 분야에서 많은 교류를 하고 있어. 한국발명창업가고등학교와 협력학교로 설정해서 함께 프로젝트를 진행하면 좋을 것 같아." 내가 제안했다.

준영이 맞장구쳤다. "맞아, 베트남은 IT 교육에 대한 관심이 높아지고 있고, 교육 개혁에도 적극적이라고 들었어. 우리 제품과 교육 프로그램이 잘 맞을 것 같아."

각 시장마다 문화적 특성과 교육 시스템이 다르기 때문에, 철저한 현지화 전략이 필요했다. 한국발명창업가고등학교 출신으로 이미 글로벌 시장에 진출한 선배들의 조언과 글로벌 자문단의 도움을 받아 각 시장에 대한 철저한 조사를 진행했다.

"일본은 체계적이고 단계적인 학습을 중요시해." 하은이 조사 결과를 발표했다. "중국은 기술력과 실용성에 중점을 두고, 베트남은 기초 교육과 접근성이 중요한 시장이야."

이러한 조사를 바탕으로 우리는 각 국가별 '문화 맞춤형 교육 모듈'을 개발했다. 동일한 하드웨어와 AI 모듈을 사용하되, 교육 콘텐츠와 마케팅 접근법을 현지 문화에 맞게 조정했다.

일본 시장을 위해서는 빨대 AI 시리즈를 '구조-기능-응용'이라는 3단계 체계로 재구성하고, 일본 학교 교육과정과의 연계성을 강조했다. 패키지도 정돈된 일본 미학에 맞게 디자인을 최적화하는 데 집중했다.

중국 시장을 위해서는 기술적 우수성과 실용성을 강조했다. 특히 중국의 주요 기술 기업들과 협력하여 AI 교육 프로그램을 공동 개발하는 방안도 찾았다. 중국의 스마트 교육 시장에 맞춰 온라인 플랫폼과 AI 학습 앱의 기능도 대폭 강화했다.

베트남 시장을 위해서는 기초 교육과 지속 가능한 개발을 핵심으로 삼았다. 특히 폐플라스틱과 빨대를 재활용한 '업사이클링' 측면이 베트남의 환경 교육과 잘 맞아떨어졌다. 우리는 베트남 협력학교와 공동으로 농촌 지역 학교에도 AI 교육을 확대하는 프로그램도 구상했다.

"법적인 문제는 정말 복잡해. 각 나라마다 교육 제품에 대한 인증 기준도 다르고, 상표권 등록 방법도 달라." 민지가 걱정했다.

"그래서 우리가 먼저 한국발명창업가고등학교와 협력 관계에 있는 해외 학교들을 통해 시범 프로그램을 운영해 보려고 해." 내가 설명했다. "선배들이 이미 닦아놓은 길 덕분에 우리는 많은 시행착오를 줄일 수 있을 거야."

각 국가별 시장 진출을 위한 파트너십 구축도 중요했다. 일본에서는 학교 협회와, 중국에서는 기술 기업과 협력 관계를 맺고, 베트남에서는 정부 기관과의 협력을 강화했다. 이를 통해 현지 문화와 시스템에 맞는 제품과 서비스를 제공할 수 있었다.

미래를 향한 비전: AI 교육의 글로벌 플랫폼으로

겨울방학이 끝나갈 무렵, 우리는 'AI와 함께하는 업사이클링' 시리즈의 프로토타입과 국제 로봇 대회 기획안을 완성했다. 또한 일본, 중국, 베트남 시장 진출을 위한 계획도 세워보았다.

마지막 팀 미팅에서 나는 '서로나'의 미래 비전을 정리했다.

"우리의 목표는 단순히 교육 제품을 판매하는 회사가 아니라, 전 세계 학생들이 AI 기술을 배우고 경험할 수 있는 글로벌 플랫폼이 되는 것이야. 우리가 만든, '빨대로 코딩을'이라는 슬로건을 이제 'AI와 함께하는 업사이클링'으로 발전시켜, 학생들이 지속 가능한 미래를 위한 기술을 배울 수 있도록 할 거야."

1년 반 전, '빨대의 변신'이라는 단순한 업사이클링 키트로 시작한 우리의 여정이 이제는 글로벌 AI 교육 플랫폼을 향해 나아가고 있다는 사실이 놀라웠다. 처음에는 엄마 카페에서 버려지는 빨대를 활용한 간단한 아이디어에 불과했지만, 이제는 전 세계 학생들의 교육에 기여할 수 있는 비전을 갖게 되었다.

민지가 새로운 브랜드 아이덴티티를 보여주었다. "이제 '서로나'는 기존의 친환경적이고 창의적인 이미지에 첨단 기술의 이미지를 더한 브랜드로 거듭날 거야. 녹색과 파란색을 결합한 이 로고는 환경 보호와 첨단 기술의 조화를 상징해."

준영은 국제 대회의 마케팅 계획을 발표했다. "우리의 국제 로봇 대회는 단순한 경쟁이 아니라, 전 세계 학생들이 함께 배우고 성장하는 축제가 될 거야. 특히 각국의 교육 관계자들과 AI 전문가들이 함께하는 포럼도 마련해, 미래 교육의 방향성을 모색하는 자리로 만들 계획이야."

수현은 글로벌 온라인 플랫폼의 비전을 설명했다. "우리의 AI 앱과 온라인 플랫폼은 전 세계 학생들이 언제 어디서나 AI 기술을 배울 수 있는 공간이 될 거야. 특히 다양한 언어 지원과 문화적 맥락을 고려한 콘텐츠로, 진정한 글로벌 교육 플랫폼을 지향할 거야."

정우는 기술적 로드맵을 공유했다. "앞으로 우리는 더 발전된 AI 기술을 제품에 접목할 거야. 특히 자연어 처리와 컴퓨터 비전 기술을 활용해, 사용자와 더 자연스럽게 상호작용하는 제품을 개발할 계획이야."

하은은 교육적 가치를 강조했다. "우리의 모든 제품과 프로그램은 단순한 기술 학습을 넘어, 학생들이 미래 사회에 필요한 비판적 사고력, 창의성, 협업 능력을 기를 수 있도록 설계될 거야."

모두의 의견을 들은 후, 나는 마지막 말을 전했다. "우리 '서로나'가 이제 한국을 넘어 세계로 나갈 때가 됐어! 단순한 스타트업이 아니라, 전 세계 친구들에게 미래 기술을 재미있게 가르치는 글로벌 교육 회사로 성장할 거야. 고등학생인 우리에게 아직 넘어야 할 산이 많지만, 학교와 여러 지원을 받는 것도 좋지만 무엇보다 우리에겐 서로나 동료들이 있잖아! 실패하면 어때? 우리는 다시 시작하면 되고, 함께라면 뭐든지 할 수 있어. 한 걸음씩 나아가자!"

창밖으로는 여전히 눈이 내리고 있었지만, 우리의 마음속에는 이미 봄이 찾아온 듯했다. '서로나'의 글로벌 도약을 위한 첫걸음을 힘차게 내딛을 준비가 완료되었다.

나만 알고 싶은 창업 끝판왕: 고등·성인편

성장의 길목에서

성장의 길목에서

자금 조달과 투자 유치: 서로나의 새로운 도전

고등학교 2학년 겨울방학이 끝나고 새 학기가 시작된 지도 한 달이 지났다. '서로나'는 국내 시장 진출과 AI 제품 라인 개발 계획, 그리고 국제 로봇 대회 준비로 분주한 나날을 보내고 있었다. 지난 1년간 우리는 학교에 빨대 업사이클링 교육 키트를 납품하며 안정적인 수익을 창출했지만, 더 큰 도약을 위해서는 새로운 도전이 필요했다. 바로 '자금 조달'이었다.

어느 날 메이커스페이스에서 AI 자동차 프로토타입 개발 진행 상황을 점검하던 중, 정우가 어두운 표정으로 말했다.

"로나야, 솔직히 말해서 해외 시장 진출과 AI 제품 개발에는 지금보다 훨씬 더 많은 자금이 필요해."

그의 말은 냉정한 현실을 지적했다. 지금까지 우리는 창업대회 상금, 제품 판매 수익, 그리고 국내 학교 워크숍을 통한 수입으로 운영비를 충당해 왔다. 하지만 AI 기술 개발과 해외 진출에는 더 큰 자금이 필요했다.

"크라우드 펀딩을 해보는 건 어떨까?" 민지가 제안했다. "와디즈나 킥스타터 같은 플랫폼에서 'AI와 함께하는 업사이클링' 시리즈를 소개하고 펀딩을 받는 거야. 일본어와 영어로도 진행하면 해외 시장 반응도 미리 확인할 수 있을 것 같아."

준영이 바로 호응했다. "좋은 생각이야! 성공적인 크라우드 펀딩은 투자자들에게도 우리 제품의 시장성을 증명하는 지표가 될 수 있어. 그리고 이미 40개 학교에 납품한 실적이 있으니 신뢰도도 높을 거야."

크라우드 펀딩 캠페인: 첫 번째 시장 테스트

다음 날부터 우리는 크라우드 펀딩 캠페인 준비에 착수했다. 제품 영상 촬영, 소개 글 작성, 리워드 설계, 배송 계획 수립까지 모든 과정을 꼼꼼히 준비했다.

"영상은 전문성과 친근함이 공존해야 해," 민지가 스토리보드를 그리며 말했다. "AI 기술의 혁신성을 강조하면서도, '고등학생들이 환경 문제를 해결하기 위해 시작한 스타트업'이라는 감성적인 스토리텔링도 필요해. 특히 우리의 실적을 잘 보여주는 것이 중요할 것 같아."

영상 촬영과 편집은 민지의 디자인과 친구들이 도와주기로 했다. 우리는 점심시간과 수업 후 시간을 활용해 메이커스페이스와 창업 인큐베이팅 센터에서 촬영을 진행했다. 특히 빨대로 만든 AI 자동차가 주행하는 모습, 폐플라스틱이 멋진 교육 도구로 변신하는 과정, 그리고 아이들이 직접 코딩을 통해 자동차를 제어하는 장면을 담았다. 또한, 우리 제품을 도입한 학교들의 생생한 수업 현장과 학생들의 만족도 인터뷰도 영상에 포함시켰다.

소개 글은 내가 맡아서 작성했다. 단순한 제품 설명이 아니라, 우리가 왜 이 프로젝트를 시작했는지, 어떤 문제를 해결하고자 하는지, 그리고 어떤 미래를 꿈꾸는지에 대한 진정성 있는 이야기를 담으려 노력했다.

"저는 중학교 시절, 엄마의 카페에서 매일 수십 개씩 버려지는 빨대를 보며 안타까움을 느꼈습니다. 단순한 호기심에서 시작된 장난이 이제는 전국 학교에서 활용되는 교육 키트로 성장했습니다. 우리의 미션은 '버려지는 것에서 배움의 기회를 찾는다.'입니다. AI와 함께하는 업사이클링 시리즈는 폐플라스틱에 새 생명을 불어넣으면서, 아이들에게 미래 기술을 가르치는 교육 플랫폼입니다."

리워드 구성을 담당한 하은이는 금액별로 다양한 옵션을 제시했다.

"5만 원 후원은 기본 AI 자동차 키트, 10만 원은 AI 자동차와 AI 드론 세트, 20만원은 전체 AI 시리즈 패키지와 함께 우리가 직접 진행하는 온라인 워크숍까지 제공하자."

수현은 웹사이트와 결제 시스템을 준비했고, 준영은 마케팅 전략을 수립했다. 특히 준영은 우리 제품을 이미 사용 중인 학교의 교사와 학생들에게 적극적으로 홍보하기로 했다.

"우리 제품은 학교에서 좋은 평가를 받고 있으니, 학교 선생님들과 학생들이 크라우드 펀딩 초기 후원자가 될 수 있을 거야. 교육청 관계자들에게도 이 프로젝트를 소개하면 좋을 것 같아. 요즘 SNS에서 '얼리 어답터'들의 영향력이 크거든. 초기에 후원율이 높으면 플랫폼 알고리즘에서도 더 많이 노출된다고 해."

마지막으로, 우리는 펀딩 목표액과 기간을 정했다. 너무 높은 목표는 달성하기 어렵고, 너무 낮은 목표는 필요한 자금을 모으기에 부족할 수 있었다. 충분한 논의 끝에 3,000만 원을 목표로 설정했다. 이 자금으로 AI 제품 라인의 첫 생산과 해외 마케팅 비용을 충당할 계획이었다.

"펀딩 기간은 너무 길면 사람들의 관심이 분산되고, 너무 짧으면 충분한 홍보를 하기 어려워. 30일이 적당할 것 같아." 준영이 제안했다.

준비 과정에서 우리는 몇 가지 어려움에 직면했다. 첫째, 학교 납품과 달리 일반 소비자들을 대상으로 한 대량 생산 일정과 배송 계획을 정확히 예측하기 어려웠다. 둘째, 국제 배송에 대한 지식이 부족했다. 킥스타터를 통해 해외 후원자들이 생길 경우, 관세와 국제 배송 비용을 어떻게 처리할지 고민이었다.

다행히 학교의 창업 지원 시스템 덕분에 이러한 문제들을 해결할 수 있었다. 제조 경험이 있는 선배 창업가들이 물류와 생산에 대한 조언을 해주었고, 국제 무역 전문가의 도움으로 해외 배송 계획도 세울 수 있었다.

마침내 4월 초, 와디즈와 킥스타터에 동시에 캠페인을 오픈했다. 첫날부터 반응은 뜨거웠다. 국내 교육 커뮤니티에서 "40개 학교 도입 실적을 가진 고등학생들의 AI 교육 키트"라는 주제로 화제가 되었고, 언론에서도 주목하기 시작했다.

"로나야, 믿을 수 없어! 오픈 24시간 만에 이미 목표 금액의 50%를 달성했어!"

준영이 흥분해서 소리쳤다. 스마트폰 화면에는 와디즈 펀딩 페이지가 띄워져 있었고, 후원 금액이 실시간으로 올라가고 있었다.

더 놀라운 일은 킥스타터에서 일어났다. 한국의 고등학생들이 개발한 AI 교육 키트라는 스토리가 해외에서도 큰 관심을 끌었고, 일본과 싱가포르의 교육 관계자들로부터 연락이 왔다.

"로나, 싱가포르 교육부 관계자에게서 메일이 왔어. 우리 제품을 정규 STEAM 교육 과정에 도입하는 것에 관심이 있대!"

펀딩 10일 차에는 와디즈에서 목표액의 150%를 달성했고, 킥스타터에서도 목표에 가까워지고 있었다. 하지만 우리는 섣부른 낙관론에 빠지지 않았다. 펀딩 중반기에는 보통 관심이 줄어드는 '밸리 현상'이 있다는 것을 알고 있었기 때문이다.

"중반에 관심이 떨어지는 건 자연스러운 현상이야. 그래서 새로운 업데이트와 스토리를 계속 올려야 해." 준영이 설명했다.

우리는 2주차부터 프로젝트 개발 비하인드 스토리, 팀원 인터뷰, 제품 테스트 영상 등 다양한 콘텐츠를 꾸준히 업로드했다. 특히 제품을 사용하는 학교들의 생생한 피드백 영상이 호응이 좋았다. 이미 사용한 학교 중 몇몇 교사들이 직접 응원 메시지를 보내주기도 했다.

"우리 학교는 작년부터 '빨대의 변신' 키트를 과학 수업에 도입했습니다. 학생들의 참여도와 만족도가 놀라울 정도로 높았고, 환경 교육과 코딩 교육을 동시에 할 수 있어 매우 효과적이었습니다. 새로운 AI 시리즈가 출시된다니 기대가 큽니다."

펀딩 마지막 주에는 소위 '앵콜 효과'가 나타났다. 마감이 임박하자 결제를 미루던 사람들이 한꺼번에 참여하기 시작한 것이다. 특히 SNS에 활발하게 공유되면서 새로운 후원자들이 계속 유입되었다.

최종적으로 30일간의 캠페인 기간 동안 국내 와디즈에서 5,000만 원, 킥스타터에서 3만 달러(약 3,500만 원)의 펀딩을 달성했다. 목표액의 거의 3배에 가까운 금액이었다. 총 1,200명이 넘는 후원자가 우리 프로젝트에 참여해 주었다.

하지만 펀딩 성공이 끝이 아니었다. 이제 수백 명의 후원자들에게 약속한 제품을 정확한 시간에 배송해야 했다. 생산 일정, 품질 관리, 배송 계획까지 모든 것을 철저히 준비해야 했다.

"계획대로라면 생산에 2개월, 배송에 1개월이 걸려." 정우가 일정표를 보며 말했다. "하지만 예상치 못한 상황에 대비해 여유 시간을 두는 게 좋을 것 같아."

우리는 후원자들에게 정직하게 소통하기로 했다. 생산 과정을 정기적으로 공유하고, 발생할 수 있는 지연 요소들도 미리 알려드렸다. 매주 금요일마다 '서로나 프로젝트 업데이트'라는 제목으로 뉴스레터를 발송했고, 질문에는 24시간 내에 답변하려 노력했다.

생산 과정에서 예상치 못한 어려움도 있었다. AI 모듈의 일부 부품이 공급 지연되었고, 품질 테스트에서 발견된 문제로 일부 부품을 재설계해야 했다. 결국 배송은 예정보다 2주 늦어졌지만, 투명한 소통 덕분에 후원자들의 이해와 지지를 얻을 수 있었다.

"우리가 고등학생이라는 점을 감안해 주시는 것 같아. 오히려 응원과 격려 메시지가 더 많이 오네." 수현이 감동한 표정으로 말했다.

마침내 첫 배송이 시작되었을 때, 우리는 각 패키지에 손으로 쓴 감사 편지를 동봉했다. 그리고 후원자들이 제품을 받고 SNS에 공유하는 모습을 보며 큰 보람을 느꼈다.

크라우드 펀딩은 단순히 자금을 조달하는 방법을 넘어, 우리 제품의 시장 가능성을 검증하고 소비자들과 직접 소통하는 소중한 경험이 되었다. 그리고 이 성공적인 캠페인은 더 큰 투자 유치의 발판이 되었다.

투자자 미팅과 피칭 경험

크라우드 펀딩의 성공으로 자신감을 얻었지만, 본격적인 투자 유치는 완전히 다른 세계였다. 투자자들과의 첫 미팅 일정을 잡기 전, 나는 작년에 졸업한 강하다 멘토 선배에게 연락을 취했다. 선배는 이미 두 차례 투자 유치에 성공한 경험이 있었다.

"선배, 혹시 저희가 투자자 미팅을 앞두고 있는데, 조언을 구해도 될까요?" 메시지를 보냈더니 바로 화상 통화를 제안해 주셨다.

노트북 화면에 강하다 선배의 얼굴이 나타났다. 졸업 후에도 변함없는 환한 미소였지만, 어쩐지 더 성숙해 보였다.

"로나, 크라우드 펀딩 성공 소식 들었어. 정말 대단해! 이제 투자자 미팅을 준비한다고?"

"네, 선배. 와디즈와 킥스타터에서의 성공으로 여러 투자사에서 연락이 왔어요. 다음 주에 첫 미팅이 잡혀 있는데, 솔직히 너무 긴장돼요."

강하다 선배는 웃으며 고개를 끄덕였다.

"크라우드 펀딩과 투자 유치는 완전히 다른 게임이야. 일반 소비자들은 제품 자체와 스토리에 끌리지만, 투자자들은 비즈니스 자체를 평가하거든. 내가 첫 투자 미팅에서 정말 많이 당황했던 기억이 나네."

"어떤 점이 가장 어려웠나요?"

"음, 무엇보다 투자자들의 날카로운 질문에 대응하는 게 어려웠어. 우리는 제품과 비전을 자랑하러 간 건데, 투자자들은 비즈니스 모델의 허점, 확장성의 한계, 경쟁사 대응 전략 같은 걸 집요하게 물어봤거든. 당시에는 준비가 안 되어 있었지."

강하다 선배는 자신의 경험을 생생하게 이야기해 주었다. 첫 투자 미팅에서 어떻게 당혹스러운 질문들에 제대로 답변하지 못했는지, 그리고 두 번째 미팅 때는 어떻게 철저히 준비했는지를 구체적으로 들려주었다.

"그런데 로나, 너희는 큰 강점이 있어. 많은 학교에 제품을 납품했잖아? 이건 정말 대단한 실적이야. 많은 스타트업들이 '제품-시장 적합성'을 증명하기 위해 애쓰는데, 너희는 이미 그걸 보여줬어."

"네, 작년부터 지금까지 전국 40개 학교에 '빨대의 변신' 키트를 납품하고 있어요. 환경교육과 코딩 교육에 관심 있는 학교들이 점점 늘어나고 있어서 앞으로가 더 기대돼요!"

"이 실적을 피칭에서 강조해야 해. 그리고 여기서 중요한 건 단순히 '40개 학교'라는 숫자가 아니라, 구체적인 데이터야. 각 학교별 판매량, 재구매율, 학생과 교사의 만족도 데이터, 교육 효과 측정 결과 같은 것들이 있으면 훨씬 설득력이 생겨."

나는 급히 노트북을 열어 메모를 시작했다. 강하다 선배는 계속해서 조언을 이어갔다.

"그리고 투자자들이 가장 보고 싶어하는 건 '확장성'이야. 지금 40개 학교라면, 앞으로 어떻게 400개, 4,000개 학교로 늘릴 수 있는지, 그리고 학교 시장을 넘어 어떻게 B2C 시장이나 해외 시장으로 확장할 수 있는지에 대한 비전과 전략이 필요해."

"확장성이요…. 사실 아직 그 부분은 막연하게만 생각하고 있었어요."

"투자자들은 그런 부분을 날카롭게 집어내. 내가 첫 투자 미팅에서 가장 많이 받았던 질문이 '어떻게 스케일업 할 거냐'였으니까. 지금부터 그 답변을 구체적으로 준비해야 해."

두 시간 넘게 이어진 화상 통화에서 강하다 선배는 자신의 경험과 노하우를 아낌없이 공유해 주었다. 투자자가 중요하게 보는 요소들, 피칭 덱(발표 자료)의 구성 방법, 질문 세션에서 주의할 점 등 실질적인 조언들이 쏟아졌다.

"마지막으로 한 가지 더. 투자자들은 결국 '사람'에 투자해. 특히 너희처럼 학생 창업가들에게는 '열정'과 '실행력'이 중요한 평가 요소야. 첫 미팅에서 충분히 준비되지 않았더라도, 피드백을 받고 빠르게 개선하는 모습을 보여줘. 그게 투자자들에게 좋은 인상을 남기는 방법이야."

통화를 마친 후, 나는 팀원들을 긴급 회의로 소집했다. 강하다 선배에게 들은 조언을 공유하고, 투자자 미팅 준비 계획을 세우기 시작했다.

"다들 들었지? 우리가 생각했던 것보다 훨씬 철저하게 준비해야 해. 특히 비즈니스 모델과 확장 전략 부분이 중요할 것 같아."

정우가 심각한 표정으로 고개를 끄덕였다.

"맞아, 투자자들은 우리가 기대하는 것보다 훨씬 더 날카로운 질문을 할 거야. 감성적인 스토리보다는 비즈니스 모델, 시장 규모, 성장 전략, 재무 계획 같은 구체적인 내용을 준비해야 해."

피칭 부트캠프: 투자자 미팅을 위한 준비 과정

우리는 학교의 도움을 받아 '피칭 부트캠프'를 시작했다. 매주 토요일마다 실제 투자사에서 일했던 멘토 선생님들과 함께 피칭 연습을 했고, 비즈니스 모델, 시장 분석, 재무 계획 등을 세밀하게 준비했다.

첫 번째 주말 세션은 투자 피칭의 기본 구조에 대한 교육으로 시작되었다. 이윤수 멘토 선생님은 벤처캐피털(VC) 업계에서 10년 이상 일한 경험이 있는 전문가였다.

"피칭 덱의 기본 구성은 이렇습니다. 첫 슬라이드에서 해결하려는 문제와 시장 규모를 명확히 제시하고, 그다음에 여러분의 솔루션, 비즈니스 모델, 시장 진입 전략, 팀 소개, 재무 계획과 필요한 투자금액 순으로 진행합니다."

이윤수 선생님은 투자자들이 각 슬라이드에서 무엇을 보고 싶어하는지, 어떤 점을 중점적으로 평가하는지를 상세히 설명해 주셨다. 특히 시장 분석 부분에서 주의할 점을 강조하셨다.

"TAM, SAM, SOM을 명확히 설명해야 해." 이윤수 멘토 선생님이 칠판에 도표를 그리며 말씀하셨다. "전체 교육 시장(TAM, Total Addressable Market), 그중에서 에듀테크 시장(SAM, Serviceable Available Market), 더 좁게는 AI 교육 키트 시장(SOM, Serviceable Obtainable Market)의 규모와 성장률을 보여주는 거야."

칠판에는 피라미드 형태의 그림이 그려졌다. 맨 위에는 'TAM: 글로벌 교육 시장 7조 달러', 중간에는 'SAM: 에듀테크 시장 3,400억 달러', 아래에는 'SOM: AI 교육 키트 시장 50억 달러'라고 적혀 있었다.

"여러분이 처음 진입할 때 목표로 하는 시장은 SOM이에요. 하지만 투자자들은 그 시장이 얼마나 빠르게 성장하고 있는지, 그리고 여러분이 그 시장에서 어떻게 경쟁우위를 가질 수 있는지를 알고 싶어합니다."

두 번째 세션은 비즈니스 모델과 성장 전략에 초점을 맞추었다. 김정희 멘토 선생님은 여러 성공적인 스타트업들의 사례를 분석하며 효과적인 비즈니스 모델 설명 방법을 가르쳐 주셨다.

"또한 현재의 제품 라인업뿐만 아니라, 향후 3~5년간의 비전과 확장 계획도 제시해야 해," 김정희 멘토 선생님이 덧붙이셨다. "투자자들은 미래의 성장 가능성에 투자하는 거니까. 그리고 이미 40개 학교에서 사용 중인 제품이니, 이 성과를 바탕으로 한 확장 전략을 구체적으로 보여줘야 해."

김 선생님은 우리의 현재 비즈니스 모델을 함께 분석해보셨다. 현재는 학교에 일회성으로 키트를 판매하는 구조였는데, 이를 구독형 모델로 전환하거나 부가 서비스를 추가하는 방안 등을 제안해 주셨다.

"지금까지는 하드웨어 판매에 집중했지만, 앞으로는 소프트웨어와 콘텐츠로 수익을 창출하는 방법도 고려해보세요. 예를 들어, 기본 키트는 저렴하게 공급하고, 추가 교육 콘텐츠나 업그레이드 모듈로 수익을 만드는 '프리미엄' 모델은 어떨까요?"

세 번째 세션에서는 재무 계획과 투자금 활용 계획을 준비했다. 장세훈 멘토 선생님은 스타트업 CFO 출신으로, 실질적인 재무 모델 작성법을 가르쳐 주셨다.

"투자자들은 여러분이 투자금을 어떻게 사용할 계획인지, 그리고 그 투자금으로 어떤 '마일스톤'을 달성할 수 있는지 알고 싶어합니다. 예를 들어, '이 투자금으로 12개월 안에 100개 학교로 확장하고, 일본 시장에 진출하겠다'와 같은 구체적인 목표가 필요해요."

장 선생님은 엑셀 시트를 통해 매출 예측, 비용 구조, 손익 계산, 현금흐름 분석 등 재무 계획의 핵심 요소들을 설명해 주셨다. 우리는 제조원가, 물류비, 마케팅비, 인건비 등 모든 비용 항목을 하나하나 분석하며 현실적인 재무 모델을 구축해 나갔다.

네 번째 세션은 가장 긴장되는 부분, 질문 세션에 대한 준비였다. 네 명의 멘토 선생님들이 모두 모여 실제 투자자들처럼 날카로운 질문을 던지는, 일종의 모의 투자 미팅을 진행했다.

"중국의 교육 로봇 시장은 이미 포화 상태인데, 어떻게 차별화할 건가요?"

"하드웨어 제조 원가를 어떻게 관리할 계획인가요?"

"AI 기술의 특허 보호 전략은 무엇인가요?"

"교육 과정에 도입되기 위한 인증 취득 계획은요?"

"현재 매출과 성장률을 감안할 때, 회사 가치를 얼마로 평가하고 계신가요?"

첫 모의 세션에서 우리는 많은 질문에 제대로 답변하지 못했다. 특히 특허 전략과 제조 원가 관리에 관한 질문은 우리가 깊이 고민하지 못했던 부분이었다. 멘토 선생님들은 조언과 피드백을 주시며 어떻게 답변을 개선할 수 있는지 알려주셨다.

"여러분, 첫 번째 투자 미팅에서 모든 질문에 완벽히 답변하기는 어려워요. 중요한 건 질문에 대해 솔직하게 대응하고, 빠르게 배우겠다는 자세를 보여주는 거예요. '현재는 특허 전략이 확립되지 않았지만, 이 부분의 중요성을 인식하고 있으며 전문가의 도움을 받아 준비 중입니다'와 같이 답변하는 게 좋아요."

마지막 피칭 부트캠프 세션에서는 완성된 피칭 덱으로 최종 리허설을 진행했다. 우리의 발표 자료는 처음보다 훨씬 구체적이고 설득력 있게 변했다. 특히 40개 학교 납품 실적과 관련된 데이터를 시각화하고, 이를 바탕으로 한 확장 전략을 명확히 제시했다.

"훌륭해요. 처음보다 정말 많이 발전했습니다. 이제 실제 투자자들 앞에서도 자신 있게 발표할 수 있을 거예요."

8주간의 피칭 부트캠프를 마치며, 우리는 투자자들 앞에서 자신감 있게 서로나의 비전을 전달할 준비가 되었다.

첫 번째 투자자 미팅: 시련과 학습

2개월간의 준비 끝에, 우리는 마침내 첫 투자자 미팅을 가졌다. '에듀테크 벤처스'라는 교육 기술 전문 투자사였다. 미팅 당일 아침, 나는 거울 앞에서 마지막으로 발표 연습을 하며 떨리는 마음을 진정시키려 했다.

"긴장하지 마. 우리는 충분히 준비했어. 벌써 우리 제품을 사용한 학교도 48개 학교로 늘어난 것만 봐도 우리제품을 인정하잖아." 준영이 내 어깨를 두드리며 격려했다.

"그래도 심장이 너무 빨리 뛰어서…." 내 손이 약간 떨리고 있었다.

"그건 정상이야. 강하다 선배도 첫 투자 미팅 전에 화장실을 세 번이나 들락날락했대. 괜찮아, 우리 다 함께니까."

팀원들의 격려에 조금 안정을 찾은 나는 마지막으로 발표 자료를 확인했다. 모든 데이터와 그래프가 정확한지, 핵심 메시지가 명확하게 전달되는지 꼼꼼히 점검했다.

오후 2시, 우리는 서울 강남의 한 오피스 빌딩에 도착했다. 에듀테크 벤처스의 회의실에 들어서자 네 명의 투자자들이 우리를 기다리고 있었다. 투자사 대표 박철민 님, 심사역 김지수 님, 기술 어드바이저 이태호 님, 그리고 한 명의 외부 초청 전문가가 있었다.

“안녕하세요, 저희는 AI와 환경 교육을 결합한 ‘서로나’입니다. 지난주까지 현재 전국 48개 학교에서 우리 제품을 사용하고 있습니다.”

내가 떨리는 목소리로 발표를 시작했다. 첫 슬라이드에서 우리가 해결하려는 문제를 제시했다.

“현재 교육 현장에서는 두 가지 큰 과제가 있습니다. 하나는 환경 교육의 필요성이 커지고 있지만 실천적 경험을 제공하는 도구가 부족하다는 점, 다른 하나는 AI 교육의 중요성이 강조되고 있지만 접근성 높은 학습 도구가 부족하다는 점입니다. 서로나는 이 두 가지 문제를 동시에 해결하고자 합니다.”

이어서 시장 규모와 성장률에 대한 데이터를 제시했다.

“글로벌 에듀테크 시장은 연간 18%의 성장률을 보이고 있으며, 특히 아시아 지역의 성장이 두드러집니다. AI 교육 시장은 더 가파른 성장세를 보이고 있는데, 연간 26% 이상 성장하고 있습니다.”

서로나의 솔루션과, 폐플라스틱 빨대를 활용한 교육 키트의 기술적 특징, 그리고 AI와의 결합 방식을 설명했다. 학생들이 직접 빨대를 활용해 AI 자동차나 드론을 만들고 코딩하는 과정을 보여주는 영상도 준비했다.

“현재 우리 제품은 단순한 교구가 아닌 종합 교육 플랫폼으로 진화하고 있습니다. AI 자동차 키트와 함께 제공되는 코딩 앱은 학생들이 단계적으로 AI 개념을 배우고 적용할 수 있도록 설계되었습니다.”

비즈니스 모델 슬라이드에서는 현재의 B2B 판매 모델과 함께, 향후 도입할 구독형 모델과 B2C 확장 전략을 설명했다.

“현재는 학교를 대상으로 한 B2B 판매가 주 수익원이지만, 앞으로는 정기적인 콘텐츠 업데이트와 추가 모듈을 제공하는 구독형 모델로 전환할 계획입니다. 또한 온라인 판매를 통해 B2C 시장으로 확장할 예정입니다.”

가장 자신 있게 소개한 부분은 우리의 성과였다.

"서로나는 현재 전국 48개 학교에 제품을 납품하고 있으며, 특히 STEAM 교육 선도학교들로부터 높은 평가를 받고 있습니다. 학생 만족도 조사 결과 94%가 '만족' 이상으로 응답했으며, 교사들의 재구매 의향은 87%로 나타났습니다. 학생들의 환경 인식과 코딩 능력 향상에도 통계적으로 유의미한 효과가 있었습니다."

팀 소개에서는 각자의 역할과 전문성을 강조했다. 정우의 하드웨어 개발 능력, 민지의 디자인 역량, 수현의 소프트웨어 개발 기술, 준영의 마케팅 전략, 그리고 하은의 교육 콘텐츠 개발 능력까지, 우리 팀이 다양한 영역을 아우를 수 있다는 점을 보여주려 했다.

마지막으로 투자금 활용 계획과 마일스톤을 제시했다.

"10억 원의 투자금은 AI 제품 라인 개발, 해외 시장 진출, 국제 로봇 대회 개최 등에 사용될 예정입니다. 1년 내에 국내 학교 100개 이상으로 확장하고, 일본과 중국, 싱가포르 시장 진출을 목표로 하고 있습니다."

20분간의 피칭이 끝나자 질문 세션이 시작되었고, 예상대로 날카로운 질문들이 쏟아졌다.

"중국의 교육 로봇 시장은 이미 포화 상태인데, 어떻게 차별화할 건가요?" 박철민 대표가 첫 질문을 던졌다.

준영이 답변했다. "중국 시장의 대부분 교육용 로봇은 완제품 형태로, 학생들이 수동적으로 사용하는 방식입니다. 반면 저희 제품은 폐플라스틱을 활용한 업사이클링 경험과 AI 교육을 결합한 독특한 접근법을 제공합니다. 중국 정부가 최근 환경 교육을 강화하는 정책을 추진하고 있어, 이 부분에서 기회가 있다고 판단하고 있습니다."

"하드웨어 제조 원가를 어떻게 관리할 계획인가요? 특히 해외 진출 시 현지 생산 방안은 있나요?" 김지수 심사역의 질문이었다.

정우가 답변에 나섰다. "현재 AI 모듈의 제조원가가 가장 큰 비중을 차지하고 있는데, 생산량 증가에 따른 스케일 메리트로 이 부분의 원가를 20% 절감할 수 있을 것으로 예상합니다. 해외 진출 시에는 초기에는 한국에서 생산하여 수출하지만, 시장 규모가 커지면 현지 생산 파트너십을 구축할 계획입니다."

"AI 기술의 특허 보호 전략은 무엇인가요?"

이 질문에는 준비가 부족했다. 나는, "현재 특허 전략을 체계적으로 수립 중입니다. 특히 모듈형 연결 시스템과 AI 학습 알고리즘에 대한 특허 출원을 준비하고 있으며, 전문가의 자문을 받고 있습니다."라고 대답했다. 그러나 구체적인 특허 전략을, 특히 국제 특허에 대한 계획을, 제시하지 못했다.

"교육 과정에 도입되기 위한 인증 취득 계획은요?"

하은이 답변했다. "현재 한국교육학술정보원(KERIS)의 '에듀테크 제품 품질인증'을 준비 중이며, 조달청 나라장터 등록도 진행하고 있습니다. 국제적으로는 일본 GIGA 스쿨 프로그램과의 호환성 인증을 추진 중입니다."

그 외에도 유통 전략, 마케팅 계획, 팀 확장 계획 등 다양한 질문이 이어졌다. 우리는 최대한 준비된 답변을 제시했지만, 몇몇 질문에는 답을 제대로 하지 못했다. 특히 특허 전략과 제조 원가 관리에 관한 질문은 우리가 깊이 고민하지 못했던 부분이었다.

미팅이 끝나고 일주일 후, 에듀테크 벤처스로부터 피드백이 왔다. 첫 미팅은 투자로 이어지지 않았다. 피드백은 "아이디어와 팀의 열정은 인상적이지만, 비즈니스 모델과 확장 전략이 더 구체화되어야 한다"는 것이었다. 특히 특허 전략과 해외 시장 진출 계획에 대한 보완이 필요하다는 의견이 있었다.

첫 번째 투자 미팅의 아쉬운 결과에도 불구하고, 우리는 좌절하지 않았다. 오히려 이를 소중한 학습 기회로 받아들였다. 에듀테크 벤처스의 구체적인 피드백을 토대로 우리는 비즈니스 전략을 보완하기 시작했다.

"첫 미팅이 항상 가장 어렵다고 하잖아," 정우가 말했다. "그래도 강하다 선배가 얘기했던 것처럼, 실패에서 배우고 빠르게 개선하는 모습을 보여주는 게 중요해."

우선 특허 전략을 체계적으로 정리했다. 학교의 지식재산권 자문 교수님과 상담을 통해 모듈형 연결 시스템, AI 학습 알고리즘, 교육 방법론 세 가지 영역에서 특허 출원 준비했다. 국내 특허뿐만 아니라 PCT(특허협력조약)를 통한 국제 특허 출원 계획도 마련했다.

해외 시장 진출 전략도 한층 더 구체화했다. 각 국가별 교육 시스템, 인증 요건, 유통 채널에 대한 심층 분석하며 시장 진입 가능성을 검토했다. 특히 일본과 중국, 싱가포르의 교육 전문가들과 온라인 회의를 통해 현지 시장에 대한 이해도를 높였다.

비즈니스 모델도 발전시켰다. 하드웨어 판매에 의존하는 기존 모델에서, 소프트웨어와 콘텐츠를 결합한 구독형 모델로의 전환 계획을 구체화했다. 추가로 기업 CSR 프로그램과 연계하는 B2B2C 모델도 구상했다.

두 번째 투자자 미팅: 개선된 전략으로 새로운 기회

첫 미팅 이후 한 달 반 동안 전략을 보완했고 우리 제품을 사용한 학교는 58개로 증가했다. 우리는 다시 투자자들을 만나기 시작했다. 이번에는 '퓨처에듀케이션'이라는 다른 투자사였다. 첫 번째 미팅의 경험과 피드백을 바탕으로 우리는 더 자신감 있게 준비했다.

피칭 덱도 완전히 개선했다. 모든 질문에 답할 수 있도록 백업 슬라이드를 충분히 준비했고, 데이터를 더 시각적으로 표현했다. 특히 실제 사용자 피드백과 교육 효과 측정 결과를 강조했다.

"안녕하세요, 저희는 AI와 환경 교육을 결합한 '서로나'입니다. 현재 전국 58개 학교에서 우리 제품을 사용하고 있으며, 크라우드 펀딩에서 목표 금액의 3배인 8,000만 원을 달성했습니다."

이번에는 첫 문장부터 우리의 핵심 성과를 강조하여 전달했다. 퓨처에듀케이션의 투자자들은 즉시 관심을 보였다.

"우리의 특허 전략은 세 가지 핵심 영역에 집중하고 있습니다. 첫째, 모듈형 연결 시스템, 둘째, AI 학습 알고리즘, 셋째, 환경-AI 통합 교육 방법론입니다. 국내 특허 출원과 함께 PCT를 통한 국제 특허 출원도 진행 중입니다."

해외 시장 진출 전략도 더 구체적으로 제시했다.

"일본 시장 진출을 위해 GIGA 스쿨 프로그램 인증을 준비 중이며, 도쿄 교육위원회와 시범 프로그램 논의를 시작했습니다. 중국 시장에서는 환경 교육 중점 학교들을 타깃으로 하고 있으며, 현지 교육기업과 유통 파트너십을 논의 중입니다."

비즈니스 모델 슬라이드에서는 구독형 모델로의 전환 계획을 데이터와 함께 제시했다.

"현재는 학교당 평균 500만 원의 일회성 매출이 발생하고 있지만, 구독형 모델로 전환하면 학교당 연간 300만 원의 지속적인 수익이 예상됩니다. 이미 시범적으로 5개 학교와 연간 구독 계약을 체결했으며, 높은 만족도를 확인했습니다."

이번에는 질문 세션도 훨씬 원활했다. 대부분의 질문에 구체적인 데이터와 전략으로 답변할 수 있었다.

"해외 시장에서 현지화 전략은 어떻게 되나요?"

준영이 자신감 있게 대답했다. "각 국가별 교육 과정과 문화적 특성에 맞춘 콘텐츠 현지화가 핵심입니다. 일본의 경우 체계적이고 단계적인 학습을 중시하므로 '구조-기능-응용'이라는 3단계 커리큘럼을 준비했고, 중국은 기술력과 실용성을 강조하도록 AI 핵심 기술에 중점을 둔 콘텐츠를 개발 중입니다."

"제조 원가와 마진 구조는 어떻게 되나요?"

성우가 준비한 상세 원가 분석표를 보여주며 답변했다. "현재 하드웨어의 원가율은 40%, 소프트웨어 개발 및 운영 비용은 20%, 마케팅 및 판매 비용은 15%로 구성되어 있습니다. 규모의 경제가 실현되면 하드웨어 원가를 25%까지 낮출 수 있을 것으로 예상합니다."

미팅 후, 퓨처에듀케이션의 반응은 훨씬 긍정적이었다. 일주일 후, 좋은 소식이 왔다. 퓨처에듀케이션에서 서로나에 3억 원 투자를 제안한 것이다. 이는 우리가 요청했던 10억 원의 30%에 불과했지만, 우리에게는 첫 투자를 유치한 의미 있는 순간이었다.

"3억 원이면 AI 제품 라인 완성과 국내 시장 확장에는 어느 정도 충분해." 내가 팀원들에게 말했다. "해외 진출과 국제 대회는 실적을 좀 더 쌓은 후에 추가 투자를 받아 진행하면 어떨까?"

팀원들도 동의했다. 첫 투자를 받아들이고, 실적을 쌓은 후 더 큰 규모의 투자를 유치하는 전략이 현실적이라고 판단했다.

다양한 투자자를 만나며 성장하는 서로나

퓨처에듀케이션의 투자 제안을 받은 후에도 우리는 다양한 투자자들과 미팅을 계속했다. 각 투자자마다 다른 관점에서 질문하고 조언을 주었는데, 이 과정에서 우리의 비즈니스 모델과 전략은 더욱 견고해졌다.

'임팩트 인베스트'라는 소셜 임팩트 중심의 투자사에서는 우리 사업의 사회적 가치를 더 부각시키라는 조언을 받았다.

"여러분의 제품이 환경과 교육이라는 두 가지 사회적 가치를 창출하고 있는데, 이 부분을 더 측정 가능한 지표로 보여주면 좋겠습니다. 예를 들어, 얼마나 많은 플라스틱이 재활용되었는지, 학생들의 환경 인식이 얼마나 개선되었는지 등을 수치화하면 임팩트 투자자들에게 더 매력적으로 다가갈 수 있습니다."

이 조언을 받아들여 우리는 '임팩트 측정 시스템'을 개발했다. 제품 판매량에 따른 플라스틱 재활용량, 학생들의 환경 인식 변화, AI 교육을 통한 미래 직업 준비도 등을 측정하고 보고하는 시스템이었다.

또 다른 투자사 '테크스타트'에서는 기술적 차별화에 더 집중하라는 조언을 받았다.

"현재 글로벌 시장에는 많은 교육용 로봇과 AI 키트가 있습니다. 기술적으로 어떤 차별점이 있는지, 특허로 어떻게 보호받을 수 있는지를 더 명확히 해주세요."

이에 따라 우리는 기술 로드맵을 구체화했다. 현재의 기본 AI 기능에서 더 나아가, 음성 인식, 영상 처리, 자연어 이해 등 고급 AI 기능을 단계적으로 추가할 계획을 수립했다. 또한 모듈형 연결 시스템의 특허성을 강화하기 위해 디자인을 더 독창적으로 발전시켰다.

다양한 투자자들과의 미팅은 우리에게 많은 학습 기회를 제공했다. 처음에는 긴장하고 답변을 제대로 하지 못했던 질문들도, 경험이 쌓이면서 자신감 있게 대응할 수 있게 되었다. 특히 재무 모델, 시장 분석, 경쟁사 대응 전략 등 비즈니스의 핵심 요소들에 대한 이해가 깊어졌다.

최종적으로 우리는 퓨처에듀케이션의 3억 원 투자 제안을 받아들이기로 결정했다. 조건은 회사 가치 30억 원 평가에 10%의 지분을 제공하는 것이었다. 우리는 이 투자금으로 AI 제품 라인을 완성하고, 국내 시장 점유율을 높이는 데 집중하기로 했다. 해외 진출과 국제 대회는 다음 투자 라운드에서 추진하기로 계획을 조정했다.

투자 계약과 법적 고려사항

투자 유치 과정에서 가장 어려웠던 부분은 계약 조건을 이해하고 협상하는 것이었다. 우리는 고등학생으로서 투자 계약의 법적 복잡성을 충분히 이해하기 어려웠다.

"이건 정말 복잡하네. '종류주식', '지분희석방지조항', '청산우선권'과 같은 용어들이 많이 나오는데, 무슨 뜻인지 정확히 알기 어려워." 정우가 투자 계약서 초안을 보며 한숨을 쉬었다.

다행히 학교의 법률 자문 시스템이 큰 도움이 되었다. 스타트업 전문 변호사인 김태훈 선생님이 계약서를 검토해 주시고, 각 조항의 의미와 우리가 특별히 주의해야 할 부분을 설명해 주셨다.

"종류주식은 보통주와 달리 특별한 권리가 부여된 주식이에요. 투자자들은 보통 우선주를 요구하는데, 이는 청산 시 우선변제권, 전환권, 주요 의사결정에 대한 동의권 등을 갖게 됩니다. 여러분은 이런 권리가 너무 과도하지 않은지 확인해야 해요."

김 선생님은 특히 '지분희석방지조항'에 주의하라고 조언하셨다.

"이 조항은 후속 투자 시 투자자의 지분이 보호받는 방식을 정의해요. 완전희석방지조항(Full-ratchet)은 투자자에게 매우 유리한 조건이니, 가능하면 가중평균희석방지조항(Weighted Average)으로 협상하세요."

또한 창업자 보호 조항도 추가할 것을 권장하셨다.

"여러분이 고등학생이다 보니, 학업과 사업을 병행하는 상황에 대한 이해가 필요해요. 계약서에 '창업자의 학업 보장' 조항을 넣어, 중요한 시험이나 학교 행사 기간에는 미팅이나 출장 등의 일정을 조정할 수 있도록 하는 것이 좋겠어요."

김 선생님의 도움으로 우리는 계약 조건을 더 유리하게 협상할 수 있었다. 특히 '학업 보장' 조항을 통해 우리의 고등학생 신분이 존중받을 수 있게 되었다.

계약 협상은 2주간 진행되었고, 마침내 투자 계약서에 서명하는 날이 왔다. 퓨처에듀케이션의 대표이사와 우리 팀원들이 함께 모인 자리에서 계약서를 작성했다.

"여러분의 열정과 비전에 투자하게 되어 기쁩니다. 앞으로 서로나가 글로벌 교육 기업으로 성장하는 과정을 함께하고 싶습니다." 퓨처에듀케이션의 대표이사가 악수를 청하며 말했다.

투자금 3억 원은 다음 주에 입금될 예정이었다. 이제 우리는 본격적으로 AI 제품 라인 개발과 시장 확장을 추진할 수 있게 되었다.

첫 투자금 활용 전략: 성장을 위한 발판

투자금을 어떻게 효율적으로 사용할지에 대한 논의가 시작되었다. 우리는 이미 상세한 자금 활용 계획을 가지고 있었지만, 실제 투자를 받게 되자 더 현실적인 고민이 필요했다.

"3억 원이면 원래 계획했던 10억 원보다 훨씬 적은 금액이니, 우선순위를 정확히 정해야 해." 내가 팀 회의를 시작하며 말했다.

수현이 의견을 냈다. "AI 제품 라인 완성이 가장 시급한 것 같아. 지금까지 크라우드 펀딩에서 약속한 제품을 배송했으니, 이제 본격적인 AI 기능을 탑재한 제품을 출시해야 해."

정우도 동의했다. "맞아. 하드웨어 개발에 1억 원, 소프트웨어 개발에 1억 원 정도를 투자하면 AI 자동차와 드론 시리즈를 완성할 수 있을 것 같아."

"나머지 1억 원은 마케팅과 영업에 사용하자." 준영이 제안했다. "지금 58개 학교가 우리 제품을 사용하고 있는데, 이를 100개 이상으로 확대하려면 적극적인 마케팅이 필요해."

민지는 디자인 고도화에 대한 필요성을 언급했다. "제품 패키지와 브랜딩도 업그레이드해야 해. 특히 AI 시리즈는 더 세련되고 미래지향적인 이미지가 필요해."

하은은 교육 콘텐츠 개발의 중요성을 강조했다. "AI 하드웨어와 소프트웨어뿐만 아니라, 이를 활용한 교육 커리큘럼도 개발해야 해. 각 학년별, 단계별 학습 자료가 필요해."

모든 의견을 종합하여 우리는 다음과 같은 투자금 활용 계획을 수립했다.

* 제품 개발(1.5억 원)
- AI 자동차, AI 드론, AI 로봇 하드웨어 개발(8,000만 원)
- AI 학습 앱 및 소프트웨어 개발(7,000만 원)
- 마케팅 및 영업(5,000만 원)
- 교육 박람회 참가(2,000만 원)

- 시범 학교 운영 및 사례 연구(2,000만 원)
- 온라인 마케팅(1,000만 원)
- 운영 및 기타(1억 원)
- 사무실 임대 및 장비 구입(3,000만 원)
- 인력 채용(3,000만 원)
- 특허 출원 및 인증 취득(2,000만 원)
- 예비비(2,000만 원)

특히 주목할 만한 변화는 '사무실 임대'였다. 지금까지 우리는 학교의 메이커스페이스와 창업 인큐베이팅 센터를 활용해왔지만, 이제는 독립적인 사무 공간이 필요하다고 판단했다. 학교와 가까운 곳에 작은 사무실을 임대하고, 전담 직원도 채용하기로 했다.

"사무실이 생기면 더 전문적인 느낌이 들 것 같아. 투자자들이나 협력사들이 방문했을 때도 좋을 것 같고." 준영이 말했다.

"맞아, 그리고 우리가 학교의 메이커스페이스나 창업 인큐베이팅 센터가 아닌 자체 공간이 생기면 언제든 모여서 일할 수 있어서 더 효율적일 것 같아." 민지도 동의했다.

투자금 활용 계획을 확정한 후, 우리는 즉시 실행에 옮겼다. 정우와 수현은 AI 제품 개발 팀을 구성했고, 준영과 하은은 마케팅 및 교육 콘텐츠 팀을, 민지는 디자인 팀을 맡았다. 나는 전체 프로젝트 조정과 외부 협력 관계 구축에 집중했다.

투자금이 입금된 지 한 달 만에 우리는 학교 근처에 30평 규모의 사무실을 임대했다. 간단한 리모델링 후, 제품 개발실, 회의실, 그리고 사무 공간을 갖춘 서로나의 첫 오피스가 탄생했다. 또한 제품 관리와 고객 지원을 담당할 직원 한 명도 채용했다.

"드디어 우리도 진짜 회사 분위기가 나네!" 민지가 새 사무실을 둘러보며 기뻐했다.

하지만 이 모든 변화 속에서도 우리는 '고등학생 창업가'라는 정체성을 잊지 않았다. 한국발명창업가고등학교의 자기주도적 학습 시스템은 사업과 학업을 병행하는 데 큰 도움이 되었다. 개인별 과제, 팀 프로젝트, 개인 프로젝트로 구성된 학습 방식 덕분에 우리는 시간과 장소에 구애받지 않고 학업을 진행할 수 있었다.

학교의 메이커스페이스와 실습실은 여전히 중요한 자원이었고, 멘토와 교사들과의 1:1 학습 세션을 통해 학업적 성장도 계속해 나갔다. 특히 동료평가 시스템을 통한 코딩 학습은 서로나의 소프트웨어 개발에도 직접 적용할 수 있어 시너지가 컸다. 투자 계약서에 명시된 '학업 보장' 조항 덕분에 중요한 평가나 프로젝트 기간에는 업무 일정을 조정할 수 있었다.

성장 가속화: 투자 이후의 변화와 도전

투자 유치 이후 6개월, 서로나는 빠르게 성장했다. AI 제품 라인 출시, 학교 납품 확대, 팀 확장 등 다양한 변화가 있었다.

가장 큰 성과는 'AI와 함께하는 업사이클링' 시리즈의 성공적인 출시였다. 빨대 AI 자동차, 빨대 AI 드론, 빨대 AI 로봇 세 가지 제품이 동시에 출시되었고, 교육계의 큰 관심을 받았다.

"서로나의 새 제품은 환경 교육과 AI 교육을 자연스럽게 연결하는 혁신적인 접근법을 보여줍니다. 특히 학생들이 직접 AI 알고리즘을 학습시키는 경험을 제공한다는 점이 인상적입니다." 교육전문지 '에듀테크 리뷰'의 기사가 보도되었다.

학교 납품도 크게 증가했다. 투자 전 58개 학교에서, 6개월 만에 112개 학교로 확대되었다. 특히 과학중점학교와 SW교육 선도학교들의 관심이 높았다.

팀도 확장되었다. 기존 학생 창업자 5명 외에, 제품 관리자, 고객 지원 담당자, 소프트웨어 개발자, 교육 콘텐츠 개발자 등 총 6명의 전문 인력이 합류했다. 이들은 대부분 우리보다 나이가 많은 전문가들이었지만, 서로나의 비전에 공감하고 학생 창업자들과 협력하는 데 열린 마음을 가진 분들이었다.

"처음에는 고등학생 CEO가 이끄는 회사에서 일한다는 게 낯설었어요. 하지만 서로나의 교육적 가치와 환경에 대한 진정성이 느껴져 합류하게 되었습니다." 제품 관리자로 입사한 이수연 님의 말이었다.

성장과 함께 새로운 도전도 찾아왔다. 제품 생산량이 증가하면서 품질 관리의 중요성이 커졌고, 고객 지원 업무도 늘어났다. 사업 규모가 커지면서 더 많은 시간과 에너지가 필요해졌다.

"사업이 커질수록 관리해야 할 것들도 많아지네. 다행히 우리 학교 시스템이 이런 상황에 딱 맞는 것 같아." 수현이 말했다.

특히 사업 활동을 학교 프로젝트에 통합할 수 있는 점이 큰 도움이 되었다. 서로나의 AI 제품 개발은 개인 프로젝트로, 마케팅 전략은 팀 프로젝트로, 투자 유치 과정은 비즈니스 사례 연구로 인정받을 수 있었다. 사업을 성공적으로 운영할수록 학교에서도 높은 평가를 받는 선순환 구조가 형성된 것이다.

"학교 수업과 사업이 완전히 통합되니까 오히려 더 효율적이야. 서로나의 제품 개발이 내 개인 프로젝트 평가에 반영되고, 투자 유치 과정은 비즈니스 모델 분석 과제로 인정받았어." 내가 팀원들에게 말했다.

멘토와 교사들도 서로나의 성장을 적극 지원했다. 사무실에서 회의를 할 때도 필요한 교사들이 화상으로 참여하거나, 사업 현장을 직접 방문해 지도해주기도 했다. 또한 실시간 피드백 시스템을 통해 언제든지 전문가의 조언을 구할 수 있었다.

"우리는 단순한 '학생 회사'가 아니라, 진짜 가치를 창출하는 기업으로 인정받고 있어. 그런 만큼 책임감도 커졌지만, 우리가 꿈꾸던 일을 하고 있다는 자부심도 커졌어." 내가 팀 미팅에서 말했다.

투자 유치를 통해 서로나는 단순한 학교 프로젝트에서 벗어나 진정한 스타트업으로 성장했다. 더 많은 학생들에게 환경과 AI 교육의 가치를 전달하겠다는 우리의 사명도 더욱 명확해졌다.

앞으로 하이브리드 교육 시스템을 보완하여 학생들이 온라인으로도 친환경 업사이클링 제품을 만들 수 있도록 하고, 글로벌 시장 진출을 위한 준비도 계속할 계획이다. 국제 로봇 대회는 규모를 축소하여 내년에 시범적으로 개최하기로 했다. 그리고 충분한 실적이 쌓이면 시리즈 A 투자 유치를 통해 더 큰 도약을 준비할 예정이다.

이렇게 서로나는 자금 조달과 투자 유치라는 새로운 도전을 통해 한 단계 더 성장했다. 고등학생 창업가로서의 정체성을 유지하면서도, 진정한 기업가로 한 걸음씩 나아가고 있는 것이다.

"버려지는 빨대에서 교육의 가치를 발견했듯이, 우리는 모든 도전과 어려움에서 성장의 기회를 찾을 거야. 이것이 우리 '서로나'의 정신이니까."

실현된 꿈:
창업가와 대학생으로

실현된 꿈: 창업가와 대학생으로

담임 선생님과의 진로 면담

5월의 따스한 햇살이 창문을 통해 교무실로 스며들고 있었다. 3학년이 된 지 이미 3개월이 지난 시점, 나는 김민수 담임 선생님과 진로 면담을 위해 교무실에 앉아 있었다.

"서로나, 벌써 3학년이 된 지 3개월이 지났네. 시간 참 빠르지?" 김 선생님이 환한 미소로 말했다.

"네, 선생님. 정말 빠르게 지나가고 있어요. 창업 활동하면서 더 그런 것 같아요."

김 선생님은 내 학생부를 펼쳐보며 말을 이어갔다.

"오늘은 진로에 대해 좀 더 구체적으로 이야기해 보려고 해. 우리 학교의 혁신적인 교육 시스템이 너희에게 어떤 기회를 제공할 수 있는지 살펴보자."

김 선생님은 내 학생부를 펼쳐보며 말을 이어갔다.

"그동안 우리 학교를 다니면서 어땠어? 우리 학교의 혁신적인 교육 시스템에 얼마나 만족했니?"

나는 잠시 생각하다가 답했다.

"정말 만족스러웠어요, 선생님. 특히 LMS 기반 교육 시스템 덕분에 제가 원하는 속도로 학습할 수 있었고, 어드바이저 시스템을 통해 전문적인 지도를 받을 수 있었어요. 서로나 창업으로 이어질 수 있었던 것도 이런 시스템 덕분이라고 생각해요."

"그렇구나. 어드바이저 시스템은 구체적으로 어떤 점이 도움이 됐니?"

"다양한 분야의 어드바이저 선생님들이 각자의 선문 영역에서 조언해 주신 게 큰 도움이 됐어요. 빨대 업사이클링 AI 교육 플랫폼을 개발할 때, 특허 출원에는 지식재산권 어드바이저, 제품 개발에는 공학 어드바이저, 마케팅 전략에는 경영 어드바이저 선생님의 조언이 없었다면 불가능했을 거예요."

김 선생님은 고개를 끄덕이며 물었다.

"마을공동체 연계 프로그램은 어땠니? 실제 현장에서 경험을 쌓는 게 쉽지 않았을 텐데."

"처음에는 부담스러웠지만, 정말 값진 경험이었어요. 지희 팀이 개발한 교육 플랫폼을 지역 초등학교에서 시범 운영하면서 실제 사용자들의 피드백을 직접 받을 수 있었거든요. 이론이 아닌 실제 상황에서 제품을 테스트하고 개선할 수 있었던 게 큰 도움이 됐어요."

"실전 중심 교육에서는 어려운 점은 없었어? 매월 창업대회에 참가하는 건 부담이 컸을 것 같은데."

"네, 초반에는 정말 부담스러웠어요." 내가 솔직하게 답했다. "특히 처음 투자자들 앞에서 발표할 때는 무척 긴장됐죠. 하지만 계속 경험을 쌓다 보니 프레젠테이션 능력도 향상되고, 질문에 대응하는 능력도 생겼어요. 결과적으로 비즈니스 모델이 더 탄탄해진 것은 물론, 실제 투자 유치까지 성공할 수 있었어요."

김 선생님은 미소를 지으며 물었다.

"동료 평가 시스템은 어땠어? 친구들에게 평가받는 게 어색하진 않았니?"

"처음에는 정말 어색했어요." 내가 웃으며 답했다. "친구들 앞에서 내 프로젝트를 설명하고 평가받는 게 부담스러웠죠. 하지만 이 과정에서 커뮤니케이션 능력이 크게 향상된 것 같아요. 또 다른 친구들의 프로젝트를 평가하면서 비판적 사고력도 기를 수 있었고요."

"레벨 시스템은 어떤 점이 좋았어? 혹시 압박감 같은 건 없었니?"

"레벨 업을 위한 경쟁이 약간의 압박으로 다가올 때도 있었어요. 하지만 그보다는 자기 주도적으로 심화 학습을 할 수 있는 기회가 더 큰 장점이었던 것 같아요. 특히 AI와 환경 분야에서 높은 레벨까지 올라갈 수 있었던 것이 서로나 창업에 실질적인 도움이 됐어요. 덕분에 대학생 수준의 지식을 미리 습득할 수 있었거든요."

김 선생님은 진지한 표정으로 물었다.

"우리 학교 시스템 중에 개선이 필요하다고 느낀 부분이 있니?"

"음… 가끔은 너무 많은 기회와 시스템이 있다 보니 시간 관리가 어려울 때가 있었어요. 특히 창업 활동과 학업을 병행하면서 밤을 새워 일할 때도 많았고요. 시스템 자체보다는 학생들의 시간 관리와 업무 분담을 도와줄 수 있는 추가적인 지원이 있으면 좋을 것 같아요."

김 선생님은 고개를 끄덕이며 웃었다.

"아주 좋은 피드백이야. 이런 의견들이 우리 학교 시스템을 더 발전시키는 데 큰 도움이 돼. 서로나, 네가 우리 학교 시스템을 정말 잘 활용했구나. 이런 경험들이 대학에서도, 또 앞으로의 창업 활동에서도 큰 자산이 될 거야."

진학 가능성 심층 분석

김 선생님은 내 학생부와 창업 활동에 대한 분석 자료를 구체적으로 보여주었다.

"서로나, 너는 KAIST 기술경영학부에 지원하는 게 가장 적합해 보여. 특허 기반 창업 경험과 비즈니스 모델 개발 능력이 KAIST가 찾는 인재상과 정확히 일치해. 특히 네가 개발한 '빨대 업사이클링을 통한 AI 교육 플랫폼'은 KAIST가 추구하는 '사회적 가치와 기술 혁신의 결합'이라는 방향성과 완벽하게 맞아떨어져."

김 선생님은 구체적인 입시 데이터를 보여주었다.

"KAIST 기술경영학부는 작년에 창의적 문제해결 역량 전형으로 총 30명을 선발했어. 그중 15명이 특허 출원 경험이 있는 학생들이었고, 10명은 실제 창업 경험이 있었지. 특히 우리 학교 출신 3명이 합격했는데, 모두 특허와 창업 경험을 가진 학생들이었어."

"더 구체적으로, KAIST 입학처는 지원자의 포트폴리오에서 '문제 발견 능력', '창의적 해결책 제시', '실행력', '사회적 영향력'을 주요 평가 요소로 삼고 있어. 네가 폐플라스틱 문제를 발견하고(문제 발견), AI 교육과 결합한 창의적 솔루션을 개발하고(창의적 해결책), 실제 제품화하여 112개 학교에 납품했으며(실행력), 환경과 교육에 긍정적 영향을 미쳤다는 점(사회적 영향력)이 모든 평가 요소를 충족해."

"너의 성적은 어떤가? 내신은 2.3등급이고, 수학과 과학 과목이 상대적으로 강점이네. 전공 관련 교과목인 '지식재산과 창업', '융합 프로젝트' 등에서는 1등급을 받았고. KAIST는 창의적 문제해결 역량 전형에서 교과 성적보다 비교과 활동과 창의성을 중시하기 때문에, 내신이 다소 부족하더라도 충분히 경쟁력이 있어."

"면접에서는 어떤 질문이 나올까요?" 내가 궁금해했다.

"작년 면접에서는 '창업 과정에서 가장 어려웠던 문제와 해결 방법', '특허 개발 과정에서의 창의적 요소', '기술이 사회에 미치는 영향에 대한 본인의 철학' 등의 질문이 나왔어. 특히 '왜 창업 경험이 있음에도 대학에 진학하려 하는가?'라는 질문이 반드시 나오니 이에 대한 명확한 답변을 준비해야 해."

"저는 창업 경험을 바탕으로 KAIST에서 더 깊은 기술경영 지식을 쌓아 서로나를 글로벌 에듀테크 기업으로 성장시키고 싶다고 답변하려고 해요."

"좋은 방향이야. 그리고 KAIST는 학생 창업가를 위한 특별 지원 프로그램도 운영하고 있어. 전용 연구실 제공, 창업 학점 인정 제도(최대 12학점), IP 기반 창업 멘토링 프로그램 등이 있지. 이런 프로그램을 활용하면 대학 생활과 창업 활동을 효과적으로 병행할 수 있을 거야."

팀원들과의 진로 논의

면담을 마치고 나온 나는 팀원들과 카페테리아에서 만났다. 모두 담임 선생님과의 면담을 마친 표정이었다. 창밖으로는 캠퍼스의 푸른 나무들이 초여름 바람에 흔들리고 있었고, 우리는 각자 음료를 주문하고 창가 자리에 둘러앉았다.

"다들 담임 선생님과 면담은 어땠어?" 내가 아이스 아메리카노를 마시며 물었다. "앞으로의 진로에 대해 어떤 이야기를 나눴는지 궁금하네."

정우가 커피를 한 모금 마시며 깊은 숨을 내쉬었다. "사실 난 선생님께 좀 다른 진로를 이야기했어. 대학보다는 창업에 집중하면서 현장에서 기술을 배우고 싶다고."

"정말? 어떤 이유에서?" 하은이 눈을 크게 뜨고 물었다.

정우는 자신의 태블릿을 꺼내 몇 개의 자료를 보여주었다. "요즘은 깃허브나 AI 생성형 도구를 활용하면 모르는 부분들을 대부분 배울 수 있어. 실제로 내가 지난 3개월 동안 깃허브와 ChatGPT를 활용해서 배운 내용이야."

정우가 보여준 자료에는 그가 독학으로 마스터한 프로그래밍 언어와 개발 프로젝트 목록이 있었다. Python, JavaScript, React, TensorFlow 등 다양한 기술 스택을 단기간에 습득한 흔적이 고스란히 담겨 있었다.

"와, 정말 많이 배웠네!" 수현이 감탄했다. "근데 그럼 대학은 아예 안 갈 거야?"

"아니, 그건 아니야." 정우가 웃으며 말했다. "우리나라가 학력 중심 사회다 보니 학위는 필요할 것 같아. 선생님과 상담하면서 알게 된 건데, 가장 효율적으로 공부할 수 있는 방법은 사이버대학교래."

정우는 또 다른 자료를 보여주었다. 한국사이버대학교 컴퓨터공학과 커리큘럼과 학점 이수 안내였다.

"사이버대학은 한 학기에 최대 27학점까지 이수할 수 있대. 그래서 일반 대학보다 훨씬 빠른 3년 만에 졸업할 수 있어. 게다가 온라인으로 수업을 들으니까 서로나 운영하면서도 학업 병행이 가능하지."

"그다음에는 어떻게 할 계획이야?" 준영이 궁금한 듯 물었다.

"사이버대학 졸업 후에는 서울대학교 사이버보안학과 석박사 통합과정에 지원할 거야. 선생님이 소개해주신 서울대 교수님이 계시는데, 그분 연구실에서 보안 관련 연구도 하고 서로나의 AI 교육 플랫폼 보안 강화 프로젝트도 함께 진행하기로 얘기가 됐어."

정우가 보여준 다음 자료는 서울대학교 사이버보안학과 교수진과 연구 분야, 그리고 산학협력 프로젝트 목록이었다.

"와, 정말 구체적인 계획이구나." 내가 감탄했다. "특히 교수님과 미리 컨택까지 했다니 대단해."

"너희들은 어때?" 정우가 물었다.

민지가 설렘 가득한 눈으로 자신의 포트폴리오를 펼쳐 보였다. 그녀가 서로나를 위해 디자인한 모든 작품들이 체계적으로 정리되어 있었다.

"나는 미국 RISD(로드아일랜드 디자인스쿨)에 지원하려고 해. 서로나의 브랜딩과 제품 디자인을 담당하면서 국제적인 디자인 감각의 중요성을 깨달았거든."

"RISD라면 세계 최고의 디자인 스쿨 아니야?" 하은이 놀란 표정으로 물었다.

"맞아, 세계 3대 디자인 스쿨 중 하나야," 민지가 자신의 태블릿을 넘기며 설명했다. "선생님이 우리 학교의 프로젝트 기반 학습과 실제 제품 디자인 포트폴리오가 해외 디자인 스쿨에서 높이 평가받을 수 있다고 조언해주셨어. 특히 RISD는 지속가능한 디자인과 사회적 가치를 중시하는데, 우리 서로나의 업사이클링 프로젝트가 그 방향성과 잘 맞는대."

민지는 RISD의 입학 요건과 유명 동문 목록, 그리고 주요 프로그램을 보여주었다.

"거기서 공부하면 정말 글로벌한 디자인 감각을 키울 수 있을 것 같아." 민지의 눈이 반짝였다. "그리고 졸업 후에는 서로나의 글로벌 진출을 위한 브랜딩과 UX/UI를 전담할 계획이야."

"그래도 미국까지 가면 서로나 운영하는 데 어려움 없을까?" 준영이 걱정스럽게 물었다.

"그건 걱정 마." 민지가 웃으며 말했다. "요즘은 원격으로도 충분히 협업할 수 있잖아. 오히려 미국에서 글로벌 네트워크를 쌓으면 서로나의 해외 진출에 큰 도움이 될 거야. 그리고 학기 중에도 한 달에 한 번은 꼭 한국에 와서 팀 미팅에 참석할 생각이야."

수현이 자신의 노트북을 열며 고개를 끄덕였다. "나는 글로벌 IT 기업 취업을 목표로 하고 있어. 특히 구글이나 마이크로소프트 같은 회사에서 AI 개발자로 일하고 싶어."

그녀의 화면에는 글로벌 IT 기업들의 채용 정보와 요구 역량, 그리고 취업 성공 사례들이 정리되어 있었다.

"선생님이 성균관대학교 소프트웨어학과를 추천해 주셨어. 삼성전자와의 산학협력 프로그램이 활발하고 글로벌 기업 인턴십 기회도 많대. 특히 성균관대는 'SW 글로벌 인재 양성 프로그램'을 통해 매년 10명 정도를 실리콘밸리 인턴십에 파견한대."

"어떤 회사에서 일하고 싶은데?" 하은이 물었다.

"구글의 딥마인드나 마이크로소프트의 AI 연구팀이 1순위야." 수현이 답했다. "거기서 몇 년간 경험을 쌓은 후에는 서로나의 AI 기술 개발 총괄로 돌아올 계획이야. 글로벌 기업에서 배운 최신 기술과 개발 문화를 서로나에 접목시키면 우리 제품도 한 단계 업그레이드될 수 있을 거야."

"그럼 서로나는 잠시 떠나는 거네?" 정우가 물었다.

"완전히 떠나는 건 아니야." 수현이 웃으며 대답했다. "대학 다니는 동안에도 CTO 역할은 계속할 거고, 주말이나 방학 때 집중적으로 개발에 참여할 생각이야. 글로벌 기업에 취업한 후에도 기술 자문 역할은 계속할 수 있을 거야."

"나는 연세대학교 경영학과로 결정했어!" 준영이 기쁜 표정으로 말했다. 그의 태블릿에는 연세대학교 경영학과의 커리큘럼과 창업 지원 프로그램 정보가 펼쳐져 있었다.

"선생님이 말씀하시길, 우리가 서로나를 통해 마케팅과 영업을 담당하면서 실제 매출을 창출한 경험이 다른 지원자들과 확실히 차별화된대. 특히 투자 유치 과정에서 내가 작성한 사업계획서와 재무모델이 입학사정관들에게 큰 점수를 받을 수 있을 거래."

"연세대학교는 어떤 프로그램이 좋다던?" 내가 물었다.

"'Y-Startup' 프로그램이 정말 매력적이야," 준영이 열정적으로 설명했다. "학생 창업가들을 위한 전용 공간과 장비를 지원하고, 창업 친화적 학사 제도로 휴학 없이 창업 활동을 병행할 수 있대. 또 글로벌 창업 컨퍼런스 참가 기회도 제공하고, 스타트업 투자 연계 프로그램도 있어서 후속 투자 유치에도 도움을 받을 수 있을 거야."

"그리고 경영학 전공이 서로나의 비즈니스 모델 발전에 직접적인 도움이 될 것 같아," 준영이 덧붙였다. "특히 글로벌 마케팅 전략과 재무관리를 체계적으로 배우면 서로나의 해외 진출과 안정적인 성장에 큰 도움이 될 거야."

하은도 자신의 태블릿을 꺼내 보여주었다. 그녀가 개발한 교육 콘텐츠와 효과성 측정 시스템 자료가 정리되어 있었다.

"나는 한양대 교육공학과를 추천받았어. 우리 교육 콘텐츠 개발과 임팩트 측정 시스템이 학과의 방향성과 딱 맞는다고 하셨어."

"교육공학과에서는 구체적으로 어떤 걸 배우는 거야?" 정우가 궁금해했다.

"교육 프로그램 설계부터 교육 테크놀로지, 교육 효과 평가까지 배울 수 있어." 하은이 설명했다. "한양대는 특히 에듀테크 분야에 강점이 있고, 국내 주요 교육기업들과 연계한 프로젝트도 많대. 선생님이 보여주신 자료를 보니, 졸업생들이 웅진씽크빅, 교원, 피어슨 같은 교육기업에 많이 취업하더라."

하은은 한양대 교육공학과의 주요 커리큘럼과 산학협력 프로젝트 목록을 보여주었다.

"여기서 배운 지식을 서로나의 교육 콘텐츠 개발에 직접 적용할 수 있을 것 같아. 특히 우리가 개발한 임팩트 측정 시스템을 더 정교화하고 교육 효과를 과학적으로 입증할 수 있는 연구도 해보고 싶어."

"서로나, 너는 어떤 결정을 내렸어?" 민지가 물었다.

"나는 KAIST 기술경영학부로 가기로 했어." 내가 답했다. "선생님이 분석해 주신 것처럼, 내 특허 기반 창업 경험과 비즈니스 모델 개발 능력이 KAIST가 찾는 인재상과 잘 맞는대. 특히 KAIST는 IP 기반 창업을 강조하는데, 우리 서로나가 해온 일과 정확히 일치한다고 하셨어."

나도 태블릿을 꺼내 KAIST 기술경영학부의 특별 프로그램들을 보여주었다.

"KAIST는 학생 창업가를 위한 특별 지원 프로그램이 정말 매력적이야. 창업 전용 연구실 제공, 창업 학점 인정 제도, IP 기반 창업 멘토링 프로그램 등이 있어. 이런 지원을 받으면서 서로나를 더 발전시킬 수 있을 것 같아."

우리는 각자의 선택에 대해 이야기를 나누며 서로를 격려했다. 잠시 침묵이 흐른 후, 내가 다시 입을 열었다.

"우리 모두 각자 다른 길을 가게 되겠지만, 서로나는 계속 함께 발전시켜 나갈 수 있을 것 같아. 오히려 각자 다른 분야에서 전문성을 키우면 서로나에 더 다양한 시각과 역량을 가져올 수 있지 않을까?"

"맞아." 준영이 동의했다. "나는 경영과 마케팅, 민지는 글로벌 디자인, 수현은 최신 AI 기술, 정우는 보안 기술, 하은은 교육 콘텐츠와 효과성 측정... 각자 자신의 전문 영역을 발전시키면서도 하나의 팀으로 시너지를 낼 수 있을 거야."

"그리고 우리 각자가 쌓게 될 인맥과 네트워크도 서로나에 큰 자산이 될 거야." 하은이 덧붙였다. "서로 다른 대학과 분야에서 만나게 될 사람들이 모두 서로나의 잠재적인 협력자가 될 수 있으니까."

"어쩌면 이게 우리가 함께 성장하는 가장 좋은 방법일지도 몰라." 수현이 말했다. "각자 다른 곳에서 배우고 경험한 것들을 주기적으로 모여서 공유하면, 그 자체가 엄청난 학습의 기회가 될 거야."

"그럼 한 달에 한 번은 꼭 오프라인으로 만나서 서로나 회의를 하는 걸로 하자." 정우가 제안했다. "그리고 일주일에 한 번은 화상 회의로 진행 상황을 공유하고."

"좋은 생각이야." 내가 동의했다. "각자 다른 길을 가더라도 우리의 창업 꿈은 계속 함께 이어나가는 거야. 오히려 이런 다양성이 서로나를 더 특별한 기업으로 만들어줄 거라고 생각해."

민지가 환하게 웃으며 말했다. "한국발명창업가고등학교에서 만난 우리가 각자의 꿈을 펼치면서도 서로나라는 하나의 꿈을 함께 키워나가는 거네. 정말 기대돼!"

우리는 모두 커피잔을 들어 올려 건배했다. 창밖으로 보이는 캠퍼스의 초록빛 풍경처럼, 우리의 미래도 무한한 가능성으로 빛나고 있었다.

한국발명창업가고등학교의 생활기록부 장점

우리는 이어서 학교의 생활기록부 시스템이 진로에 어떤 영향을 미치는지 이야기를 나눴다.

"우리 학교 생활기록부가 정말 특별하다고 느껴요." 내가 말했다. "담임선생님이 제 생활기록부 내용을 보여주셨는데, 정말 구체적이고 전문적인 내용으로 가득 차 있더라고요."

민지가 고개를 끄덕였다. "맞아, 일반적인 활동 나열이 아니라 실제 프로젝트의 깊이 있는 과정과 성과가 기록되어 있잖아."

내가 내 생활기록부 일부를 태블릿으로 보여주었다.

한국발명창업가고등학교 서로나 학생의 생활기록부

• 자율활동

학생 창업 기업 '서로나'의 CEO로서 AI 기반 교육 플랫폼을 기획·개발·출시하는 전 과정을 주도함. 제품 개발 초기 단계에서는 'AI 튜터링 시스템'이라는 개념으로 시작했으나, 학교 현장 교사들과의 심층 인터뷰를 통해 기존 솔루션의 문제점(인터넷 환경 의존성, 복잡한 인터페이스)을 발견하고 '오프라인에서도 작동 가능한 모듈형 AI 교육 시스템'으로 방향을 전환함.

사용자 중심 디자인 방법론을 적용하여 초기 단일 화면 인터페이스에서 학습자 수준별 맞춤형 UI로 개선, 교사 피드백을 반영해 수업 관리 대시보드 기능을 추가하고, 학부모용 진도 확인 시스템을 별도 개발하는 등 지속적인 개선을 이룸. 투자 유치 과정에서는 초기 B2C 시장 타깃팅에서 B2B 학교 납품 모델로 비즈니스 전략을 변경하고, 초기 구독형 모델에서 선구매 후 유지보수료 모델로 재무 구조를 개편함. 또한 환경적 가치를 부각시키는 사회적 기업 요소를 강화하여 임팩트 투자자들의 관심을 유도하는 전략을 구사함. 제품 납품 과정에서는 초등학교용과 중학교용 커리큘럼을 별도 개발하고, 학교별 IT 인프라 환경에 맞춘 최적화 작업을 진행하며, 교사들을 위한 상세 매뉴얼과 온라인 지원 시스템을 구축하여 고객 경험을 향상시킴.

• 동아리활동

환경과 기술 융합 동아리 'ECO-TECH'의 리더로서 폐플라스틱 업사이클링 프로젝트를 주도함. 초기에는 단순 수거 활동으로 시작했으나, 지역 카페들의 참여 독려를 위해 '친환경 카페 인증 프로그램'을 고안하고 참여 카페에 홍보 혜택을 제공하는 방식으로 협력 네트워크를 확장함. 수거된 빨대의 세척 과정에서 발생한 물 낭비 문제를 해결하기 위해 초음파 진동 방식의 건식 세척 방법을 개발하고, 빨대 분류 작업의 비효율성을 개선하기 위해 색상 및 재질 인식 AI 시스템을 적용함. 특히 PLA(생분해성 플라스틱) 빨대와 일반 PP 빨대의 구분이 어려운 문제를 해결하기 위해 근적외선 분광법을 활용한 자동 분류 시스템을 개발하는 창의성을 보임. 업사이클링 과정의 환경 영향 평가를 위해 LCA(수명주기평가) 방법론을 적용한 계산 모델을 직접 설계하고, 이를 통해 도출된 탄소 배출량 데이터를 바탕으로 공정을 지속적으로 개선함. 플라스틱 소재 연구에서는 열압착 방식과 용매 용해 방식의 장단점을 비교 실험하여 빨대의 물성을 최대한 보존하면서도 새로운 교육용 소재로 재탄생시키는 최적의 공정을 개발함.

• 진로활동

실리콘밸리 기업가 멘토링 프로그램에 참여하여 글로벌 스타트업 생태계를 심층적으로 분석함. 방문 전 구체적인 연구 문제("한국과 실리콘밸리의 스타트업 생태계 차이점이 혁신에 미치는 영향")를 설정하고 체계적인 인터뷰 질문지를 준비하는 철저한 사전 준비를 보여줌. 구글 방문에서는 '20% 타임 제도'가 협업 문화에 미치는 영향에 주목하여 이를 서로나에 적용, 팀원들이 주 1일은 자유롭게 관심 분야 연구에 시간을 할애하는 '혁신의 날'을 도입함. 테슬라의 통합적 제품 개발 방식에서 영감을 받아 서로나의 하드웨어-소프트웨어 개발팀 간 장벽을 허물고 통합 개발 프로세스를 구축함. 스탠포드 d.school 워크숍에서는 '익스트림 유저'에 집중하는 디자인 씽킹 방법론을 학습하고, 이를 서로나에 적용하여 특수교육 현장의 교사와 학생들을 위한 맞춤형 기능을 개발하는 프로젝트를 시작함. 실리콘밸리의 '실패를 통한 학습' 문화에서 영감을 받아 서로나 내부에 '실패 공유회'를 정기적으로 개최하여 팀원들이 시도했던 실패한 아이디어와 그로부터 얻은 교훈을 공유하는 문화를 정착시킴.

• 교과세부능력
'지식재산과 창업' 과목에서 '빨대 업사이클링을 통한 AI 교육 플랫폼'을 주제로 특허 포트폴리오를 구축함. 첫 번째 특허는 '폐플라스틱 빨대를 활용한 조립식 교구 시스템'으로, 초기 아이디어였던 단순 블록 형태에서 전자회로와 결합 가능한 모듈형 구조로 발전시킨 과정이 돋보임. 두 번째 특허는 '친환경 재료를 활용한 전도성 필라멘트 제소 방법'으로, 폐빨대를 분쇄한 후 전도성 물질과 결합하여 3D 프린팅 가능한 소재로 변환하는 기술을 개발함. 세 번째 특허는 '교육용 AI 알고리즘의 학습 데이터 최적화 방법'으로, 적은 데이터로도 효과적인 학습이 가능한 데이터 증강 기법을 고안함. 특허 명세서 작성 과정에서는 독창적인 청구항 작성을 위해 선행기술들의 공통적 한계(내구성 부족, 교육적 활용성 제한 등)를 분석하고 이를 극복하는 차별점을 명확히 서술함. '융합 프로젝트' 과목에서는 AI 알고리즘의 편향성 문제를 인식하고, 다양한 학습 스타일과 문화적 배경을 가진 학생들의 데이터를 균형 있게 포함시키는 '포용적 AI 교육 시스템'을 설계함. 특히 데이터 전처리 과정에서 기존의 일괄 정규화 방식 대신 학습자 유형별 특성을 보존하는 맞춤형 전처리 방법을 고안하여 다양한 학습자들에게 적합한 AI 튜터링 시스템의 정확도를 크게 향상시킴.

"이런 구체적인 내용이 대학 입시에서 큰 강점이 되겠다." 준영이 말했다.

"맞아." 내가 대답했다. "선생님이 말씀하시길, 우리 학교 생활기록부의 가장 큰 장점은 '구체성'과 '전문성'이래. 단순히 '활동에 참여했다'가 아니라 '어떤 구체적인 문제를 어떤 방법으로 해결했고, 어떤 결과와 배움을 얻었는지'가 상세하게 기록되니까, 대학에서 학생의 역량을 정확히 평가할 수 있대."

하은이 고개를 끄덕였다. "그리고 우리 학교의 프로젝트 기반 학습, 어드바이저 시스템, 동료 평가 시스템이 모두 생기부에 자연스럽게 반영되는 구조라 더 진정성 있게 느껴지는 것 같아."

한국발명창업가고등학교 시스템의 진로 경쟁력

카페테리아에서의 대화가 이어지면서, 우리는 자연스럽게 한국발명창업가고등학교의 교육 시스템이 우리의 미래 진로에 어떤 경쟁력을 제공하는지에 대한 이야기로 흘러갔다.

"우리 학교 시스템이 대학 입시와 취업에 얼마나 큰 경쟁력이 되는지 정말 실감나네." 준영이 말했다. "담임 선생님께서 보여주신 자료에 따르면, 우리 학교 졸업생들의 대학 진학률도 높지만, 취업률과 창업 성공률도 일반고에 비해 월등히 높더라."

민지가 자신의 태블릿에 저장해둔 자료를 펼쳤다. "여기 봐. 작년에 삼성전자가 신입사원 공개 채용에서 '창의적 문제해결 역량 트랙'을 신설했대. 그리고 그 트랙으로 뽑힌 신입사원 30명 중 3명이 우리 학교 출신이었어."

"SK이노베이션도 비슷해," 수현이 덧붙였다. "그린 이노베이터라는 특별 채용 프로그램을 통해 환경 문제 해결에 창의적인 아이디어를 가진 인재를 선발하는데, 우리 학교 선배들이 매년 높은 비율로 합격하고 있대."

"단순히 좋은 대학에 들어가는 것보다 실제 기업들이 원하는 역량을 갖춘 인재가 되는 게 중요한 것 같아." 하은이 말했다. "담임 선생님이 말씀하시길, 우리 학교의 LMS 기반 교육은 자기주도적 학습 능력을 길러주고, 어드바이저 시스템은 전문적인 지도를 받을 수 있게 해주고, 프로젝트 기반 학습은 실제 문제 해결 경험을 제공한대. 이런 역량들이 대학과 기업에서 가장 중요하게 생각하는 것들이래."

"네이버랑 카카오 같은 IT 기업들은 아예 우리 학교에 특화된 채용 설명회를 한다더라." 정우가 말했다. "기술 역량도 중요하지만, 그보다 문제 발견 능력과 해결책을 실행으로 옮기는 능력을 더 중요하게 본대. 딱 우리 학교에서 길러주는 능력들이지."

"특히 마을공동체 연계 프로그램을 통해 지역 문제를 해결하고, 지역 멘토링을 받고, 팝업 스토어를 운영한 경험은 실제 사회에서 필요한 역량을 길러줬어." 하은이 덧붙였다. "LG전자 HR 담당자가 학교에 방문했을 때 말하길, 요즘은 사회공헌과 지속가능성에 대한 이해가 있는 인재를 찾고 있는데, 우리 학교 학생들이 마을공동체 프로젝트를 통해 기른 사회적 가치 창출 경험이 정확히 그들이 찾는 역량이래."

준영이 자신의 노트북을 열어 취업 포털 사이트를 보여주었다. "최근 취업 트렌드를 보면, '문제해결력', '창의성', '협업능력', '소통능력', '도전정신'이 상위 5대 핵심 역량으로 꼽히고 있어. 그리고 이 모든 역량이 우리 학교 교육 시스템을 통해 자연스럽게 길러지고 있지."

정우가 자신의 경험을 공유했다. "실전 중심 교육도 정말 중요했어. 매월 창업대회에 참가하면서 투자자들 앞에서 발표하고 피드백을 받는 경험이 실제 창업 활동에 큰 도움이 됐지. 현대자동차 오픈 이노베이션 담당자가 우리 학교 창업대회에 심사위원으로 참석했다가, 그 자리에서 인턴십 제안을 받은 선배도 있었어."

"CJ ENM도 콘텐츠 크리에이터 직군에서 우리 학교 학생들을 적극적으로 채용하고 있대." 민지가 말했다. "실제 제품이나 서비스를 기획하고 개발한 경험이 있는 학생들이 콘텐츠 기획에서도 차별화된 시각을 가지고 있다고 평가한대."

"동료 평가 시스템도 빼놓을 수 없지." 수현이 말했다. "다른 학생들에게 내 프로젝트를 설명하고 평가받는 과정에서 커뮤니케이션 능력이 정말 많이 향상됐어. 이런 부분이 대학에서도, 취업 시장에서도 큰 장점이 된대. IBM 코리아에서는 면접 과정에 '피어 프레젠테이션'이라는 단계가 있는데, 우리 학교의 동료 평가 시스템과 거의 동일한 방식이래. 그래서 우리 학교 졸업생들이 이 단계에서 높은 평가를 받는다고 해."

"우리 학교의 레벨 시스템도 기업들이 주목하는 부분이야." 내가 덧붙였다. "자신이 관심 있는 분야에서 깊이 있는 전문성을 키울 수 있다는 점이 특히 스타트업이나 전문직 채용에서 높게 평가된대. 실제로 주요 로펌들이 우리 학교 출신 중 특허법에 관심 있는 학생들을 위한 인턴십 프로그램을 운영하고 있어."

"글로벌 기업들도 우리 같은 학생들을 원한대." 민지가 말했다. "구글 코리아 인사담당자가 학교에 와서 말하길, '한국에서 구글러에게 필요한 역량은 단순한 기술력이 아니라 끊임없이 배우고 도전하는 자세와 다양한 팀에서 협업할 수 있는 능력'이라고 했어. 그리고 이런 역량을 갖춘 인재 풀로 우리 학교 학생들을 주목하고 있대."

준영이 통계 자료를 보여주었다. "실제로 글로벌 기업 취업률을 보면, 우리 학교 졸업생이 SKY 대학 졸업생들과 비슷한 수준이야. 특히 애플, 테슬라, 구글, 마이크로소프트 같은 기업들은 학벌보다 실제 역량과 경험을 중시하는 경향이 있어서, 우리처럼 실제 프로젝트와 창업 경험이 있는 학생들을 선호한대."

"스타트업 생태계에서도 우리 학교 출신들의 평판이 아주 좋아." 정우가 말했다. "벤처캐피털 매니저들이 투자 검토 시 창업팀에 우리 학교 출신이 있는지 확인하는 경우도 있대. 이미 고등학교 때부터 창업 경험을 쌓았기 때문에 실패 확률이 낮다고 판단한대."

"정부 기관들도 마찬가지야." 하은이 말했다. "특허청, 창업진흥원, 한국연구재단 같은 곳들이 우리 학교 졸업생들을 위한 특별 채용 전형을 운영하고 있어. 특히 특허 심사관이나 창업 지원 사업 담당자로 우리 학교 출신들이 많이 진출하고 있대."

수현이 고개를 끄덕였다. "요즘은 대기업들도 '인트라프레너'라는 개념을 강조하면서 조직 내에서 창업가적 마인드를 가진 인재를 원한대. 그리고 그런 인재상의 대표적인 사례로 우리 학교 학생들을 꼽는대."

"결국 우리 학교의 시스템은 단순히 지식을 전달하는 것이 아니라, 실제 세상에서 필요한 역량을 길러주는 거야." 내가 정리했다. "자기주도적 학습 능력, 문제 해결 능력, 협업 능력, 커뮤니케이션 능력, 창의성, 도전 정신 등과 같은 요소가 대학과 취업 시장에서 정말 중요하게 평가받는 요소들이잖아."

"맞아," 준영이 덧붙였다. "4차 산업혁명 시대에는 단순 암기식 지식보다 창의적 사고와 문제 해결 능력이 더 중요해지고 있어. 코딩이나 특정 기술은 AI가 대체할 수 있지만, 문제를 발견하고 창의적인 해결책을 모색하는 능력은 AI가 대체하기 어려운 인간 고유의 영역이지. 그리고 우리 학교에서는 정확히 그런 능력을 길러주고 있어."

민지가 기사 하나를 공유했다. "최근 세계경제포럼에서 발표한 '미래 직업을 위한 10대 핵심 역량'을 봐. 복잡한 문제 해결 능력, 비판적 사고, 창의성, 협업 능력, 감성지능 같은 것들이 상위권이야. 이 모든 역량이 우리 학교의 교육 시스템을 통해 개발되고 있지."

"단순히 취업을 넘어 평생 경력 관리 측면에서도 우리 학교 시스템이 주는 강점이 있어." 정우가 말했다. "변화가 빠른 시대에 지속적으로 새로운 것을 배우고 적응하는 능력이 중요한데, 우리 학교의 자기주도적 학습 시스템과 프로젝트 기반 학습이 바로 그런 '학습하는 방법을 학습하는' 메타인지 능력을 길러주거든."

하은이 결론을 내렸다. "결국 우리 학교의 가치는 단순히 좋은 대학에 진학하거나 유명 기업에 취업하는 것을 넘어, 급변하는 미래 사회에서 지속적으로 가치를 창출할 수 있는 인재를 양성하는 데 있는 것 같아. 그리고 그런 인재가 바로 대학과 기업이 원하는 인재이기도 하고."

"그래서 우리 모두가 각자 다른 진로를 선택했지만, 공통적으로 가지고 있는 강점이 있는 거지." 내가 말했다. "우리 모두 한국발명창업가고등학교에서 길러진 역량을 바탕으로, 대학에서든, 취업 시장에서든, 창업 생태계에서든 각자의 분야에서 빛을 발할 수 있을 거야."

우리 모두는 서로를 바라보며 자신감 넘치는 미소를 지었다. 한국발명창업가고등학교의 교육 시스템은 단순히 우리를 좋은 대학에 보내는 데 그치지 않고, 빠르게 변화하는 미래 사회에서 진정한 가치를 창출할 수 있는 역량을 길러준 것이다.

준비와 합격의 기쁨

3학년 1학기와 2학기 동안, 우리는 서로나 운영과 대학 지원을 병행했다. 각자의 역량과 경험을 체계적으로 정리하고, 포트폴리오를 구성했다.

특허 출원서와 등록증, 투자 유치 계약서, 제품 판매 실적, 언론 보도 자료, 학교 납품 계약서 등 모든 성과를 객관적으로 증명할 수 있는 자료들을 체계적으로 준비했다.

자기소개서는 단순히 "무엇을 했는지"가 아니라, "왜 했는지", "어떤 어려움이 있었는지", "무엇을 배웠는지", "앞으로 어떻게 발전시킬 것인지"를 구체적으로 서술했다.

특히 면접에서 "왜 창업 경험이 있음에도 대학에 진학하려 하는가?"라는 질문에 대한 명확한 답변을 준비했다. 우리의 대답은 "더 깊은 전문 지식을 쌓고, 더 넓은 네트워크를 형성하여 서로나를 글로벌 기업으로 성장시키기 위해서"였다.

11월, 첫 번째 합격 소식이 들려왔다. 카이스트 기술경영학부에 내가 합격한 것이다!

"서로나, 축하해! 네가 해냈어!" 팀원들이 함께 기뻐해 주었다.

이후 12월까지, 민지는 RISD 디자인학부, 수현은 성균관대 소프트웨어학과, 준영은 연세대 경영학과, 하은은 한양대 교육공학과에 합격했다. 정우는 계획대로 사이버대학교에 지원하여 합격했다.

합격 통지서와 함께 받은 KAIST 입학처장의 메시지가 특히 기억에 남았다.

"서로나 학생의 폐플라스틱 빨대를 활용한 AI 교육 플랫폼 개발과 사업화 경험은 우리 대학이 추구하는 '문제 해결형 창의 인재'의 완벽한 사례입니다. 한국발명창업가고등학교의 혁신적인 교육 시스템을 통해 길러진 역량이 카이스트에서 더욱 빛을 발할 것이라 확신합니다. 카이스트는 서로나 학생과 같은 창의적 인재들이 더 큰 도약을 할 수 있도록 모든 지원을 아끼지 않을 것입니다."
합격의 기쁨을 나누며, 우리는 고등학교 생활의 마지막 학기를 더욱 의미 있게 보내기로 했다. 지금까지 서로나 동료들과 함께 꿈을 꾸고 이루어 가는 시간들을 되돌아보면서 미래를 위해서 더욱 분발하자는 생각으로 다짐했다.

나만 알고 싶은 창업 끝판왕: 고등·성인편

꿈을 키우는 창업 캠프: 중학생과 함께한 서로나의 창업 여정

꿈을 키우는 창업 캠프:
중학생과 함께한 서로나의 창업 여정

전남교육청의 특별한 요청을 받은 후, 한국발명창업가고등학교와 가까운 10개 중학교에서 선발된 80명의 학생들과 함께할 1박 2일 창업 캠프 준비로 바쁜 나날을 보내고 있었다. 대학 합격 통지서를 받은 후 정신없이 바쁜 시간을 보내고 있었지만, 교육청에서 요청한 '미래의 CEO 캠프'는 우리 서로나 팀이 지나온 여정을 더 어린 학생들과 나눌 수 있는 매우 의미 있는 기회였다.

"로나, 중학생들을 위한 창업 캠프라니, 우리가 처음 시작했을 때보다 훨씬 어린 친구들이네?" 준영이가 캠프 준비 회의 중에 말했다.

"맞아, 그때 우린 고등학생이었으니까. 근데 이게 더 의미 있을 것 같아. 우리처럼 창업에 관심 있는 친구들이 조금이라도 일찍 시작할 수 있게 도와주는 거잖아." 내가 대답했다.

교육청에서는 중학생들에게 창업이 어렵고 멀게만 느껴지는 것이 아니라, 재미있고 도전해볼 만한 가치 있는 활동이라는 인식을 심어주고 싶어했다. 특히 '창업'이라는 단어가 주는 부담감을 줄이고, 문제 해결과 가치 창출이라는 본질적인 의미를 전달하는 데 초점을 맞추고 싶다고 했다. 그래서 우리 서로나 팀의 경험이 딱 맞는다고 생각했나 보다.

"여러분, 이번에 정말 중요한 건 중학생 눈높이에 맞추는 거예요." 내가 팀원들에게 강조했다. "너무 어렵게 접근하면 흥미를 잃을 수 있으니, 창업의 재미있는 측면과 우리의 실패담도 솔직하게 나누는 게 좋을 것 같아요."

정우가 고개를 끄덕이며 말했다. "맞아, 우리가 처음 실패했던 이야기들도 공유하면 좋을 것 같아. 특히 첫 번째 시제품이 완전히 망했던 경험이라든가."

우리는 1박 2일 동안 진행될 캠프의 세부 일정과 내용을 꼼꼼히 계획했다. 첫날은 창업의 기본 개념부터 아이디어 발상, 문제 해결까지 배우고, 둘째 날은 실제 사업계획서를 작성하고 발표하는 시간으로 구성했다. 무엇보다 학생들이 직접 참여하고 체험할 수 있는 활동 중심으로 프로그램을 마련했다.

1일차: 창업의 씨앗 심기

토요일 아침, 한국발명창업가고등학교의 넓은 강당은 80명의 중학생들로 가득 찼다. 다양한 학교에서 온 학생들은 설레는 표정으로 우리를 기다리고 있었다. 강당 앞쪽에는 "넥스트 리더 프로젝트: 청소년 비즈니스 아카데미"라는 현수막이 걸려 있었고, 창가로는 따스한 가을 햇살이 비치고 있었다.

시계는 9시를 가리키고 있었다. 약간 긴장된 마음으로 마이크를 잡고 학생들 앞에 섰다.

"안녕하세요, 여러분! 저는 한국발명창업가고등학교 3학년이자 서로나의 CEO 로나입니다. 사실 저희는 지금 대학 준비와 사업 확장으로 정신없는 나날을 보내고 있어요. 저는 KAIST 기술경영학부에 합격했고, 창업 경험을 바탕으로 더 깊은 지식을 쌓아 서로나를 글로벌 에듀테크 기업으로 성장시키는 것이 목표예요. 이렇게 바쁜 와중에도 여러분과 함께하게 되어 정말 기쁩니다!"

중학생들의 호기심 어린 눈빛이 인상적이었다. 나는 옆에 서 있는 팀원들을 차례로 소개했다.

"이쪽은 서로나의 마케팅과 투자 유치를 담당하는 준영입니다."

준영이가 한 걸음 앞으로 나와 활기찬 목소리로 인사했다.

“안녕하세요! 저는 서로나에서 마케팅과 투자 유치를 담당하고 있어요. 연세대 경영학과에 합격했고, 지금까지 서로나를 통해 10억 원의 투자 유치에 성공했습니다. 처음 투자자들 앞에서 발표할 때는 정말 많이 떨렸는데, 지금은 당당하게 서로나의 가치를 설명할 수 있게 되었어요. 여러분도 이번 캠프를 통해 많이 성장하실 거예요!”

다음으로 정우와 수현이 함께 앞으로 나왔다.

“안녕하세요, 저는 서로나의 하드웨어 기술 개발을 담당하는 정우입니다. 저는 다른 친구들과 달리 사이버대학교에 등록해 서로나에 집중할 예정이에요. 짧은 시간 안에 더 많은 것을 배우고 서로나의 기술력을 높이는 것이 제 목표거든요. 여러분도 자신만의 길을 찾아보셨으면 좋겠습니다.”

정우의 노트북 화면에는 서로나의 AI 모듈 설계도가 띄워져 있었고, 중학생들은 호기심 어린 눈으로 그것을 바라보았다.

수현이 이어서 자신을 소개했다.

“저는 서로나의 소프트웨어와 AI 알고리즘 개발을 담당하는 수현입니다. 성균관대 소프트웨어학과에 합격했어요. 학교에서 배운 코딩 지식을 바로 서로나에 적용할 수 있어서 정말 좋았어요. 여러분도 학교에서 배우는 내용이 실제로 어떻게 쓰이는지 이번 캠프에서 경험해보셨으면 좋겠습니다.”

민지가 화사한 미소와 함께 앞으로 나섰다.

“안녕하세요, 저는 서로나의 모든 디자인을 담당하는 디자인 디렉터 민지입니다. 미국 RISD(로드아일랜드 디자인스쿨)에 합격해 글로벌 디자인 감각을 키울 예정이에요. 처음에는 그냥 예쁘게만 만들면 되는 줄 알았는데, 디자인이 제품의 사용성과 브랜드 인지도에 얼마나 큰 영향을 미치는지 깨달았어요. 여러분의 아이디어도 좋은 디자인으로 더 빛날 수 있을 거예요!”

민지는 서로나의 브랜드 북을 학생들에게 보여주었고, 통일된 색상과 폰트, 심플하면서도 미래지향적인 로고가 담긴 페이지들을 넘기자 학생들이 감탄하는 소리가 들렸다.

마지막으로 하은이 앞으로 나왔다.

"안녕하세요, 저는 서로나의 교육 콘텐츠와 임팩트 측정을 담당하는 하은입니다. 한양대 교육공학과에 합격했어요. 처음 서로나를 시작했을 때는 이게 정말 교육적으로 효과가 있을까 하는 의문이 있었는데, 학습 데이터를 분석하면서 우리 제품이 실제로 창의력과 문제 해결 능력 향상에 도움이 된다는 것을 증명할 수 있었어요. 여러분의 아이디어도 단순한 생각을 넘어 실제 가치를 만들어 낼 수 있을 거예요!"

하은이는 태블릿을 들어 서로나 교육 키트를 사용한 학생들의 학습 효과를 보여주는 그래프와 데이터를 화면에 띄웠다.

다시 마이크를 들고 캠프의 목표와 일정에 대해 설명했다.

"이번 1박 2일 동안 여러분만의 창업 아이디어를 발굴하고, 사업계획서로 만드는 여정을 함께할 거예요. 전남교육청에서 특별히 저희 서로나 팀에게 여러분들을 지도해달라고 요청하셨어요. 처음이라 긴장될 수도 있지만, 걱정하지 마세요. 저희도 불과 2년 전에는 창업에 대해 아무것도 몰랐으니까요."

그 말을 하면서 2년 전의 내 모습이 떠올랐다. 학교 동아리에서 처음 내 아이디어를 발표했을 때 느꼈던 떨림과 설렘. 그 시간이 지금의 서로나를 만들었다는 생각에 감회가 새로웠다.

세션 1: 창업이란 무엇일까?

대형 스크린을 향해 고개를 돌렸다. 프로젝터가 켜지며 '창업이란 무엇일까?'라는 제목의 슬라이드가 나타났다.

"여러분, 창업이 뭐라고 생각하세요?" 학생들에게 질문했다.

잠시 침묵이 흐르다가, 앞줄에 앉은 한 학생이 조심스럽게 손을 들었다.

"회사를 만드는 거요?"

"네, 맞아요!" 환하게 웃으며 대답했다. "간단히 말하면 창업은 새로운, 자신만의 사업을 시작하는 것이죠. 취업이 이미 있는 회사에 들어가는 것이라면, 창업은 여러분 스스로 회사를 만드는 거예요."

화면을 다음 슬라이드로 넘기며 진지한 표정으로 계속 말했다.

"하지만 창업은 단순히 회사를 설립하는 법적 절차를 넘어서는 의미가 있어요. 창업은 세상의 문제를 발견하고, 그것을 해결할 가치 있는 해결책을 만들어 내는 여정입니다. 우리가 매일 마주하는 불편함이나 아쉬움을, 혁신적인 방법으로 개선하는 과정이죠."

서로나의 초기 제품 사진을 띄우며 말을 이어갔다.

"저희가 처음 창업을 시작했을 때는 정말 아무것도 몰랐어요. 대회에서 상을 타면 좋겠다는 단순한 생각으로 시작했는데, 점차 깨달은 것은 진정한 창업의 핵심은 '가치 창출'이라는 점이었어요. 단순히 돈을 버는 것이 아니라, 우리 사회에 의미 있는 변화를 만들어 내는 것이죠."

중학생들이 진지하게 경청하는 모습이 인상적이었다. 우리의 이야기가 그들에게 진심으로 전달되고 있다는 느낌에 더욱 열정적으로 말을 이어나갔다.

"창업은 또한 끊임없는 실험과 도전의 과정이에요. 처음 생각했던 아이디어가 실제로 작동하지 않을 때도 많고, 예상치 못한 문제들이 계속 나타나죠. 서로나도 처음에는 단순한 빨대 공작 키트였지만, 사용자 피드백을 받아가며 점점 발전해 지금의 AI 교육 플랫폼이 되었어요. 이렇게 계속 개선하고 진화하는 과정이 창업의 묘미라고 할 수 있죠."

다음 슬라이드로 넘어갔다. 화면에는 서로나 팀이 함께 일하는 모습과 밤늦게까지 회의하는 사진들이 보여졌다.

"창업은 혼자 하는 것이 아닌 함께하는 여정이에요. 처음에는 저 혼자 시작했지만, 각자 다른 강점을 가진 팀원들이 합류하면서 서로나는 더 큰 성장을 이룰 수 있었어요. 여러분도 이번 캠프에서 팀으로 활동하면서 서로의 다양한 관점과 아이디어가 만나 더 좋은 결과물이 나오는 경험을 하게 될 거예요."

다음 슬라이드로 넘어갔다. 화면에는 다양한 청소년 창업 사례들이 소개되었다.

"여러분 나이에 창업을 시작한 친구들도 많아요. 13살에 벌꿀 립밤 회사를 시작한 미아벨 카르벨로, 12살에 환경 친화적인 담수화 장치를 발명한 데니스 아코스타 같은 친구들처럼요. 중요한 건 나이가 아니라 문제를 발견하고 해결하려는 열정이에요!"

슬라이드의 사례들을 보며 중학생들의 눈이 반짝이기 시작했다. 그들도 '나도 할 수 있을지도 모른다'는 생각을 하고 있는 듯했다.

세션 2: 아이디어 찾기

발표가 끝난 후, 민지가 앞으로 나섰다. 그녀는 컬러풀한 포스트잇 묶음과 마커펜을 들고 있었다.

"자, 이제 아이디어를 발견하는 시간이에요. 아이디어는 어디서 나올까요?" 민지가 질문했다.

학생들은 활기차게 손을 들었다.

"생활 속에서요!" 곱슬머리 남학생이 외쳤다.

"불편한 점에서요!" 앞줄의 여학생이 자신 있게 대답했다.

"새로운 기술을 보고 생각나요!" 창가 쪽 학생이 덧붙였다.

민지는 열정적으로 고개를 끄덕였다. "모두 정확해요! 특히 우리 주변의 불편함이나 문제점에서 아이디어가 나오는 경우가 많죠. 실제 성공한 대부분의 스타트업은 창업자가 직접 겪은 문제를 해결하면서 시작됐어요. 저희 서로나도 버려지는 빨대를 보고 문제의식을 느낀 것이 시작이었죠."

민지는 프로젝터로 성공한 스타트업 사례들을 보여주었다. "에어비앤비는 창업자들이 집세를 내기 어려워 자신의 집 일부를 빌려주면서 시작됐고, 배달의 민족은 음식 배달 전단지가 너무 많아 정리가 안 된다는 불편함에서 시작됐어요. 여러분도 일상에서 느끼는 불편함에서 훌륭한 창업 아이디어를 찾을 수 있어요."

이어서 민지는 브레인스토밍 방법을 설명했다.

"아이디어를 발견하는 첫 단계는 브레인스토밍이에요. 이건 마치 뇌에서 아이디어가 폭풍처럼 쏟아져 나오게 하는 기법이죠. 여러분이 창업가가 되면 매일 새로운 아이디어와 솔루션을 생각해 내야 해요. 브레인스토밍은 그 훈련을 하는 가장 효과적인 방법이랍니다."

민지는 화이트보드에 큼직하게 "NO CRITICISM"이라고 썼다.

"브레인스토밍의 가장 중요한 규칙은 '비판 금지'입니다. 왜 그럴까요? 아이디어는 처음엔 작고 연약해서 비판에 쉽게 죽어버려요. '그건 안 될 것 같아'라는 말 한마디에 멋진 아이디어가 사라질 수 있죠. 실리콘밸리에서는 '예스, 앤드'라는 표현을 써요. '아니야, 그건'이 아니라 '좋아, 그리고 이렇게 하면 더 좋을 것 같아'라고 말하는 거죠."

학생들은 적극적으로 고개를 끄덕이며 민지의 설명에 집중했다.

"성공한 기업가들은 평균 200개의 아이디어를 생각해낸 후에야 한 개의 성공적인 아이디어를 찾는다고 해요. 그러니 지금은 양이 중요해요! 저희 서로나도 처음에는 33개의 아이디어 중에서 '빨대로 뭘 만들 수 있을까?'라는 질문을 선택했답니다."

민지는 모든 학생들에게 포스트잇과 펜을 나눠주었다. 학생들은 8명씩 10개 팀으로 나뉘었고, 각 팀마다 서로나 팀원 한 명이 배정되었다.

"모든 아이디어를 포스트잇에 적어보세요. 한 장에 한 아이디어만요. 그리고 벽이나 테이블에 붙여서 모두가 볼 수 있게 해주세요. 이렇게 하면 다른 사람의 아이디어에서 영감을 받아 또 다른 아이디어가 나올 수 있어요. 페이스북, 구글, 애플 같은 기업들도 이런 방식으로 새로운 아이디어를 발굴한답니다."

학생들은 열정적으로 아이디어를 적기 시작했다. 처음에는 몇몇 학생들이 "내 아이디어가 좋을까?" 하며 망설였지만, 서로나 팀의 지도와 격려로 점차 분위기가 무르익으면서 다양한 아이디어들이 쏟아져 나왔다.

"등하교 가방이 너무 무거워요."

"급식 메뉴를 미리 알고 싶어요."

"친구들과 함께 공부할 수 있는 앱이 있으면 좋겠어요."

"우리 동네에 청소년들이 놀 수 있는 공간이 부족해요."

"학원 수업 스케줄을 관리하기 어려워요."

15분 후, 강당 벽면은 다양한 아이디어가 적힌 포스트잇으로 가득 찼다. 민지는 브레인스토밍 과정을 마무리하며 설명했다.

"여러분, 정말 놀라운 아이디어들이 많이 나왔네요! 이렇게 브레인스토밍을 하는 이유는 창의적 사고력을 키우고, 다양한 관점에서 문제를 볼 수 있게 하기 위해서에요. 스티브 잡스도 '창의성은 그저 점들을 연결하는 것'이라고 했어요. 여러분이 지금 만든 이 아이디어 점들이 나중에 혁신적인 해결책으로 연결될 거예요."

세션 3: 문제 해결하기

짧은 휴식 시간 후, 정우가 앞으로 나왔다.

"여러분, 아이디어를 많이 발굴했네요. 하지만 모든 아이디어가 좋은 사업 아이템이 되는 건 아니에요. 진정한 창업가는 단순한 아이디어가 아니라, 실제 문제를 해결할 수 있는 솔루션을 개발하죠. 그러려면 문제의 근본 원인을 정확히 파악해야 해요."

정우는 화이트보드에 '5WHY' 방법론을 소개했다.

"여러분, 토요타 자동차를 아시나요? 세계적인 자동차 회사죠? 토요타는 문제의 근본 원인을 찾기 위해 '5번의 왜'라는 기법을 개발했어요. 이 방법은 마치 호기심 많은 5살 아이처럼 계속 '왜?'라고 물어보면서 문제의 표면이 아닌 근본 원인을 찾아가는 거예요."

정우는 화이트보드에 '왜?'라는 글자를 크게 다섯 번 적었다.

"이 방법을 사용하면 문제의 진짜 원인을 찾을 수 있고, 그래야 효과적인 해결책을 만들 수 있어요. 예를 들어볼게요. '왜 학생들의 가방이 무거울까?' 첫 번째 대답이 '교과서와 공책이 많아서'라면, 다시 '왜 교과서와 공책을 모두 가지고 다녀야 할까?'라고 물어보는 거예요."

학생들이 흥미롭게 경청하는 것을 본 정우는 계속해서 질문을 이어갔다.

"그 답이 '그날 필요한 책이 무엇인지 잘 모르기 때문'이라면, 또 '왜 필요한 책을 미리 알기 어려울까?'라고 질문하죠. 이런 식으로 계속 파고들면 '학교와 학생 간 효과적인 커뮤니케이션 부재', '디지털 교과서 활용 부족', '사물함 공간 제한' 같은 더 깊은 원인들을 발견할 수 있어요."

정우는 실제 사례를 보여주며 설명했다. "넷플릭스는 '왜 사람들이 DVD 대여점에 늦게 반납할까?'라는 질문에서 시작해 결국 '시간과 장소에 구애받지 않고 콘텐츠를 즐기고 싶다'는 근본 욕구를 발견했죠. 이게 지금의 스트리밍 서비스로 이어졌고요. 여러분도 5WHY를 통해 문제의 근본 원인을 찾으면, 남들과는 차별화된 혁신적인 해결책을 만들 수 있을 거예요."

팀별로 자신들이 발견한 문제 중 하나를 선택해 5WHY 방법을 적용해보도록 했다. 서로나 팀원들은 각 테이블을 돌아다니며 학생들을 도왔다.

3팀에서는 "학교 급식 메뉴를 미리 알기 어렵다"는 문제를 선택했다. 정우가 그들을 도우며 질문을 던지기 시작했다.

"왜 급식 메뉴를 미리 알기 어려울까요?"
"학교 홈페이지에 올라오긴 하지만 찾아보기 번거로워요." 한 학생이 대답했다.
"왜 번거로울까요?"
"홈페이지에 로그인해야 하고, 메뉴를 찾아가는 과정이 복잡해요."
"왜 그런 방식으로 메뉴를 공유할까요?"
"학교가 편리한 방식으로 정보를 공유하는 시스템이 부족해서요."
"왜 그런 시스템이 부족할까요?"
"학교가 학생들의 정보 접근성에 대한 중요성을 충분히 인식하지 못해서요."
"왜 학교는 그 중요성을 인식하지 못할까요?"
"학생들의 의견을 듣는 채널이 부족하고, 디지털 시스템 개선에 우선순위를 두지 않아서요."

정우는 학생들이 도출한 답변을 정리했다. "자, 이제 우리는 단순히 '급식 메뉴를 모른다.'라는 표면적 문제가 아니라, '학교-학생 간 효과적인 정보 공유 시스템 부재'와 '학생 의견 수렴 채널 부족'이라는 더 근본적인 문제를 발견했어요. 이제 이 문제를 해결하면 단순한 급식 앱이 아니라, 학교와 학생 간 소통을 혁신적으로 개선할 수 있는 솔루션이 나올 수 있어요. 이게 바로 5WHY의 힘이죠!"

다른 팀들도 비슷한 과정을 통해 자신들이 선택한 문제의 근본 원인을 탐색했다. 1시간의 활동 후, 각 팀은 자신들이 발견한 문제와 그 근본 원인에 대해 간단히 발표했다.

발표가 끝난 후, 하은이 앞으로 나왔다.

"여러분, 이제 문제의 근본 원인을 찾았으니 창의적인 해결책을 개발할 차례예요. 창의적 사고가 바로 창업의 핵심이죠. 특히 청소년 창업가들은 기존 틀에 얽매이지 않는 신선한 시각으로 혁신적인 해결책을 만들어낼 수 있어요. 그걸 돕는 강력한 도구가 바로 'SCAMPER' 기법이에요."

하은은 각 글자가 의미하는 단어를 화이트보드에 적었다.

"SCAMPER는 창의적 사고를 위한 체크리스트예요. 이 기법을 사용하면 기존의 아이디어를 다양한 방식으로 변형하고 개선해 완전히 새로운 해결책을 만들 수 있어요. 레고 회사도 이 방법을 사용해 단순한 블록 장난감에서 로봇 프로그래밍 키트까지 발전시켰죠."

하은은 각 요소를 차례로 설명했다.

"S는 대체(Substitute)로, 기존 요소를 다른 것으로 바꾸는 거예요. C는 결합(Combine)으로, 다른 요소와 합치는 것이고요. A는 적용(Adapt)으로, 다른 상황이나 목적을 위해 조정하는 것이죠. M은 수정(Modify)으로, 크기나 형태를 바꾸는 거예요. P는 용도 변경(Put to other uses)으로, 다른 용도로 사용하는 것이고요. E는 제거(Eliminate)로, 불필요한 부분을 없애는 것이며, 마지막 R은 재배열(Rearrange)로, 순서나 패턴을 바꾸는 것을 의미해요."

하은은 생생한 예시를 들며 설명을 이어갔다.

"예를 들어, 무거운 가방 문제를 SCAMPER로 해결해 볼까요? '대체'를 적용한다면, '종이 교과서를 디지털 교과서로 대체한다.'라는 아이디어가 나오죠. '결합'이라면 '사물함과 알림 시스템을 결합해 필요한 책만 챙기게 한다.'라는 생각을 할 수 있고요. 애플, 테슬라, 스페이스X 같은 혁신 기업들도 이런 창의적 사고 방법을 사용한답니다."

학생들의 눈이 반짝이는 것을 본 하은은 더욱 열정적으로 계속했다.

"'적용'은 다른 분야의 아이디어를 빌려오는 거예요. '배달 앱 시스템을 학교 급식 예약에 적용한다.'처럼요. '수정'은 크기나 형태를 바꾸는 건데, '교과서를 더 작고 가벼운 형태로 만든다.'가 될 수 있어요. 우버는 택시 서비스를 수정해서 완전히 새로운 경험을 만들었죠."

하은은 각 방법에 해당하는 성공 사례들을 화면에 보여주며 계속했다.

"'용도 변경'은 원래 목적과 다른 용도로 사용하는 거예요. '학교 운동장을 주말에 지역 주민 공원으로 활용한다'처럼요. '제거'는 불필요한 것을 빼는 건데, '학교 공지에서 불필요한 정보를 제거한 핵심만 보여주는 앱'이 좋은 예죠. 트위터는 블로그에서 긴 글을 제거하고 짧은 메시지만 남겨 성공했어요. '재배열'은 순서나 구조를 바꾸는 건데, '학습 순서를 학생이 자유롭게 선택하는 맞춤형 교육'이 여기 해당돼요. 넷플릭스는 TV 프로그램 시청 순서를 시청자가 정하도록 재배열했죠."

하은은 마무리하며 강조했다.

"SCAMPER 기법을 사용하면 여러분의 아이디어가 평범함을 넘어 혁신적이고 차별화된 솔루션으로 발전할 수 있어요. 실제 창업 현장에서도 많이 사용되는 방법이니, 지금 배우는 이 기술이 여러분의 미래 창업 여정에 큰 도움이 될 거예요."

학생들은 각 팀별로 SCAMPER 기법을 적용해 자신들의 문제에 대한 창의적인 해결책을 모색하기 시작했다. 강당은 열띤 토론 소리로 가득 찼다. 학생들은 이 도구들이 단순한 수업 활동이 아니라 실제 창업 현장에서 사용되는 중요한 기술임을 이해하고, 더욱 진지하게 참여했다.

점심 식사 및 팀 빌딩

오전 세션의 브레인스토밍, 5WHY, SCAMPER 기법 학습을 마치고 학생들은 식당으로 이동해 점심 식사를 했다. 식사 중에도 학생들은 자신들이 발견한 문제와 해결책에 대해 열정적으로 이야기를 나누었다. 아침에 비해 훨씬 더 구체적이고 깊이 있는 대화가 오갔다. 서로나 팀원들은 각 테이블을 방문하며 학생들의 대화에 참여했다.

"오전에 배운 기법들이 정말 도움이 되는 것 같아요," 한 학생이 말했다. "처음에는 그냥 '급식 앱'이라고만 생각했는데, 5WHY를 통해 더 깊은 문제를 발견하니 우리 솔루션이 훨씬 더 가치 있게 느껴져요."

다른 학생이 덧붙였다. "SCAMPER로 다양한 아이디어를 생각해 보니까 정말 창의적인 해결책들이 나왔어요. 이런 방법들을 실제 창업가들도 사용한다니 신기해요!"

식사가 끝난 후, 팀 빌딩 활동을 진행했다. 각 팀은 자신들의 팀 이름과 간단한 구호를 만들고, 문제 해결 과정에서 각자 맡을 역할을 정했다. 이 활동은 단순한 놀이가 아니라 실제 스타트업처럼 팀 정체성을 확립하고 효율적인 협업 구조를 만드는 중요한 과정이었다.

세션 4: 고객은 누구일까?

점심 식사와 팀 빌딩 활동 후, 학생들은 다시 강당에 모였다. 이번에는 하은이 진행을 맡았다.

"여러분, 이제 해결하고 싶은 문제와 아이디어가 생겼죠? 그런데 중요한 질문이 하나 있어요. 이 해결책이 정말 필요한 사람은 누구일까요?"

하은이 스크린에 '고객 이해하기'라는 제목의 슬라이드를 띄웠다.

"아무리 좋은 아이디어라도 그것을 필요로 하는 사람들이 없다면 성공하기 어려워요. 그래서 우리는 '고객 페르소나'라는 것을 만들어야 합니다."

"고객 페르소나란 여러분의 제품이나 서비스를 사용할 가상의 인물을 구체적으로 만드는 거예요. 이름, 나이, 직업은 물론, 취향, 고민거리, 행동 패턴까지 상세하게 정의합니다."

하은은 서로나가 실제로 사용했던 고객 페르소나 예시를 보여주었다.

"저희 서로나의 첫 번째 고객 페르소나는 '혁신적인 교육 방법을 찾는 김지현 선생님'이었어요. 40세 초등학교 과학 교사로, 10년 경력이 있으며, 학생들의 창의력을 키우는 교육에 관심이 많지만 준비 시간이 부족해 고민하는 분이었죠. 주로 교사 커뮤니티와 교육 블로그에서 새로운 교육 방법을 찾고, 비용보다는 교육적 효과를 중시하는 특징이 있었어요."

하은은 또 다른 예시도 보여주었다.

"두 번째 페르소나는 '자녀의 창의력 발달을 중요시하는 35세 주부 이민정 씨'였어요. 초등학교 3학년, 1학년 자녀를 둔 어머니로, 아이들의 스크린 타임을 줄이고 창의적인 활동을 늘리고 싶어하는 분이었죠. 인스타그램과 육아 카페에서 정보를 얻고, 자녀 교육에 적극적으로 투자하는 특징이 있었어요."

학생들은 하은의 설명을 들으며 메모를 하기 시작했다.

"이제 여러분 차례예요. 팀별로 여러분의 제품이나 서비스를 사용할 고객 페르소나를 2명 이상 만들어 보세요. 실제 인물처럼 구체적으로 상상해보는 것이 중요해요."

각 팀은 포스터 보드와 마커펜을 받아 고객 페르소나를 그리기 시작했다. 우리 서로나 팀원들은 각 테이블을 돌아다니며 조언을 해주었다.

민지가 7번 팀에 다가갔다. 이 팀은 '급식 정보 앱'이라는 아이디어를 발전시키고 있었다.

"어떤 고객 페르소나를 생각하고 있나요?" 민지가 물었다.

"저희는 두 명의 페르소나를 만들고 있어요." 팀장을 맡은 김민준 학생이 대답했다. "첫 번째는 '알레르기가 있는 중학교 1학년 이지현'이고, 두 번째는 '자녀의 영양에 관심 많은 학부모 박상우 씨'예요."

민지는 그들의 작업을 살펴보았다. "좋은 접근이에요! 이지현 학생의 경우, 어떤 알레르기가 있고, 급식에서 어떤 어려움을 겪고 있는지 좀 더 구체적으로 적어보면 좋겠어요. 그리고 박상우 씨는 어떤 직업을 가지고 있고, 어떤 채널로 정보를 얻는지도 생각해 보세요."

7번 팀 학생들은 민지의 조언에 따라 페르소나를 더 구체화하기 시작했다.

각 팀은 1시간 동안 고객 페르소나를 완성했고, 이어서 팀별로 간단히 발표하는 시간을 가졌다. 발표를 들으며 학생들은 다른 팀의 아이디어와 접근 방식에서도 많은 영감을 얻는 모습이었다.

세션 5: 어떻게 돈을 벌 수 있을까?

짧은 휴식 후, 준영이 앞으로 나왔다. 그는 서로나의 투자 유치와 비즈니스 모델 설계를 담당하는 전문가였다.

"여러분, 지금까지 문제를 발견하고, 해결책을 고민하고, 고객을 정의했어요. 이제 중요한 질문 하나가 남았어요. 어떻게 돈을 벌 수 있을까요?"

준영은 화면에 '비즈니스 모델 캔버스'를 띄웠다.

"창업은 단순히 좋은 아이디어를 갖는 것만으로는 부족해요. 지속 가능한 비즈니스가 되려면 수익 모델이 필요하죠. 이를 위해 '비즈니스 모델 캔버스'라는 도구를 소개해 드릴게요."

준영은 화면을 넘겨 배달의민족 로고를 보여주었다.

“여러분이 잘 알고 있는 배달의민족을 예로 들어볼게요. 배달의민족은 어떻게 돈을 벌까요?”

“음식점에서 수수료를 받아요!” 여러 학생들이 대답했다.

“맞아요! 그런데 그것이 배달의민족의 비즈니스 모델 전부일까요? 더 자세히 살펴봅시다.”

준영은 배달의민족의 비즈니스 모델을 캔버스에 채워나갔다.

“배달의민족의 가치 제안은 ‘쉽고 빠른 음식 주문과 배달’이에요. 이건 고객에게 주는 핵심 가치죠. 배달의민족이 없던 시절에는 전단지를 찾고, 전화번호를 누르고, 주소를 설명하는 번거로움이 있었어요. 배민은 이 과정을 몇 번의 터치로 줄였죠.”

준영은 계속해서 설명했다.

“배달의민족의 고객 세그먼트는 크게 두 그룹이에요. 한쪽은 ‘음식을 주문하는 사용자’고, 다른 한쪽은 ‘음식을 판매하는 음식점’이죠. 양쪽 고객 모두에게 가치를 제공해야 비즈니스가 성립돼요. 사용자에게는 편리함을, 음식점에게는 더 많은 주문을 제공하는 거죠.”

학생들이 고개를 끄덕이며 경청했다.

“배달의민족의 채널은 ‘모바일 앱’과 ‘웹사이트’예요. 이건 고객이 서비스를 이용하는 통로를 말해요. 초기에는 웹사이트가 주요 채널이었지만, 지금은 대부분의 사용자가 앱을 통해 주문하죠.”

준영은 이제 핵심 부분으로 넘어갔다.

“이제 중요한 부분이에요. 배달의민족의 수익원, 즉 돈을 버는 방법은 크게 세 가지예요. 첫째, ‘음식점으로부터 받는 중개 수수료’가 있어요. 주문이 들어올 때마다 일정 비율을 수수료로 받는 거죠. 둘째, ‘광고 수수료’가 있어요. 앱 내에서 상단 노출이나 배너 광고를 원하는 음식점들이 광고비를 지불해요. 셋째, ‘배달 수수료’가 있어요. 배달의민족이 직접 배달을 대행해 주는 ‘배민라이더스’ 서비스를 통해 수익을 창출하죠.”

준영은 마지막으로 비용 구조를 설명했다.

“배달의민족의 주요 비용은 ‘앱 개발 및 유지보수 비용’, ‘마케팅 비용’, ‘고객 센터 운영 비용’, 그리고 ‘배달 인프라 구축 비용’ 등이 있어요. 특히 초기에는 사용자와 음식점을 확보하기 위한 마케팅 비용이 많이 들었죠. ‘배민 아저씨’ 광고 보신 적 있나요?”

많은 학생들이 웃으며 고개를 끄덕였다.

“이렇게 배달의민족은 명확한 비즈니스 모델을 통해 2010년 작은 스타트업에서 시작해 현재 약 10조 원의 가치를 가진 회사로 성장했어요. 좋은 아이디어와 함께 탄탄한 비즈니스 모델이 있었기에 가능했던 거죠.”

준영은 비즈니스 모델 캔버스의 5가지 핵심 요소를 정리했다.

“정리하자면, 비즈니스 모델의 핵심 요소는 다섯 가지예요. 첫째, 가치 제안: 고객에게 제공하는 핵심 가치. 둘째, 고객 세그먼트: 주요 고객이 누구인지. 셋째, 채널: 어떻게 고객에게 제품을 전달할지. 넷째, 수익원: 어떻게 돈을 벌 것인지. 다섯째, 비용 구조: 어떤 비용이 발생할지. 이 다섯 가지를 명확히 하면 여러분의 아이디어가 어떻게 비즈니스가 될 수 있는지 그림이 그려져요.”

준영은 다양한 수익 모델에 대해 추가 설명했다.

“수익을 창출하는 방법은 다양해요. 배달의민족처럼 ‘중개 수수료’를 받는 방법, 넷플릭스처럼 ‘구독료’를 받는 방법, 카카오톡처럼 ‘기본은 무료, 부가 기능은 유료’인 프리미엄 모델, 유튜브처럼 ‘광고’ 수익을 얻는 방법 등이 있죠.”

준영은 서로나의 비즈니스 모델도 간략히 소개했다.

“저희 서로나의 초기 비즈니스 모델은 어땠을까요? 가치 제안은 ‘폐플라스틱을 활용한 창의 교육 키트’였어요. 고객 세그먼트는 ‘혁신적인 교육 방법을 찾는 교사’와 ‘자녀의 창의력 발달을 중요시하는 학부모’였죠. 채널은 ‘교사 대상 워크숍’과 ‘온라인 스토어’였고, 수익원은 ‘키트 판매’와 ‘워크숍 수익’이었어요. 비용 구조는 ‘재료비’, ‘인건비’, ‘마케팅 비용’ 등이 있었습니다.”

학생들은 준영의 설명을 듣고 각자의 아이디어에 맞는 비즈니스 모델을 구상하기 시작했다.

"여러분, 이제 팀별로 비즈니스 모델 캔버스를 작성해볼 시간이에요. 여러분의 아이디어가 어떻게 가치를 창출하고, 어떻게 수익을 낼 수 있는지 고민해보세요."

각 팀은 큰 종이에 비즈니스 모델 캔버스를 그리고, 포스트잇을 활용해 각 영역을 채워나갔다.

2번 팀의 "김서연" 학생이 준영에게 질문했다.

"멘토님, 저희는 학생들의 스케줄 관리 앱을 개발하려고 하는데, 어떻게 수익을 낼 수 있을까요? 학생들에게 돈을 받기는 어려울 것 같은데요."

준영은 생각에 잠기더니 대답했다.

"좋은 질문이에요! 타깃 고객이 직접 비용을 지불하기 어려운 경우, 다른 방법을 생각해볼 수 있어요. 예를 들어, 기본 기능은 무료로 제공하고 추가 기능에는 요금을 부과하는 '프리미엄' 모델을 생각해볼 수 있죠. 또는 학부모나 학교를 대상으로 한 버전을 별도로 만들어 수익을 창출할 수도 있고요. 광고를 통한 수익 모델도 가능하지만, 이 경우 사용자 경험에 방해가 되지 않도록 주의해야 해요."

서연 학생은 준영의 조언을 들으며 활짝 웃었다. "아, 그렇군요! 기본 기능은 무료로 제공하고, 심화 분석이나 추가 기능은 유료로 하는 방식이 좋을 것 같아요."

준영은 다른 팀들에게도 비슷한 조언을 해주었다. 6번 팀에게는 구독 모델에 대해, 9번 팀에게는 광고 수익 모델에 대해 자세히 설명해주었다.

각 팀은 1시간 동안 비즈니스 모델 캔버스를 완성했고, 몇몇 팀은 자신들의 아이디어를 간단히 발표했다. 발표를 들으며 학생들은 다른 팀의 비즈니스 모델에서도 많은 영감을 얻는 모습이었다.

세션을 마무리하며 준영이 말했다.

"여러분, 비즈니스 모델은 여러분의 아이디어가 실제 사업으로 발전할 수 있는 토대예요. 오늘 배운 내용을 활용해 여러분의 아이디어가 어떻게 가치를 창출하고 수익을 낼 수 있는지 계속 고민해 보세요. 창업의 여정에서 이 부분은 정말 중요하답니다!"

학생들은 이제 단순한 아이디어를 넘어 지속 가능한 비즈니스를 구상하는 법을 배웠다. 그들의 표정에서 미래의 창업가로서의 자신감이 엿보였다.

창업가 게임 나이트: 배우며 즐기는 창업 체험

오후 세션을 마치고 학생들은 식당으로 이동했다. 저녁 식사 시간에도 각 테이블에서는 창업 아이디어에 관한 열띤 토론이 계속되었다. 한 테이블에서는 "학교 급식 주문 앱"에 대해, 또 다른 테이블에서는 "청소년 친화적 스터디 카페"에 대한 이야기가 오갔다. 서로나 팀원들은 테이블마다 돌아다니며 학생들과 함께 식사하고 대화를 나눴다.

"진짜 배고팠는데, 이제 좀 살 것 같아요!" 정우가 웃으며 말했다. "여러분도 아이디어를 많이 쏟아내느라 에너지 소모가 심했을 거예요. 든든히 먹고 재미있는 시간을 가져볼게요!"

식사를 마친 후, 학생들은 다시 강당으로 모였다. 강당 분위기가 달라져 있었다. 조명이 약간 어두워지고, 테이블 배치가 바뀌었으며, 컬러풀한 조명들이 켜져 있었다. 한쪽에는 다양한 물건이 담긴 커다란 상자들이 놓여 있었다.

내가 마이크를 들고 강당 중앙에 섰다.

"여러분, 지금까지 정말 열심히 배우고 고민했어요. 그런데 창업에는 지식만큼 중요한 것이 있어요. 바로 '창의성'과 '즐겁게 도전하는 마음'이죠! 지금부터는 재미있게 놀면서 창업 역량을 키우는 시간을 가져볼게요!"

학생들이 환호성을 질렀다.

"우리가 준비한 '창업가 게임 나이트'를 시작할게요! 실제 창업 현장에서도 이런 게임들을 통해 창의력을 키우고 팀워크를 다진답니다. 구글, 페이스북 같은 기업들도 직원들에게 '놀 시간'을 주는 이유가 있어요. 놀면서 더 좋은 아이디어가 나오거든요!"

첫 번째 게임은 "이상한 제품 판매하기"였다. 강당 한쪽에 진열된 다양한 물건들이 보였다. 안경, 운동화, 우산, 교과서, 요요, 물병, 헤드폰, 자전거 헬멧, 게임 컨트롤러, 텀블러, 충전기, 스마트폰 케이스 등 일상 물건들이 있었다.

"이 게임은 실리콘밸리의 스타트업들이 실제로 창의력 훈련에 사용하는 방법이에요," 민지가 설명했다. "각 팀은 상자에서 무작위로 두 가지 물건을 뽑을 거예요. 그리고 그 두 물건을 결합한 완전히 새로운 제품을 상상해야 해요!"

학생들의 눈이 호기심으로 반짝였다.

"여기서 중요한 건 '얼마나 말도 안 되게 만들까'가 아니라, '어떻게 이 조합을 실제로 유용한 제품으로 만들까'예요. 30초 동안 팀원들과 머리를 맞대고 아이디어를 구상한 다음, 30초 동안 다른 팀들에게 판매 피칭을 해야 해요!"

각 팀의 대표가 앞으로 나와 두 가지 물건이 담긴 봉투를 뽑았다. 팀원들은 즉시 머리를 맞대고 아이디어를 쏟아내기 시작했다.

5번 팀은 "물병"과 "헤드폰"을 뽑았다. 처음에는 당황한 표정이었지만, 곧 열띤 토론이 시작됐다.

"물병에 센서를 달면 어떨까?"

"헤드폰에서 물 마시라고 알려주는 거야!"

"맞아, 운동할 때 물 마시는 걸 자주 잊거든!"

30초가 지나고, 5번 팀의 발표 차례가 됐다.

"안녕하세요, 저희는 '하이드라비트'를 개발했습니다!" 팀장 민호가 자신감 있게 외쳤다. "하이드라비트는 음악을 즐기면서 수분 섭취를 관리해 주는 혁신적인 헤드폰입니다. 내장된 센서가 사용자의 움직임과 체온을 측정해 수분 필요량을 계산하고, 물을 마실 시간이 되면 음악 볼륨이 자동으로 줄어들면서 '물 마실 시간이에요'라는 알림을 줍니다. 스마트폰 앱과 연동되어 하루 수분 섭취량을 기록하고, 개인별 맞춤 알림을 제공합니다. 운동하는 분, 공부하느라 물 마시는 걸 잊는 학생들, 건강을 챙기고 싶은 모든 분들에게 완벽한 제품입니다!"

강당에 박수 소리가 터져 나왔다. 준영이 놀란 표정으로 말했다. "와, 30초 만에 이렇게 구체적인 비즈니스 모델까지 생각해냈네요. 정말 인상적입니다!"

다른 팀들도 하나씩 발표를 이어갔다. 3번 팀은 "우산"과 "게임 컨트롤러"로 "게이미피케이션 운동 우산"을 만들었다. 우산 손잡이에 달린 조작 버튼으로 걸음 수와 칼로리를 측정하고, 운동량에 따라 게임 포인트를 주는 제품이었다.

7번 팀은 "책"과 "스마트폰 케이스"로 "AR 스토리 케이스"를 만들었다. 스마트폰 케이스에 책을 갖다 대면 증강현실로 책 속 이야기가 펼쳐지는 제품이었다.

가장 큰 환호를 받은 것은 8번 팀이었다. 그들은 "운동화"와 "충전기"로 "에너지 하베스팅 신발"을 개발했다. 걸을 때마다 운동에너지를 전기로 바꿔 스마트폰을 충전할 수 있는 신발이었다.

"와, 여러분 정말 창의적이네요!" 내가 감탄했다. "이런 식으로 전혀 관계없어 보이는 것들을 연결하는 능력이 바로 혁신의 시작이에요. 애플이 음악 플레이어와 전화기를 합쳐 아이폰을 만든 것처럼요!"

두 번째 게임은 "제한된 자원으로 최대 가치 만들기" 경쟁이었다. 각 팀은 종이 10장, 클립 5개, 고무줄 3개, 빨대 7개, 테이프 30cm, 색연필 세트를 받았다.

"이 게임의 목적은 주어진 재료만으로 가장 가치 있는 제품을 만드는 거예요," 수현이 설명했다. "실제 창업 현장에서도 자원은 항상 제한되어 있어요. 시간, 돈, 인력 모두 부족하죠. 하지만 그 안에서 최대한의 가치를 만들어내는 게 창업가의 능력이에요."

학생들은 30분 동안 열심히 재료를 조합하고 아이디어를 발전시켰다. 방 안은 웃음소리와 토론 소리로 가득 찼다.

"야, 이거 이렇게 접으면 튼튼해져!"

"빨대를 연결하면 더 길게 만들 수 있어!"

"우리 이걸로 진짜 작동하는 걸 만들어보자!"

30분 후, 각 팀은 자신들의 창작물을 발표했다.

9번 팀은 "미니 캐터펄트"를 만들어 큰 환호를 받았다. 종이와 빨대로 만든

이 작은 발사대는 실제로 클립을 5미터 이상 발사할 수 있었다. 발표자 지수는 자신감 넘치는 목소리로 설명했다.

"저희의 '스트레스 슈터'는 공부에 지친 학생들이 잠깐 긴장을 풀 수 있는 교육용 장난감입니다. 역학과 에너지 전환 원리를 직접 체험할 수 있어 물리 학습에도 도움이 됩니다. 게다가 사용자가 직접 개조하고 발전시킬 수 있어 창의력도 키울 수 있어요. 가격은 9,900원으로 책정했고, 온라인 스토어와 문구점을 통해 판매할 계획입니다!"

심지어 가상의 마케팅 계획까지 발표하는 모습에 모두가 놀랐다.

4번 팀은 빨대와 종이를 이용해 "미니 롤러코스터"를 만들었다. 작은 클립을 구슬처럼 굴릴 수 있는 트랙이었는데, 재미있는 건 중간에 루프와 커브까지 설계했다는 점이었다.

"과학 원리를 재미있게 배울 수 있는 교구예요. 위치에너지와 운동에너지의 전환을 직접 보여주고, 아이들이 스스로 트랙을 설계하며 창의력을 키울 수 있죠!"

가장 독특했던 건 6번 팀의 "감정 표현 마스크"였다. 종이로 만든 마스크 안쪽에 빨대와 고무줄로 만든 장치를 달아, 턱의 움직임에 따라 마스크 표면의 표정이 바뀌는 아이디어였다.

"비대면 상황에서도 감정을 효과적으로 전달할 수 있는 혁신적인 제품입니다. 특히 마스크를 써야 하는 상황에서 의사소통을 도와주고, 아이들의 감정 표현 학습에도 도움이 됩니다!"

우리 서로나 팀은 각 발표마다 진지하게 질문하고 피드백을 제공했다. 준영은 비즈니스 모델을, 민지는 디자인을, 정우는 기술적 측면을 코멘트했다.

두 게임이 끝난 후, 마지막 활동으로 자유로운 Q&A 시간을 가졌다. 모두가 강당 한가운데 원형으로 앉아 편안한 분위기에서 대화를 나눴다.

"멘토님들께 궁금한 점이 있으면 뭐든지 물어보세요!" 내가 말했다. "창업에 관한 질문도 좋고, 우리의 경험이나 실패담도 솔직하게 답해드릴게요."

첫 번째 질문은 7번 팀의 소연이가 했다.

"멘토님, 창업을 하면서 가장 힘들었던 순간은 언제였어요? 그리고 어떻게 극복하셨나요?"

나는 잠시 생각에 잠긴 후 솔직하게 대답했다.

"글쎄요, 정말 많은 힘든 순간이 있었지만 가장 기억에 남는 건 첫 번째 투자 미팅이에요. 준비를 엄청 많이 했는데도 너무 긴장해서 발표 내용의 절반을 까먹었어요. 투자자들의 날카로운 질문에는 '음, 그건 좀 더 알아봐야 할 것 같습니다.'라고만 대답했죠."

학생들이 웃음을 터뜨렸다. 나도 웃으며 계속했다.

"그날 밤, 전 정말 많이 울었어요. '난 역시 안 되는 건가?', '너무 어린 나이에 도전한 걸까?' 하는 생각이 들었죠. 하지만 팀원들이 저를 위로하고 함께 실패를 분석했어요. 우리는 질문 예상 목록을 100개 넘게 만들어 답변을 완벽히 준비했고, 발표는 거울 앞에서 50번도 넘게 연습했죠. 다음 미팅에서는 훨씬 자신감 있게 발표할 수 있었고, 결국 투자를 받을 수 있었어요."

잠시 진지한 표정으로 덧붙였다.

"여러분, 실패는 절대 끝이 아니에요. 실패에서 배우고 더 강해지는 과정이 창업의 본질이에요. 사실 성공한 창업가들은 실패를 두려워하지 않는 사람들이랍니다."

질문은 계속 이어졌다.

"처음 수익이 났을 때 기분이 어땠어요?"

"부모님은 창업을 어떻게 생각하셨어요?"

"학업과 창업을 병행하기가 힘들지 않았나요?"

"창업할 때 가장 필요한 능력은 뭐예요?"

"중학생이 지금부터 창업을 준비하려면 뭘 해야 할까요?"

우리는 모든 질문에 진솔하게 답변했다. 때로는 웃음이 터져 나오고, 때로는 진지한 이야기에 강당이 숙연해지기도 했다. 예정된 시간을 훌쩍 넘겨 밤 10시가 되었지만, 학생들은 여전히 더 많은 질문을 하고 싶어했다.

마지막으로 내가 마무리 말을 전했다.

"여러분, 정말 훌륭한 질문들 감사해요. 사실 멘토라는 이름으로 왔지만, 저희도 여러분에게서 많이 배웠어요. 여러분의 신선한 아이디어와 열정적인 모습이 저희에게도 큰 영감이 됐습니다."

잠시 감동적인 표정으로 학생들을 바라본 후 계속했다.

"이제 내일의 발표를 위해 휴식을 취할 시간이에요. 내일은 여러분의 아이디어를 사업계획서로 정리하고 발표하는 날이 될 거예요. 오늘처럼 자신감 있게, 그리고 재미있게 도전해 보세요!"

학생들은 큰 박수를 치며 일어섰다. 기숙사로 향하는 길에도 여전히 열정적인 대화가 이어졌다.

"우리 아이디어, 내일 발표 어떻게 할지 조금만 더 얘기할까?"

"헤드폰 디자인, 좀 더 간단하게 바꿔볼까?"

"비즈니스 모델, 다시 한번 생각해봐야 할 것 같아."

복도를 걷는 중학생들의 대화를 들으며, 우리 서로나 팀원들은 서로를 바라보며 미소지었다. 작은 씨앗이 심어진 것 같은 기분이었다. 이 중에서 몇 명은 앞으로 정말 창업의 길을 걸을지도 모른다. 그들의 첫걸음을 함께할 수 있다는 것은 큰 보람이었다.

2일차: 아이디어를 현실로 만들기

아침 식사 및 오전 세션 준비

일요일 아침, 학생들은 7시 30분부터 식당에 모여 아침 식사를 했다. 식사 중에도 어제의 활동에 대한 이야기와 오늘의 계획에 대한 대화가 활발히 오갔다.

몇몇 팀은 아침 일찍부터 자신들의 아이디어를 더 발전시키기 위해 노트북을 펼쳐놓고 작업하기도 했다.

8시 30분, 모든 학생들이 다시 강당에 모였다. 나는 오늘의 일정을 소개했다.

"여러분, 좋은 아침이에요! 어제는 아이디어 발굴과 비즈니스 모델에 대해 배웠고, 오늘은 이것을 실제 사업계획서로 만들고 발표하는 방법을 배울 거예요. 사업계획서는 여러분의 아이디어를 체계적으로 정리한 문서로, 투자자나 파트너에게 여러분의 비전을 효과적으로 전달하는 중요한 도구입니다."

세션 6: 사업계획서란 무엇일까?

아침 식사 후 강당에 모인 학생들의 표정은 설렘과 기대감으로 가득했다. 어제 발견한 아이디어들을 오늘은 어떻게 발전시킬지 궁금해하는 모습이었다. 준영이 무대 앞으로 나왔다.

"여러분, 아침 햇살처럼 반짝이는 눈빛들이 보기 좋네요! 어제 우리는 멋진 아이디어를 발견했어요. 오늘은 이 아이디어를 실제 세상에 내놓을 준비를 할 거예요."

준영은 백팩에서 낡은 노트 하나를 꺼냈다. 빨간색 표지에 'TOMS 신발 아이디어'라고 쓰여 있었다.

"여러분, 이 노트 한 권이 어떤 회사를 만들었는지 아세요?" 준영이 물었다. "바로 'TOMS 슈즈'라는 회사예요. 창업자 블레이크 마이코스키가 아르헨티나 여행 중 신발이 없어 맨발로 다니는 아이들을 보고 충격을 받았어요. 그래서 '한 켤레를 사면, 한 켤레를 기부하자.'라는 아이디어를 이 노트에 적었죠."

준영은 노트를 펼쳐 보여주었다. 거기에는 간단한 신발 스케치와 함께 비즈니스 아이디어가 적혀 있었다.

"마이코스키는 처음에 아무도 그의 아이디어를 믿지 않았어요. 하지만 그는 이 노트에 자신의 생각을 체계적으로 정리했고, 그것이 바로 첫 번째 사업계획서가 되었죠. 결국 TOMS는 지금까지 1억 켤레 이상의 신발을 기부했고, 수억 달러의 가치를 가진 회사가 되었어요."

학생들이 감탄하는 소리가 들렸다.

"또 다른 이야기 들려드릴게요. 인도네시아 출신의 페브리안과 하나 두 명의 여학생이 보통 학생들처럼 학교 숙제로 사업계획서를 작성했어요. 그들의 아이디어는 '두 리엠파'였는데, 인도네시아 전통 잎으로 만든 일회용 식품 포장재였죠. 플라스틱 대신 생분해되는 잎으로 포장재를 만들어 환경 문제를 해결하자는 거였어요."

준영은 스마트폰을 꺼내 두 리엠파 제품 사진을 보여주었다.

"이 여학생들은 처음에 그냥 학교 숙제로 시작했어요. 하지만 사업계획서를 쓰면서 자신들의 아이디어가 얼마나 가치 있는지 깨달았고, 실제로 창업을 결심했죠. 지금은 인도네시아에서 가장 주목받는 친환경 스타트업이 되었답니다."

준영은 잠시 학생들의 눈을 바라보았다.

"여러분이 오늘 작성할 사업계획서도 처음에는 '그냥 캠프 과제'라고 생각할 수 있어요. 하지만 TOMS의 노트처럼, 두 리엠파의 학교 숙제처럼 여러분의 사업계획서가 실제 미래를 바꿀 수도 있어요."

준영은 화면에 GoPro 로고를 띄웠다.

"GoPro 창업자 닉 우드만의 이야기도 흥미로워요. 그는 서핑을 정말 좋아했는데, 물 속에서 자신의 서핑 모습을 촬영할 수 있는 방법이 없어 답답했어요. 그래서 방수 카메라를 직접 만들기로 했죠."

준영은 초기 GoPro 프로토타입 사진을 보여주었다.

"우드만은 사업계획서를 작성하면서 자신의 문제가 모든 익스트림 스포츠 애호가들의 공통 문제임을 깨달았어요. 그는 사업계획서에 '액션 카메라 시장'이라는 전혀 새로운 시장을 정의했고, 자신이 그 시장을 선도할 것이라고 썼죠. 오늘날 GoPro는 전 세계 액션 카메라의 대명사가 되었어요."

준영은 프로젝터로 간단한 템플릿을 띄웠다.

"자, 이제 사업계획서가 뭔지 감이 오시나요? 사업계획서는 여러분의 꿈을 현실로 만드는 지도예요. 오늘 우리는 다섯 가지 핵심 부분만 작성할 거예요."

준영은 템플릿의 첫 번째 부분을 가리켰다.

"첫 번째는 '기업 개요'예요. 스크래치라는 프로그래밍 교육 플랫폼 이야기를 들려드릴게요. MIT 미디어랩의 연구자들이 '어린이들이 코딩을 더 쉽고 재미있게 배울 수 있는 방법은 없을까?'라는 문제를 고민했어요. 그들의 비전은 '모든 어린이가 디지털 창작자가 되는 세상'이었고, 미션은 '블록 코딩을 통해 창의적 사고와 문제 해결 능력을 키우는 것'이었죠."

준영은 학생들에게 질문했다.

"여러분의 회사 이름은 무엇인가요? 여러분의 비전은 무엇인가요? 이건 단순한 설명이 아니라, 여러분이 꿈꾸는 미래예요."

다음으로 준영은 '문제와 해결책' 섹션을 설명했다.

"LEGO 마인드스톰의 이야기를 들어봤나요? 레고는 오랫동안 단순한 블록 장난감을 만들어왔어요. 하지만 점점 아이들이 디지털 게임에 빠져들면서 레고 판매가 줄어들었죠. 레고는 이런 문제를 발견했어요. '디지털 시대의 아이들은 기존 장난감에 흥미를 잃고 있다'. 그리고 해결책을 생각해냈죠. '로봇 공학과 프로그래밍을 결합한 블록 세트를 만들자.'"

준영은 마인드스톰 제품 이미지를 보여주었다.

"이 해결책은 대성공이었어요. 마인드스톰은 교육용 로봇 시장을 열었고, 레고는 디지털 시대에도 살아남을 수 있었죠. 중요한 건 명확한 문제 정의였어요. 여러분도 어제 발견한 문제를 구체적으로 설명하고, 그에 대한 여러분만의 특별한 해결책을 제시해 보세요."

준영은 '시장과 고객' 섹션으로 넘어갔다.

"에어비앤비 창업자들의 재미있는 이야기가 있어요. 그들은 처음에 '에어 베드 앤 브렉퍼스트'라는 긴 이름으로 시작했어요. 자신들의 아파트에 에어매트리스를 깔고 여행자들에게 잠자리를 제공한 거죠. 초기 사업계획서에서 그들은 자신들의 고객을 '호텔을 감당할 수 없는 젊은 여행자들'로 정의했어요."

준영은 웃으며 말을 이었다.

"하지만 시간이 지나면서 놀라운 일이 일어났어요. 그들의 실제 고객은 예상과 달랐죠. '독특한 경험을 원하는 모든 연령대의 여행자들'과 '빈 공간을 활용해 수익을 얻고 싶은 집 주인들'이었어요. 에어비앤비는 사업계획서를 계속 업데이트하며 이런 변화를 반영했고, 오늘날 전 세계 최대의 숙박 중개 플랫폼이 되었죠."

준영은 학생들을 바라보며 말했다.

"여러분의 제품이나 서비스를 누가 사용할까요? 그들은 왜 사용할까요? 그 시장은 얼마나 클까요? 구체적으로 생각해보세요."

'비즈니스 모델' 섹션을 설명할 차례가 되자 준영은 재미있는 예시를 들었다.

"여러분이 좋아하는 포켓몬 GO 게임은 어떻게 돈을 벌까요? 무료 게임인데도 어떻게 2020년에만 1조 원 이상의 수익을 올렸을까요?"

학생들이 호기심 어린 표정으로 경청했다.

"포켓몬 GO의 비즈니스 모델은 정말 영리해요. 기본 게임은 완전 무료예요. 하지만 '포켓볼', '루어 모듈' 같은 게임 내 아이템을 판매해 수익을 올리죠. 또한 스타벅스나 맥도날드 같은 기업들과 제휴해 그들의 매장을 게임 속 '포켓스탑'으로 만들어 광고 수익도 얻어요. 게임을 즐겁게 만들면서도 수익을 창출하는 똑똑한 방법이죠."

준영은 학생들에게 물었다.

"여러분의 아이디어는 어떻게 돈을 벌 수 있을까요? 직접 판매? 구독료? 광고? 수수료? 여러 가지 방법을 창의적으로 생각해 보세요."

마지막으로 준영은 '실행 계획' 섹션을 설명했다.

"인스타그램이 처음부터 지금의 모습이었을까요? 아니죠! 인스타그램의 전신은 '번'이라는 앱이었어요. 위치 체크인 서비스였죠. 하지만 창업자들은 사용자들이 사진 공유 기능을 가장 많이 사용한다는 것을 발견했어요."

준영은 초기 인스타그램 인터페이스 이미지를 보여주었다.

"그들은 6개월 계획을 세웠어요. 처음 2개월은 사진 필터 개발, 다음 2개월은 소셜 기능 추가, 마지막 2개월은 iOS 앱 출시와 마케팅. 이 계획대로 실행한 결과, 출시 첫날 25,000명의 사용자를 확보했고, 2년 후에는 페이스북에 10억 달러에 인수되었어요."

준영은 마무리하며 말했다.

"여러분의 아이디어를 실현하려면 구체적인 계획이 필요해요. 앞으로 6개월 동안 무엇을 할 건지, 단계별로 생각해 보세요."

준영은 모든 섹션을 다시 한번 정리했다.

"여러분의 사업계획서는 단순한 문서가 아니에요. 마치 블레이크 마이코스키의 빨간 노트처럼, GoPro 창업자의 첫 스케치처럼, 에어비앤비 창업자들의 에어매트리스 아이디어처럼 세상을 바꿀 수 있는 시작점이 될 수 있어요. 오늘 쓰는 이 계획서가 미래에 여러분이 창업할 때 돌아보는 소중한 첫 단추가 될 수도 있죠."

준영은 마지막으로 실용적인 조언을 덧붙였다.

"사업계획서를 쓸 때 세 가지만 기억하세요. 첫째, 스토리텔링이 중요해요. 숫자와 사실도 중요하지만, 사람들의 마음을 움직이는 건 이야기예요. 둘째, 솔직하게 쓰세요. 모든 걸 완벽하게 알고 있는 척하지 마세요. 셋째, 열정을 보여주세요. 여러분이 이 아이디어를 왜 사랑하는지 그 마음이 전해지도록 쓰세요."

준영의 설명이 끝나자 학생들의 눈빛이 달라져 있었다. 단순한 과제가 아니라 실제 미래를 그려보는 설렘이 느껴졌다. 각 팀은 템플릿이 담긴 파일을 받아들고, 자신들만의 사업계획서를 작성하기 시작했다.

"이제 단순한 학교 과제가 아니라 실제 스타트업의 첫 걸음일 수도 있어요. 자, 여러분의 아이디어에 날개를 달아줄 사업계획서를 함께 만들어 봐요!"

세션 7: 꿈을 현실로! 사업계획서 작성 대모험

"자, 이제 여러분의 아이디어에 날개를 달아줄 시간이에요!" 내가 신나게 마이크를 들고 외쳤다. "지금부터는 머릿속 아이디어를 종이 위에 그려내는 마법 같은 시간, 사업계획서 작성 시간입니다!"

학생들의 눈이 호기심으로 반짝였다. 어제 쏟아낸 창의적인 아이디어들이 이제 실제 계획으로 변신할 순간이었다.

"누구나 꿈은 꿀 수 있어요. 하지만 그 꿈을 현실로 만드는 건 바로 여러분의 손끝에서 시작됩니다. 카카오의 게임 플랫폼도, 쿠팡의 로켓배송도 모두 누군가의 사업계획서에서 시작됐어요!"

각 팀에게 컬러풀한 템플릿이 담긴 파일을 전달했다. 학생들은 금세 팀별로 모여 머리를 맞대기 시작했다. 서로나 팀원들은 마치 전설 속 요정처럼 이 테이블 저 테이블을 누비며 도움의 손길을 뻗었다.

회사명에 담긴 마법: 에코런치 탄생기

민지는 3번 팀 테이블에 앉았다. 이 팀은 일회용 플라스틱 용기 대신 생분해성 급식 용기를 개발하는 아이디어로 열기가 가득했다.

"와, 너희들 테이블에서 뭔가 멋진 아이디어가 자라나는 것 같은데?" 민지가 호기심 어린 눈빛으로 물었다.

"네! 저희는 '에코런치'라는 회사를 만들기로 했어요!" 박지민 학생이 자랑스럽게 말했다. "환경을 뜻하는 'Eco'와 점심을 뜻하는 'Lunch'를 합쳤죠!"

민지는 감탄했다. "우와, 이름에서부터 센스가 넘치는데요? 짧고 기억하기 쉽고, 무슨 일을 하는 회사인지 바로 알 수 있어요. 쿠키런, 배달의민족처럼 단순하면서도 강력한 이름이네요!"

지민의 얼굴이 자부심으로 빛났다. 회사 이름을 짓는 것만으로도 이미 창업가가 된 기분이 들었다.

"미션은 '친환경 급식 시스템으로 학교의 플라스틱 쓰레기를 줄인다'로 정했어요." 지민이 설명했다.

"그런데 비전은 아직 고민 중이에요…." 옆자리의 수연이가 고개를 갸웃거렸다.

민지는 눈을 반짝이며 말했다. "비전은 미래의 꿈을 그려보는 거예요. 미션이 '우리가 뭘 하는지'라면, 비전은 '우리가 이루고 싶은 세상'이죠. 마치 카카오의 '연결을 통해 더 나은 세상을 만든다.'처럼요!"

팀원들이 서로 눈을 마주치더니 번뜩이는 아이디어를 떠올린 듯했다.

"그럼 '모든 학생이 환경 보호에 참여하는 지속 가능한 학교 문화 조성'은 어떨까요?" 지민이 신이 나서 말했다.

"와, 정말 멋진 비전이에요!" 민지가 박수를 쳤다. "이것만 들어도 이 회사가 단순히 제품만 파는 게 아니라 학교 문화 자체를 바꾸려는 큰 꿈이 있다는 걸 알 수 있어요."

학생들의 눈빛이 더욱 빛났다. 자신들의 아이디어가 단순한 상상이 아니라 세상을 바꿀 수 있는 실제 계획으로 변해가고 있었다.

진짜 문제 찾기: 스터디메이트의 도전

정우는 6번 팀의 뜨거운 토론 소리에 이끌려 다가갔다. 이 팀은 "스터디메이트"라는 온라인 스터디 플랫폼을 개발 중이었다.

"여러분, 어떤 이야기로 이렇게 열정적인 토론을 하고 있나요?" 정우가 궁금해하며 물었다.

"저희가 해결하려는 문제를 정의하고 있어요." 김도현 학생이 반짝이는 눈으로 답했다. "코로나 이후로 혼자 공부하는 학생들이 너무 많은데, 집중력이 떨어지고 의욕도 저하되는 문제가 심각해요."

"그래서 저희는 '실시간 화상 스터디 그룹 플랫폼'을 만들려고 해요. 친구들과 함께 공부하면서 서로 동기부여도 되고 타이머 기능으로 집중력도 높이는 거죠!" 다른 팀원 지연이가 신나게 설명했다.

정우는 그들의 열정에 감탄하면서도, 한 가지 부족한 점을 발견했다.

"정말 멋진 아이디어네요! 근데 여러분, 혹시 이런 생각 해봤나요? 투자자가 여러분에게 '그런 문제가 정말 존재한다는 증거가 있나요?'라고 물으면 뭐라고 대답할 건가요?"

팀원들이 잠시 말문이 막힌 듯했다.

"증거…. 음…." 도현이 고개를 긁적였다.

정우는 미소지으며 말했다. "토스가 처음 사업계획서를 쓸 때, '송금이 너무 복잡하다'고 주장했어요. 근데 투자자들이 물었죠. '정말 그런 문제가 심각한가요?' 그래서 토스 창업자는 '3초 만에 결제할 수 있다면 사용하겠냐'는 설문조사를 실시했고, 응답자의 91%가 '예'라고 대답했다는 데이터를 보여줬어요. 그 순간 투자자들의 눈이 반짝였죠!"

도현의 얼굴이 밝아졌다. "아, 저희도 그런 데이터가 필요하겠네요!"

팀원들이 태블릿으로 빠르게 검색하기 시작했다. 몇 분 후, 도현이 승리의 미소를 지으며 외쳤다.

"찾았어요! 교육부 조사에 따르면 중고등학생의 68%가 혼자 공부할 때 집중하기 어렵다고 응답했대요. 그리고 코로나19 이후 온라인 학습 환경에서 학생들의 학습 참여도가 40% 감소했다는 연구 결과도 있어요!"

"와, 이거 정말 대단한 발견이네요!" 정우가 엄지를 치켜세웠다. "이제 여러분의 문제 정의에 확실한 증거가 생겼어요. 이런 구체적인 수치가 있으면 '아, 이 문제는 정말 해결할 가치가 있구나'라고 모두가 납득하게 되죠."

도현은 재빨리 사업계획서에 이 내용을 추가했다. 이제 그들의 아이디어는 단순한 생각이 아니라 실제 데이터로 뒷받침된 솔루션이 되었다.

"그리고 해결책 부분에서도 다른 앱과 어떻게 다른지 설명하면 좋겠어요. 시중에 있는 화상 채팅 앱과 스터디메이트는 어떻게 다른가요?" 정우가 추가로 질문했다.

"저희 앱은 공부에 최적화되어 있어요!" 지연이가 신나게 말했다. "줌이나 구글 미트와 달리, 공부 시간 측정, 목표 설정과 달성률 시각화, 과목별 스터디 그룹 매칭 기능이 있어요. 그리고 무엇보다, 학생들의 학습 데이터를 분석해서 맞춤형 학습 조언까지 해주죠!"

"완벽해요!" 정우가 감탄했다. "이제 여러분의 아이디어가 왜 특별한지 누구나 이해할 수 있을 거예요."

돈 버는 마법: 틴트립의 수익 모델

수현은 9번 팀에 합류했다. 그들은 "틴트립"이라는 청소년 여행 정보 앱을 개발 중이었다.

"저희는 청소년들을 위한 특별한 여행 앱을 만들고 있어요." 이수아 학생이 자랑스럽게 말했다. "청소년 친화적인 여행지, 안전한 숙소, 예산에 맞는 코스 정보를 제공하는 거죠."

"멋진 아이디어네요! 근데 어떻게 수익을 낼 계획인가요?" 수현이 핵심 질문을 던졌다.

"저희는 세 가지 방법으로 돈을 벌 계획이에요." 수아가 자신감 있게 대답했다. "우선 앱 자체는 무료예요. 하지만 첫째, 청소년 친화 숙소나 관광지에서 프리미엄 리스팅 수수료를 받을 거예요. 둘째, 추천 여행 코스 같은 프리미엄 콘텐츠를 유료로 제공할 거고요. 셋째, 청소년 단체 여행 상품을 중개하고 수수료를 받을 거예요."

수현은 감탄했다. "와, 정말 체계적으로 생각했네요! 여러분, 혹시 요기요 이야기 들어봤나요? 그들도 처음에는 음식점과 소비자를 연결해주고 중개 수수료를 받는 모델로 시작했어요. 지금은 배달 시장의 핵심 플레이어가 되었죠!"

팀원들의 눈이 커졌다. 자신들의 아이디어가 성장할 수도 있다는 생각에 가슴이 뛰는 듯했다.

"비용은 어떻게 계획하고 있나요?" 수현이 추가로 물었다.

“주요 비용은 네 가지로 생각하고 있어요.” 다른 팀원 준호가 설명했다. “앱 개발 비용, 콘텐츠 제작 비용, 마케팅 비용, 그리고 숙소와 관광지를 직접 방문해 청소년 친화도를 검증하는 비용이요.”

“초기에는 어떤 비용이 가장 클까요? 그리고 대략 얼마나 들 것 같나요?” 수현이 더 구체적인 질문을 던졌다.

팀원들이 서로 눈을 마주치며 잠시 고민했다.

“아마도 앱 개발 비용이 가장 클 것 같아요. 대략… 2,000만 원?” 수아가 조심스럽게 말했다. “그리고 마케팅에는 500만 원 정도 필요할 것 같아요. 주로 SNS 광고와 학교 프로모션 행사에 쓸 거예요.”

“정확한 숫자를 생각해 봤네요! 대단해요!” 수현이 진심으로 칭찬했다. “투자자들은 이런 구체적인 숫자를 정말 좋아해요. ‘대략 얼마’보다는 ‘2,000만 원’이라고 말하는 게 훨씬 신뢰감을 줘요.”

“그럼 이 돈은 어디서 구할 수 있을까요?” 준호가 궁금해했다.

“좋은 질문이에요!” 수현이 웃으며 말했다. “여러분, 우리 서로나도 처음에는 학교 창업 대회에서 100만 원을 받아 시작했어요. 여러분도 청소년 창업 지원 프로그램이나 공모전을 찾아보는 게 좋을 것 같아요.”

“크라우드펀딩도 좋은 방법일 것 같아요!” 준호가 신이 나서 말했다. “와디즈 같은 플랫폼에서 ‘청소년을 위한 안전한 여행 앱’이라는 콘셉트로 펀딩을 받을 수 있을 것 같아요.”

“멋진 아이디어네요!” 수현이 엄지를 치켜세웠다. “크라우드펀딩은 돈도 모으고 동시에 홍보 효과도 있어서 일석이조예요. 와, 여러분은 이미 진짜 창업가처럼 생각하고 있네요!“

미래를 그리는 지도: 에코스쿨의 실행 계획

하은은 1번 팀 테이블에 앉았다. 이 팀은 “에코스쿨”이라는 학교 내 환경 모니터링 시스템을 개발하는 아이디어로 열정이 가득했다.

“여러분, 실행 계획은 어떻게 진행 중인가요? 이건 정말 중요한 부분이에요!" 하은이 반짝이는 눈으로 물었다.

"저희는 6개월 계획을 세우고 있어요." 장민서 학생이 자신 있게 말했다. "1개월 차에는 프로토타입 개발, 3개월 차에는 파일럿 학교 선정 및 테스트, 6개월 차에는 첫 번째 정식 버전 출시를 계획하고 있어요!"

"와, 이미 단계별로 계획을 세웠네요! 정말 훌륭해요!" 하은이 감탄했다. "옷을입다 창업자도 처음에 앱을 만들 때 '프로토타입 개발 → 베타 테스터 모집 → 정식 출시'라는 단계별 계획을 세웠어요. 여러분의 계획도 그만큼 체계적이네요!"

민서의 얼굴이 자랑스러움으로 빛났다.

"근데 한 가지 더 추가하면 좋을 것 같아요." 하은이 조언했다. "각 단계마다 '성공 기준'을 정해보는 거예요. 예를 들어, 프로토타입 개발 단계에서는 어떤 기능이 완성되면 성공이라고 할 수 있을까요?"

팀원들이 잠시 생각에 잠겼다.

"음, 온도, 습도, 미세먼지 측정 센서가 정상 작동하고, 데이터가 앱으로 실시간 전송되면 성공이라고 할 수 있을 것 같아요!" 다른 팀원 준우가 말했다.

"그리고 파일럿 테스트 단계에서는 최소 3개 학교에서 2주 이상 안정적으로 시스템이 작동하고, 사용자 만족도 조사에서 80% 이상의 긍정적 피드백을 받는 것을 목표로 하면 어떨까요?" 민서가 덧붙였다.

"완벽해요!" 하은이 박수를 쳤다. "이렇게 구체적인 성공 기준이 있으면 여러분이 정말로 계획대로 진행하고 있는지 확인할 수 있어요. 게다가 투자자들에게 '우리는 명확한 목표가 있다'는 인상을 줄 수 있죠."

민서는 빠르게 실행 계획 섹션에 이 내용을 추가했다. 이제 그들의 계획은 단순한 시간표가 아니라 구체적인 목표가 있는 로드맵이 되었다.

꿈이 현실로: 사업계획서의 마법

2시간의 열정적인 작업 끝에, 각 팀은 자신들의 사업계획서를 완성했다. 강당은 성취감과 자부심으로 가득 찼다.

내가 다시 마이크를 들고 앞으로 나섰다.

“여러분, 정말 놀라운 일을 해냈어요! 여러분이 작성한 사업계획서는 단순한 종이가 아니에요. 이건 여러분의 꿈을 현실로 만드는 첫 번째 지도예요!”

학생들의 얼굴에는 뿌듯함과 자신감이 가득했다.

“배달의민족은 작은 사무실에서, 당근마켓은 카페에서, 쿠팡은 소박한 오피스에서 시작했어요. 하지만 그들 모두에게는 꿈과 그 꿈을 현실로 만들 사업계획서가 있었죠. 여러분도 오늘 그 첫 걸음을 내디뎠어요!“

학생들이 서로를 바라보며 환하게 웃었다. 이제 그들은 단순한 학생이 아니라, 미래를 그리는 창업가가 된 기분이었다.

“점심 식사 후에는 여러분의 멋진 아이디어를 다른 사람들에게 설득력 있게 전달하는 발표 기술을 배울 거예요. 식사하면서도 계속 여러분의 계획을 다듬어 보세요. 세상을 바꿀 아이디어는 언제 어디서나 발전할 수 있으니까요!”

학생들은 신나게 식당으로 향했다. 하지만 점심 식사 중에도 토론은 계속되었다. 테이블마다 “우리 앱의 로고 색상은 청록색이 좋을 것 같아”, “첫 달 마케팅 전략으로 학교 축제에서 부스를 열면 어떨까?”, “앱 이름을 더 기억하기 쉽게 바꾸는 건 어때?” 같은 대화가 오갔다.

서로나 팀원들도 학생들과 섞여 앉아 자유로운 분위기에서 조언을 나누었다. 식당은 마치 강남 스타트업 카페처럼 아이디어의 에너지로 넘쳐났다.

이 순간, 80명의 중학생들은 더 이상 ‘학생’이 아니었다. 그들은 미래를 디자인하는 ‘창업가’였다. 그리고 그들의 손에 들린 사업계획서는 단순한 종이가 아니라, 꿈을 현실로 바꾸는 마법의 지도였다.

세션 8: 스타 창업가가 되는 비밀, 발표의 마법

점심 식사 후, 학생들은 다시 강당에 모였다. 공기 중에는 긴장감과 설렘이 섞여 있었다. 이제 자신들이 밤새 고민하고 아침부터 정리한 아이디어를 세상에 내놓을 준비를 할 시간이었다.

민지와 수현이 무대 앞으로 나왔다. 민지는 화려한 프레젠테이션 경력을 가진 디자인 전문가였고, 수현은 수많은 개발자 컨퍼런스에서 기술 발표를 해온 베테랑이었다.

"여러분, 이제 가장 짜릿한 시간이 왔어요!" 민지가 눈을 반짝이며 말했다. "여러분의 머릿속 아이디어를 세상에 선보이는 순간… 바로 '피칭(pitching)'의 시간이에요!"

강당 스크린에 화려한 애니메이션과 함께 '피칭의 마법' 제목이 나타났다.

"세상을 바꾼 모든 위대한 아이디어는 처음엔 누군가의 입에서 나온 몇 마디 말이었어요." 민지가 열정적으로 말했다. "스티브 잡스의 아이폰, 이재용의 삼성 폴더블 폰, 김봉진의 배달의민족… 모두 단 몇 분 동안의 강력한 발표로 사람들의 마음을 사로잡았죠."

학생들의 눈이 커졌다. 자신들도 그런 전설적인 발표자가 될 수 있을까 하는 기대와 두려움이 섞인 표정이었다.

"걱정하지 마세요," 수현이 따뜻한 미소로 말했다. "훌륭한 발표자는 타고나는 것이 아니라 만들어지는 거예요. 저도 첫 발표에서 다리가 떨려 종이를 떨어뜨렸답니다."

강당에 웃음이 터져 나왔고, 긴장감이 조금 풀어지는 듯했다.

"오늘 우리가 배울 비법은 바로 '3P 원칙'," 민지가 세 개의 P가 크게 적힌 슬라이드를 보여주었다. "Problem(문제), Product(해결책), Potential(가능성)이라는 세 가지 원칙만 잘 전달하면 누구나 스티브 잡스가 될 수 있어요!"

문제 정의의 힘: 감정을 움직이는 첫 1분

"첫 1분이 발표의 승패를 좌우해요." 민지가 심각한 표정으로 말했다. "이 시간에 청중의 관심을 사로잡지 못하면, 나머지 4분은 의미가 없어집니다."

민지는 슬라이드를 넘겨 충격적인 통계 자료를 보여주었다. "한국 학생들의 77%가 학교 과제로 인한 스트레스를 느끼고 있습니다."

"여러분, 이렇게 숫자로 문제를 보여주는 것도 좋지만, 더 강력한 방법이 있어요. 바로 '스토리텔링'입니다."

민지는 불을 약간 어둡게 하고, 진지한 목소리로 이야기를 시작했다.

"중학교 2학년 민수는 매일 밤 12시까지 숙제를 합니다. 피로에 지친 눈으로 수학 문제집을 풀지만, 혼자서는 어려운 문제가 많습니다. 질문할 친구도 없고, 모르는 건 그냥 넘어갑니다. 다음날 틀린 문제를 보며 민수는 생각합니다. '다른 친구들은 어떻게 이걸 풀었을까?' 우리 주변에는 민수처럼 홀로 고군분투하는 학생들이 너무나 많습니다."

잠시 침묵이 흘렀다. 학생들은 그 이야기에 완전히 몰입한 듯했다.

"보셨나요? 딱딱한 통계보다 민수의 이야기가 훨씬 마음에 와닿죠? 여러분의 첫 1분을 이런 감정적인 스토리나 충격적인 사실로 시작하세요. 그래야 청중이 '이 문제는 정말 해결해야 해!'라고 느끼게 됩니다."

수현이 덧붙였다. "문제를 설명할 때 가장 중요한 건 '공감'이에요. 청중이 '맞아, 나도 그런 적 있어!'라고 생각하게 만들어야 해요."

7번 팀의 민준이가 손을 들었다. "저희 급식고 앱은 학교 급식 정보를 더 잘 제공하는 건데, 이걸 어떻게 감정적으로 만들 수 있을까요?"

민지가 빠르게 답했다. "좋은 질문이에요! 예를 들어, 알레르기가 있는 학생의 관점에서 시작해볼 수 있을 것 같아요. '중학교 1학년 지현이는 견과류 알레르기가 있습니다. 오늘 급식에 땅콩이 들어 있는지 알 수 없어 불안한 마음으로 급식실에 들어섭니다.' 이렇게요."

민준의 눈이 반짝였다. "아, 그렇게 하면 훨씬 임팩트가 있겠네요!"

해결책 설명의 비법: 마법처럼 보이지만 과학적인 2분

"두 번째 파트는 여러분의 해결책을 소개하는 2분이에요." 수현이 설명을 이어받았다. "이 시간이 발표의 '심장'이죠. 하지만 중요한 실수를 조심하세요. 바로 '정보 과부하'입니다."

수현은 작은 글씨로 빽빽하게 채워진 슬라이드를 보여줬다. 학생들이 인상을 찌푸렸다.

"이렇게 하면 안 돼요," 수현이 웃으며 말했다. "여러분이 몇 달 동안 개발한 아이디어를 단 2분 만에 모두 설명하려고 하면 이렇게 됩니다. 하지만 청중은 이 많은 정보를 소화할 수 없어요."

대신 수현은 깔끔한 이미지 세 개와 간결한 문장 몇 개만 담긴 슬라이드로 바꿨다.

"해결책 설명의 황금률은 '3가지만 기억하게 하라.'입니다. 여러분의 제품이나 서비스의 가장 핵심적인 특징 세 가지만 강조하세요."

6번 팀의 도현이가 고개를 갸웃했다. "저희 스터디메이트 앱은 기능이 정말 많은데, 어떻게 세 가지만 골라요?"

수현은 미소를 지었다. "그래서 더 어려운 거죠. 가장 혁신적이고, 가장 차별화되는, 가장 문제 해결에 직결된 기능을 골라야 해요. 애플도 아이폰 발표할 때 수백 개 기능 중 세 가지만 강조했어요."

"그리고 기능을 설명할 때는 '기술적 내용'보다 '사용자 혜택'에 중점을 두세요." 민지가 덧붙였다. "예를 들어, '머신러닝 알고리즘을 통한 데이터 분석'이라고 하기보다는 '당신의 학습 패턴을 분석해 최적의 공부 시간을 추천'이라고 말하는 거죠."

민지는 시연의 중요성도 강조했다. "가능하다면 직접 보여주세요. 스크린샷, 목업(Mockup), 심지어 종이로 그린 프로토타입이라도 괜찮아요. '백 마디 말보다 한 번 보는 게 낫다.'라는 말처럼, 실제로 보여주는 것만큼 강력한 설득 수단은 없어요."

가능성의 미래: 투자자를 흔드는 1분

"세 번째 파트는 '가능성'을 보여주는 1분이에요." 준영이 앞으로 나와 말했다. "이 부분이 특히 투자자들에게 중요합니다. '이 아이디어가 돈이 될까?'라는 질문에 답해야 하거든요."

준영은 시장 규모와 성장 가능성을 보여주는 그래프를 띄웠다.

"시장 크기를 구체적인 숫자로 보여주세요. '교육 시장은 매우 큽니다'보다 '국내 사교육 시장은 23조 원 규모로, 매년 5%씩 성장하고 있습니다'가 훨씬 설득력 있죠."

9번 팀의 수아가 물었다. "저희 틴트립 앱은 청소년 여행 시장을 타깃으로 하는데, 이 시장 크기를 어떻게 계산해야 할까요?"

준영은 실용적인 조언을 해주었다. "총 중고등학생 수에서 1년에 한 번 이상 여행하는 비율을 곱하고, 평균 여행 지출을 곱하면 대략적인 시장 규모가 나와요. 정확한 수치가 없다면 합리적인 가정을 하고, 그 가정을 언급하세요."

준영은 이어서 비즈니스 모델 설명의 중요성을 강조했다.

"어떻게 돈을 벌 것인지 명확하게 설명하세요. 그리고 가능하다면 간단한 수익 예측도 보여주세요. '첫 해 1만 명의 사용자를 확보하고, 사용자당 월 3,000원의 수익을 올려 연간 3억 6,000만 원의 매출을 기대합니다'처럼요."

마지막으로 준영은 경쟁사 분석의 중요성을 설명했다.

"여러분의 경쟁 우위를 보여주는 간단한 표를 만드세요. 경쟁사와의 차별점을 한눈에 볼 수 있게요. 투자자들은 '이 분야에 이미 경쟁사가 있다'는 점에 겁먹지 않아요. 오히려 '이 팀이 경쟁사를 정확히 파악하고 있고, 명확한 차별점이 있다'는 점에 안심합니다."

발표의 마무리: 잊히지 않는 마지막 1분

"마지막 1분은 팀 소개와 마무리에요." 민지가 다시 나서서 말했다. "첫인상과 마지막 인상이 가장 강하게 남는다는 것을 기억하세요."

민지는 팀 소개에 대한 조언을 이어갔다. "각 팀원의 역할과 전문성을 간략히 소개하되, 이 아이디어를 실현하기 위해 왜 여러분이 최적의 팀인지 강조하세요. '저희는 5명 모두 환경 동아리 활동을 3년째 하고 있고, 지난해 과학경진대회에서 환경 분야 대상을 받았습니다'처럼요."

수현은 마무리 문장의 힘을 강조했다. "발표의 마지막 문장은 가장 기억에 남습니다. 감동적이거나, 도전적이거나, 희망적인 메시지로 끝내세요. '저희 에코런치와 함께, 모든 학생이 환경을 지키는 작은 실천에 동참하는 세상을 만들어보세요.'처럼요."

말하기의 기술: 떨림을 자신감으로 바꾸는 비법

"자, 이제 발표 구성은 완벽해요. 하지만 내용만큼 중요한 것이 바로 '전달 방식'입니다." 수현이 말했다.

수현은 두 가지 매우 다른 사세로 같은 문장을 말했다. 첫 번째는 어깨가 구부정하고, 목소리가 작고, 시선이 아래로 향한 채로. 두 번째는 등이 곧게 펴지고, 목소리가 또렷하며, 자신감 있는 시선으로.

"같은 말이라도 전달 방식에 따라 완전히 다른 인상을 줍니다. 발표할 때 꼭 기억해야 할 세 가지가 있어요."

수현은 손가락을 하나씩 들어올렸다.

"첫째, '자세'입니다. 등을 펴고, 어깨를 활짝 펴세요. 이렇게 하면 목소리도 더 크게 나오고, 자신감도 더해져요."

"둘째, '목소리'입니다. 충분히 크고 명확하게, 그리고 적절한 속도로 말하세요. 긴장하면 말이 빨라지는 경향이 있어요. 발표 전에 '의식적으로 천천히 말하자'고 자신에게 상기시키세요."

"셋째, '시선 처리'입니다. 청중을 바라보세요. 한 사람만 계속 보지 말고, 전체 청중을 고르게 바라보는 것이 좋아요. 너무 긴장된다면, 청중의 이마를 보는 것도 좋은 방법이에요."

8번 팀의 지수가 불안한 표정으로 물었다. "저는 발표할 때 너무 떨려요. 어떻게 하면 좋을까요?"

수현은 따뜻하게 웃으며 대답했다. "완벽한 질문이에요! 사실 프로 발표자들도 모두 떨립니다. 차이는 그 떨림을 어떻게 관리하느냐예요. 제가 쓰는 세 가지 비법을 알려드릴게요."

"첫째, '발표 전 5분간 파워 포즈'를 취하세요. 양팔을 하늘로 뻗어 V자를 만들거나, 양손을 허리에 올려 슈퍼히어로처럼 서는 자세예요. 이렇게 하면 자신감 호르몬이 실제로 증가한다는 연구 결과가 있어요."

"둘째, '심호흡'을 세 번 깊게 하세요. 코로 4초간 숨을 들이마시고, 4초간 참았다가, 입으로 6초간 내쉬는 거예요. 이건 긴장을 완화하는 데 정말 효과적이에요."

"셋째, '실수를 두려워하지 마세요.' 청중은 여러분이 생각하는 것보다 훨씬 관대해요. 말을 더듬거나 내용을 잊어버려도, 미소를 짓고 계속 진행하세요. 그 순간만 지나면 아무도 기억하지 않을 거예요."

질의응답의 기술: 예상치 못한 질문을 기회로 바꾸기

"발표가 끝난 후에는 2분간의 질의응답 시간이 있을 거예요." 준영이 말했다. "이 시간은 발표만큼이나 중요하답니다."

준영은 질문에 대답하는 몇 가지 핵심 원칙을 공유했다.

"첫째, 질문에 감사하다는 말로 시작하세요. '좋은 질문 감사합니다'라고 하면 생각할 시간도 벌 수 있고, 분위기도 좋아집니다."

"둘째, 질문의 핵심만 간결하게 답변하세요. 한 가지 질문에 너무 긴 답변을 하면 시간이 부족해집니다."

"셋째, 모르는 것이 있다면 솔직하게 인정하세요. '그건 좋은 포인트네요. 저희가 아직 조사해보지 못한 부분인데, 반드시 찾아보겠습니다.'와 같이 말이죠."

준영은 몇 가지 예상 질문과 모범 답변을 시연했다.

"'이 아이디어를 어떻게 수익화할 계획인가요?'라는 질문에는 '저희는 기본 앱은 무료로 제공하고, 프리미엄 기능은 월 구독제로 운영할 계획입니다. 초기 목표는 사용자당 월 3,000원의 수익을 창출하는 것입니다'처럼 구체적으로 답하세요."

"'경쟁사와 어떻게 다른가요?'라는 질문에는 '기존 앱들이 일반적인 학습 관리에 초점을 맞췄다면, 저희는 특별히 10대의 집중력 향상에 최적화된 세 가지 핵심 기능을 개발했습니다.'와 같이 차별점을 강조하세요."

발표 자료 준비 및 연습

"자, 이제 여러분만의 발표 자료를 만들고 연습할 시간이에요." 민지가 말했다. "각 팀에 템플릿을 제공해 드릴게요. 간단하게 슬라이드를 만들고, 발표 대본도 준비해 보세요."

각 팀은 1시간 동안 집중해서 발표 자료를 준비했다. 서로나 팀원들은 각 테이블을 돌아다니며 디자인, 내용, 구성에 대한 조언을 아끼지 않았다.

모든 팀이 기본 슬라이드를 완성한 후, 연습 시간이 시작되었다.

"이제 팀별로 15분씩 발표 연습을 할 거예요," 내가 안내했다. "먼저 팀 내에서 발표자를 정하고 첫 번째 리허설을 해보세요. 그다음 서로나 팀원의 피드백을 받고 다시 한번 연습하는 식으로 진행할게요."

7번 팀의 첫 번째 연습은 다소 어색했다. 발표자로 선정된 민준이는 계속 슬라이드만 바라보고 있었고, 말도 너무 빨랐다.

준영이 부드럽게 조언했다. "민준 학생, 내용은 정말 훌륭해요! 두 가지만 조정해보면 어떨까요? 청중을 더 자주 바라보고, 중요한 문장 끝에서 잠시 쉬는 거예요. 그러면 청중이 정보를 소화할 시간이 생기죠."

두 번째 연습에서 민준이는 훨씬 자신감 있게 발표했다. 요점마다 잠시 멈춰 청중의 반응을 살폈고, 목소리도 더 또렷했다.

"와, 정말 달라졌네요!" 준영이 놀라워했다. "이제 완전히 프로 발표자 같아요!"

3번 팀의 지민이는 너무 긴장한 나머지 대본을 읽기만 했다. 민지가 따뜻하게 조언했다.

"지민 학생, 긴장이 많이 되죠? 발표 내용을 대본이 아니라 '키워드'로 정리해보면 어떨까요? 각 슬라이드마다 기억해야 할 핵심 단어 3~4개만 메모해두고, 그것을 중심으로 자연스럽게 이야기하는 연습을 해보세요."

지민이는 민지의 조언대로 키워드 중심으로 메모를 다시 정리했다. 두 번째 연습에서는 청중과 훨씬 더 자연스러운 대화를 나누듯 발표할 수 있었다.

"훨씬 좋아졌어요!" 민지가 환하게 웃었다. "이제 여러분의 진짜 열정이 느껴져요!"

9번 팀의 수아는 발표 내용은 좋았지만, 너무 작은 목소리로 말했다. 수현이 도움을 주었다.

"수아 학생, 목소리가 너무 작아서 뒤에서는 잘 안 들려요. 발표할 때는 평소보다 1.5배 크게 말한다고 생각하면 좋아요. 처음엔 자신이 너무 큰 소리로 말하는 것 같다고 느껴도, 실제 청중에게는 적당한 볼륨이랍니다."

수아는 깊게 심호흡을 한 후, 훨씬 더 큰 목소리로 다시 시작했다. 그녀의 자신감도 함께 커진 듯했다.

"완벽해요!" 수현이 엄지를 치켜세웠다. "이제 맨 뒷줄에서도 잘 들려요!"

모든 팀이 두 번의 연습을 마치고 나니, 학생들의 표정이 달라져 있었다. 처음의 불안과 긴장은 기대와 자신감으로 변해 있었다.

꿈의 순간: 미래의 CEO 발표회

밤새 준비하고 아침부터 다듬은 슬라이드, 그리고 계속된 리허설. 드디어 모든 준비가 끝났다. 강당은 예상보다 많은 인원으로 가득 찼다. 학생들의 담임 선생님들, 학교장, 그리고 놀랍게도 교육청 관계자 다섯 명까지 참석했다. 뒷줄에는 몇몇 학부모도 보였다. 소문이 퍼진 모양이었다.

강당의 조명이 약간 어두워지고, 스포트라이트가 무대를 비추었다. 내 심장이 빠르게 뛰기 시작했다. 이건 그냥 학생 발표회가 아니었다. 누군가의 미래가 시작되는 순간이었다.

"기적은 편안한 영역 밖에서 일어납니다."

마이크를 들고 무대 중앙에 섰다. 심호흡을 한 번 하고 청중을 바라봤다.

"안녕하세요, 여러분. 서로나의 CEO 로나입니다. 지난 1박 2일 동안, 이 강당에서는 작은 기적이 일어났습니다. 80명의 평범한 중학생들이 놀라운 창업가로 변신했거든요."

청중에게서 작은 웃음이 터져 나왔다.

"오늘, 여러분은 2년 후, 5년 후, 어쩌면 10년 후 한국을 대표할 스타트업의 첫 번째 발표회를 목격하게 될 겁니다. 각 팀은 5분 발표, 2분 질의응답 시간을 갖게 됩니다. 발표 순서는 팀 번호 순입니다. 먼저, 1번 팀 '에코스쿨'을 무대로 초대합니다!"

에코스쿨: 숨쉬는 교실을 만드는 사람들

무대 뒤쪽에서 긴장된 발걸음 소리가 들렸다. 장민서 학생이 떨리는 손으로 노트북을 들고 무대에 올랐다. 그녀의 얼굴은 창백했지만, 눈빛은 결연했다. 어제 늦게까지 발표 연습을 했다는 소문이 들렸다.

민서는 노트북을 연결하고 잠시 눈을 감았다. 그리고 수현이 알려준 대로 깊게 심호흡을 했다. 그녀가 눈을 뜨자, 표정이 달라져 있었다. 자신감이 빛났다.

"안녕하세요, 저희는 에코스쿨입니다."

민서의 목소리는 처음 예상보다 훨씬 또렷했다. 첫 문장을 무사히 말하자 그녀의 얼굴에 약간의 안도감이 번졌다.

"여러분, 학교 건물 내 공기 질이 얼마나 깨끗한지 아시나요?"

민서는 화면에 충격적인 이미지를 띄웠다. 마스크를 쓴 학생들로 가득 찬 교실 사진이었다.

"실내 공기 오염은 학생들의 건강과 학습 능력에 직접적인 영향을 미칩니다. 서울시 조사에 따르면, 학교 교실의 37%가 미세먼지 권고 기준을 초과한다고 합니다."

그녀는 잠시 멈추고 청중을 둘러봤다. 모두가 집중하고 있었다.

"중학교 2학년 지수는 매일 아침 창문을 열까, 말까 고민합니다. 밖의 미세먼지는 나쁘지만, 밤새 닫혀 있던 교실의 이산화탄소 농도도 걱정되기 때문이죠. 지수처럼 고민하는 학생들을 위해, 저희는 '에코스쿨'을 개발했습니다."

민서는 슬라이드를 넘겨 그들의 앱 프로토타입을 보여주었다. 인터페이스는 놀라울 정도로 세련되었다. 정말 중학생들이 만든 것이라고 믿기 어려웠다.

“저희 에코스쿨은 IoT 센서 네트워크를 통해 교실의 공기 질, 온도, 습도를 실시간으로 모니터링합니다. AI 알고리즘은 외부 대기 상태와 교실 내부 환경을 비교해 최적의 환기 시점을 알려줍니다.”

그녀는 화면에서 앱의 알림 기능을 시연했다. “창문을 5분간 열어주세요. 미세먼지 수치가 낮고 교실 내 이산화탄소 농도가 높습니다.”

“학생과 교사는 모바일 앱을 통해 언제든지 데이터를 확인할 수 있고, 필요 시 자동 알림을 받을 수 있습니다. 또한 학교별, 교실별 공기 질 데이터가 축적되어 보건 교사나 시설 담당자가 장기적인 환경 개선 계획을 세울 수도 있습니다.”

민서는 비즈니스 모델로 넘어갔다.

“저희는 세 가지 단계로 사업을 확장할 계획입니다. 첫째, 공공기관 지원을 받아 10개 시범 학교에 무료로 시스템을 설치하고 데이터를 수집합니다. 둘째, 축적된 데이터를 바탕으로 교육청과 협력해 더 많은 학교로 확대합니다. 셋째, 학원과 같은 교육 기관으로 서비스를 확장해 수익 모델을 다각화합니다.”

마지막으로 그녀는 6개월 로드맵을 보여주며 발표를 마쳤다.

“저희 팀원들은 모두 환경과 건강에 관심이 많은 학생들입니다. 특히 김준우는 대기환경 모니터링 앱 개발 대회에서 입상한 경험이 있고, 이지민은 환경동아리 부장을 맡고 있습니다. 에코스쿨과 함께 모든 학생이 건강한 환경에서 공부할 수 있는 미래를 만들어 보세요. 감사합니다.”

발표가 끝나자 강당에는 큰 박수 소리가 터져 나왔다. 교육청 관계자 중 한 명이 특히 열렬히 박수를 치는 것이 보였다.

질의응답 시간이 시작됐다. 한 선생님이 손을 들었다.

“센서 설치 비용은 얼마나 될까요? 학교 예산으로 감당할 수 있을까요?”

민서는 미소를 지으며 대답했다. “좋은 질문 감사합니다. 저희가 연구한 바로는 교실당 약 15만 원 정도의 비용이 예상됩니다. 하지만 교육청과 환경부 지원 사업을 활용하면 학교 부담을 최소화할 수 있습니다. 실제로 부산시는 이미 비슷한 시스템을 50개 학교에 시범 도입했고, 학교당 실제 부담은 10%에 불과했습니다."

교육청 관계자가 또 다른 질문을 던졌다.

"데이터 보안은 어떻게 보장할 계획인가요?"

민서는 잠시 당황한 듯했지만, 곧 침착하게 대답했다.

"학생 개인정보는 수집하지 않으며, 교실 환경 데이터만 암호화하여 저장합니다. 또한 클라우드 보안 전문업체와 협력하여 데이터 보안을 강화할 계획입니다. 자세한 보안 계획은 아직 개발 중이며, 전문가의 조언을 더 구할 예정입니다."

솔직한 답변에 청중들은 고개를 끄덕였다. 2분이 끝나고, 민서는 환한 미소와 함께 무대를 내려왔다. 내가 다시 마이크를 잡았다.

"정말 훌륭한 발표였습니다! 다음은 7번 팀 '급식고'의 발표입니다."

급식고: 급식을 고민하다

김민준 학생이 무대로 올라왔다. 그는 민서와 달리 긴장한 기색 없이 여유로워 보였다. 자연스럽게 마이크를 잡고 청중을 한 번 훑어보았다.

"안녕하세요, 저는 급식고의 대표 김민준입니다."

그가 청중을 향해 활짝 웃었다. 어제 발표 연습 때 미소가 부족하다는 피드백을 받고 계속 연습한 모양이었다.

"여러분, 급식 시간이 기다려지시나요?"

청중에서 웃음이 터져 나왔다. 학생들 사이에서는 "네!"라는 대답도 들렸다.

"하지만 모든 학생에게 급식 시간이 즐거운 것은 아닙니다."

민준의 표정이 갑자기 진지해졌다. 화면에는 알레르기 반응으로 병원에 실려 가는 학생의 뉴스 기사가 나타났다.

"지난해 전국에서 급식 알레르기로 인한 응급상황이 215건 발생했습니다.

많은 학생들이 알레르기나 개인적인 식이 제한으로 급식 시간에 어려움을 겪고 있습니다. 또한 학부모들은 자녀가 학교에서 무엇을 먹는지 정확히 알기 어렵습니다."

민준은 화면을 넘겨 충격적인 통계를 보여주었다.

"전국 초중고생의 25%가 하나 이상의 식품 알레르기를 가지고 있으며, 급식 정보를 확인하는 학생은 단 15%에 불과합니다. 왜 이런 문제가 있을까요?"

그는 직접 학교 홈페이지에 접속해 급식 정보를 찾아보는 과정을 시연했다. 여러 단계를 거쳐야 했고, 알레르기 정보는 작은 글씨로 표기되어 있었다.

"이런 문제를 해결하기 위해 저희는 '급식고'를 개발했습니다."

민준은 그들의 앱 프로토타입 화면으로 전환했다. 화려하지 않지만 깔끔하고 직관적인 디자인이었다.

"급식고는 세 가지 핵심 기능을 제공합니다."

그는 손가락을 하나씩 펴며 설명했다.

"첫째, 개인 알레르기 정보를 등록하면 급식 메뉴에서 알레르기 유발 식품을 자동으로 체크해 줍니다. 둘째, 영양 정보를 분석해 균형 잡힌 식사를 할 수 있도록 도와줍니다. 셋째, 남은 급식량을 실시간으로 공유해 음식물 쓰레기를 줄이는 데 기여합니다."

민준은 앱의 주요 화면을 하나씩 보여주며, 구체적인 사용 시나리오를 설명했다.

"중학교 1학년 시현이는 견과류 알레르기가 있습니다. 아침에 급식고 앱을 열면 오늘의 메뉴와 함께 '땅콩 소스 함유' 경고가 표시됩니다. 시현이는 미리 대체 음식을 준비하거나 영양 선생님께 문의할 수 있습니다."

"또한 학부모는 자녀의 급식 정보를 확인하고, 부족한 영양소는 저녁 식사에서 보충할 수 있도록 도움을 받을 수 있습니다."

다음으로 민준은 비즈니스 모델을 설명했다.

"급식고는 기본 서비스를 무료로 제공하되, 세 가지 방법으로 수익을 창출합니다. 첫째, 프리미엄 버전에서는 맞춤형 영양 분석과 식단 추천 기능을 제공합니다. 둘째, 지역 농산물 직거래 마켓을 연결해 중개 수수료를 받습니다. 셋째, 급식 데이터를 분석해 식품 회사나 정책 입안자에게 익명화된 통계 자료를 제공합니다."

마지막으로 그는 팀을 소개했다.

"저희 팀은 소프트웨어 개발에 관심 있는 이수진, 영양학을 전공하고 싶은 박지영, 디자인을 담당하는 최준혁, 그리고 저 김민준으로 구성되어 있습니다. 특히 지영이는 식품 알레르기가 있어 이 문제에 대한 깊은 이해를 가지고 있습니다."

민준은 마지막 슬라이드로 넘어갔다. "급식고와 함께, 모든 학생이 안전하고 즐거운 급식 시간을 보낼 수 있기를 바랍니다. 감사합니다!"

우레와 같은 박수가 쏟아졌다. 몇몇 학생들은 휘파람을 불기도 했다. 확실히 급식이라는 주제가 학생들의 공감을 샀다.

질의응답 시간에 한 교사가 질문했다.

"학교로부터 급식 정보를 어떻게 얻을 계획인가요? 각 학교마다 시스템이 다를 텐데요."

민준은 준비된 듯 자신감 있게 대답했다.

"좋은 질문 감사합니다. 저희는 두 가지 접근법을 준비했습니다. 일차적으로는 교육청과 협력하여 공식 급식 데이터베이스에 접근하는 방안을 추진하고 있습니다. 이미 몇몇 교육청에서는 급식 정보 API를 제공하고 있어요. 만약 이것이 어렵다면, OCR 기술을 활용해 학교 홈페이지에 게시된 급식 메뉴를 자동으로 인식하는 대안도 개발 중입니다. 처음에는 수도권 지역부터 시작해 점차 확대할 계획입니다."

교육청 관계자 중 한 명이 추가 질문을 했다.

"남은 급식량을 공유한다고 했는데, 어떻게 실시간으로 파악할 수 있나요?"

민준은 잠시 생각하더니 대답했다.

"초기에는 학생들의 자발적인 참여에 의존할 계획입니다. 급식을 받으러 가기 전에 앱에서 '지금 줄 상황이 어떤가요?'나 '특정 메뉴가 얼마나 남았나요?'라고 물으면 먼저 식사를 마친 학생들이 답변을 달 수 있어요. 장기적으로는 급식실과 협력하여 IoT 센서나 간단한 입력 시스템을 도입할 수도 있을 것입니다."

발표가 끝나고 민준이 무대를 내려올 때, 학생들 사이에서 작은 환호성이 들렸다. 분명 그들의 일상과 가장 밀접한 문제를 다뤘기 때문일 것이다.

다른 팀들의 반짝이는 아이디어

다음으로는 3번 팀 "에코런치"가 무대에 올랐다. 박지민 학생이 발표자였다.

"안녕하세요, 저희는 에코런치입니다. 매일 버려지는 수천 개의 일회용 급식 용기가 지구에 미치는 영향에 대해 생각해 보신 적 있으신가요?"

지민은 바다거북이 플라스틱에 목이 끼어 고통받는 충격적인 이미지를 보여주었다. 청중에서 안타까운 탄식이 들렸다.

"저희 에코런치는 급식용 생분해성 용기를 개발하고 있습니다. 옥수수 전분과 사탕수수 부산물로 만든 이 용기는 사용 후 90일 이내에 완전히 분해되며, 퇴비로도 활용할 수 있습니다."

지민은 실제 시제품처럼 보이는 용기 샘플 사진을 보여주었다. 분명 종이나 플라스틱과는 다른 질감을 가진 것처럼 보였다.

"더 놀라운 점은, 이 용기에 씨앗을 심어서 화분으로 활용할 수도 있다는 거예요!"

그녀는 용기에서 식물이 자라는 타임랩스 영상을 재생했다. 청중들이 감탄했다.

6번 팀 "스터디메이트"는 김도현 학생이 발표를 맡았다.

"혼자 공부하다 졸았던 경험, 다들 있으시죠?"

도현은 갑자기 딱 소리를 내며 청중을 깜짝 놀라게 했다. 몇몇 학생들이 웃음을 터뜨렸다.

"교육부 조사에 따르면 중고등학생의 68%가 혼자 공부할 때 집중하기 어렵다고 응답했습니다. 특히 코로나19 이후 온라인 학습 환경에서 학생들의 학습 참여도가 40% 감소했습니다."

도현은 스터디메이트 앱의 특징을 설명했다.

"스터디메이트는 온라인 스터디 그룹 플랫폼입니다. 친구들과 함께 공부하는 실시간 화상 기능, 목표 시간을 설정하고 달성률을 체크하는 타이머, 과목별 스터디 그룹 매칭 기능이 있습니다. 특히 AI가 학습 패턴을 분석해 최적의 공부 시간과 휴식 주기를 추천해 줍니다."

9번 팀 "틴트립"의 발표자 이수아는 여행 애호가답게 열정적인 목소리로 발표를 시작했다.

"여러분, 혼자 여행을 가고 싶은데 부모님의 허락을 받기 어려웠던 적 있으신가요? 이유는 하나죠. '너무 위험해서.'"

수아는 10대 청소년 여행 경험에 대한 설문조사 결과를 보여주었다.

"청소년 85%가 여행을 가고 싶어하지만, 68%는 안전과 정보 부족 때문에 포기합니다. 틴트립은 청소년 친화적인 여행지, 안전한 숙소, 예산에 맞는 코스 정보를 제공하고, 부모님도 안심하고 허락할 수 있는 안전 기능을 제공합니다."

특히 인상적이었던 것은 8번 팀 "팸핀(FamPin)"의 발표였다. 팸핀은 가족 위치 공유 앱인데, 이지수 학생의 발표 스킬이 돋보였다.

"할머니가 치매로 실종되는 사건이 연간 8천 건 발생합니다. 등하교 안전 문제로 걱정하는 부모님은 92%. 하지만 기존 위치 공유 앱은 사생활 침해 논란이 있습니다."

지수는 해결책을 제시했다.

"팸핀은 '필요한 정보만, 필요한 때에' 공유하는 스마트 위치 공유 앱입니다. 일상적인 상황에서는 '집', '학교'처럼 대략적 위치만 표시되지만, 위험 상황에서는 정확한 위치가 공유됩니다. 특히 AI가 이동 패턴을 학습해 평소와 다른 움직임이 감지되면 자동으로 알림을 보내는 기능이 있습니다."

최종 발표회의 감동과 결실

2시간 동안 10개 팀 모두 발표를 마쳤다. 학생들의 아이디어는 환경, 교육, 식품, 안전, 패션, 여행 등 다양한 분야를 아우르고 있었다. 발표를 들으며 서로나 팀은 물론, 교사와 교육청 관계자들도 자주 감탄의 표정을 짓곤 했다.

이제 심사 시간. 우리 서로나 팀과 교육청 관계자들은 별도의 회의실로 이동해 열띤 토론을 벌였다. 각 팀의 장단점을 꼼꼼히 분석하고, 창의성, 실현 가능성, 사회적 가치, 발표 기술 등을 종합적으로 평가했다.

30분 후, 우리는 결과를 들고 강당으로 돌아왔다. 학생들의 표정에는 기대와 긴장이 교차했다.

내가 마이크를 들고 무대 중앙에 섰다. 강당이 순식간에 조용해졌다.

"여러분, 정말 모든 팀이 훌륭했습니다. 1박 2일이라는 짧은 시간 동안 이렇게 멋진 아이디어와 발표를 준비해 주셔서 감사합니다."

나는 진심을 담아 말했다. 학생들의 열정은 정말 감동적이었다.

"먼저 특별상부터 발표하겠습니다. '가장 창의적인 아이디어상'은… 2번 팀 '스터디메이트'입니다!"

도현과 팀원들이 환호성을 지르며 무대로 뛰어올랐다. 준영이 그들에게 상장과 작은 트로피를 건넸다.

"스터디메이트는 AI 추천 시스템과 게이미피케이션 요소를 접목한 참신한 아이디어가 돋보였습니다."

이어서 다른 특별상도 발표했다.

"'가장 사회적 가치가 높은 아이디어상'은 5번 팀 '에코런치'입니다! 환경과 교육을 결합한 아이디어가 매우 인상적이었습니다."

"'가장 발표를 잘한 팀상'은 8번 팀 '팸핀'입니다! 이지수 학생의 자신감 있는 발표와 청중과의 교감이 돋보였습니다."

이제 메인 상을 발표할 시간이었다. 강당의 긴장감이 고조되었다.

"3등은… 4번 팀 '코디헬퍼'입니다! 학생들의 패션 고민을 AI로 해결하는 참신한 접근방식이 인상적이었습니다."

한 여학생이 눈물을 글썽이며 무대로 올라왔다. 그녀는 어제까지만 해도 발표가 너무 두려워 포기하고 싶다고 했었는데, 팀원들의 격려로 끝까지 해낸 것이다.

"2등은… 1번 팀 '에코스쿨'입니다! 학교 환경 개선이라는 현실적인 문제에 접근한 균형 잡힌 해결책이 돋보였습니다."

민서와 팀원들이 기쁨의 환호성을 지르며 무대로 올라왔다. 그들의 눈에는 자부심이 빛났다.

"그리고 대상은…"

나는 잠시 말을 멈추고 긴장감을 고조시켰다.

"7번 팀 '급식고'입니다! 청소년의 일상과 가장 밀접한 문제를 해결하는 실용적인 접근과 탄탄한 비즈니스 모델, 그리고 민준 학생의 뛰어난 발표 실력이 종합적으로 높은 평가를 받았습니다."

급식고 팀이 믿을 수 없다는 표정으로 서로를 바라보다가, 이내 폭발적인 환호성과 함께 무대로 뛰어올랐다. 민준의 얼굴에는 눈물이 흘렀다. 그는 마이크를 잡고 떨리는 목소리로 소감을 말했다.

"저희의 작은 아이디어를 이렇게 큰 상으로 인정해주셔서 정말 감사합니다. 이건 끝이 아닌 시작이라고 생각합니다. 급식고를 실제로 개발해서 모든 학생들이 안전하고 즐겁게 급식을 먹을 수 있도록 노력하겠습니다!"

민준의 진심 어린 소감에 강당에서는 다시 한번 우레와 같은 박수가 터져 나왔다. 친구들이 달려와 그를 둘러싸고 축하해주는 모습이 감동적이었다.

나는 이어서 특별한 소식을 전했다.

"대상을 받은 급식고 팀은 앞으로 서로나 팀의 특별 멘토링과 함께 실제 앱 개발을 위한 지원을 받게 됩니다. 초기 개발 비용 100만 원과 함께, 매달 온라인 멘토링 세션을 통해 아이디어를 현실로 만들어갈 거예요!"

이 발표에 민준의 눈이 더욱 커졌다. 그는 믿을 수 없다는 듯 팀원들과 서로를 바라보았다.

"또한 모든 참가자에게는 '미래의 CEO' 수료증을 드립니다. 이 수료증은 단순한 종이가 아니라, 여러분이 창업의 첫걸음을 성공적으로 내디뎠다는 증표입니다!"

학생들이 일어나 환호했다. 몇몇은 감격에 겨워 눈물을 훔치기도 했다.

교육청 대표로 김동현 장학관이 무대에 올라 소감을 전했다. 그의 얼굴에는 진심 어린 감동이 묻어났다.

"솔직히 말씀드리면…" 그가 마이크를 잡고 말했다. "처음에는 중학생들이 어떤 아이디어를 낼 수 있을까 반신반의했습니다. 그러나 오늘 여러분의 발표를 듣고 완전히 생각이 바뀌었습니다."

그는 학생들을 바라보며 진심을 담아 말했다.

"여러분의 창의력과 열정, 그리고 발표 능력에 정말 감동받았습니다. 어쩌면 한국의 미래 유니콘 기업이 이 강당에서 시작될지도 모르겠습니다. 교육청에서도 여러분과 같은 창의적인 학생들을 더 많이 지원할 수 있는 방안을 적극 검토하겠습니다."

김 장학관은 잠시 멈추고 서로나 팀을 향해 고개를 숙였다.

"그리고 서로나 팀에게도 특별한 감사를 전합니다. 여러분과 같은 청소년 창업가들이 다시 돌아와 후배들을 돕는 모습이 정말 아름답습니다. 이것이 바로 교육이 추구해야 할 선순환이 아닐까 생각합니다."

마지막으로 내가 다시 마이크를 잡고 마무리 인사를 전했다. 강당을 둘러보니 80명의 학생들 모두가 1박 2일 전과는 완전히 다른 표정을 짓고 있었다. 그들의 눈빛에는 자신감과 가능성이 빛나고 있었다.

"1박 2일 동안 여러분과 함께할 수 있어 정말 영광이었습니다."

목이 메어 잠시 말을 멈추었다. 2년 전 우리의 모습이 이 학생들에게서 보였기 때문이다.

"창업은 위대한 아이디어를 가진 소수의 천재들만 할 수 있는 것이 아닙니다. 세상의 문제를 해결하고 싶은 열정을 가진 모든 사람이 도전할 수 있는 여정입니다. 여러분은 이미 그 첫걸음을 훌륭히 내디뎠습니다."

나의 눈에도 눈물이 고였다.

"오늘 이 순간을 꼭 기억하세요. 여러분이 열정을 갖고 도전했던 이 시간을. 그리고 언제든 도움이 필요하면 서로나를 찾아주세요. 우리는 항상 여러분의 편이 되어 드리겠습니다."

마지막 말을 하면서 내 목소리가 살짝 떨렸다.

"여러분은 모두 미래의 CEO입니다. 여러분의 창업 여정을 항상 응원하겠습니다. 감사합니다!"

강당에는 뜨거운 박수와 환호 소리가 울려 퍼졌다. 수많은 학생들이 달려와 우리 서로나 팀원들을 둘러쌌다. 기념사진을 요청하는 학생, 명함을 달라는 학생, 심지어 사인을 요청하는 학생까지 있었다. 우리가 그들에게 영감을 준 것 같아 가슴이 뭉클했다.

단체 사진을 찍기 위해 모두가 강당 앞으로 모였다. 80명의 학생들과 서로나 팀원들, 교사들, 교육청 관계자들 모두 환한 미소로 카메라를 향해 손을 흔들었다. 그 순간을 담은 사진은 틀림없이 특별한 기억으로 남을 것이다.

나만 알고 싶은 창업 끝판왕: 고등·성인편

꿈틀: 청소년 창업의 날개를 펴다

꿈틀: 청소년 창업의 날개를 펴다

카페에서 피어난 씨앗

"이 브라우니 진짜 맛있다!" 정우가 라떼를 한 모금 마시며 감탄했다. "오늘 캠프는 정말 예상 이상이었어. 애들 눈빛이 달라."

밤 9시가 넘은 시간, 1박 2일 청소년 창업 캠프가 끝난 후 우리 서로나 팀은 학교 앞 24시간 카페에 모여 앉았다. 테이블 위에는 학생들이 작성한 사업계획서와 발표 자료들이 흩어져 있었다. 커피 위로 피어오르는 김처럼 우리 머릿속에는 새로운 아이디어가 솟아오르고 있었다.

"급식고 팀 민준이 발표할 때 정말 깜짝 놀랐어." 민지가 감탄했다. 그녀는 캠프에서 '아이디어 발상법' 세션을 진행했었다. "중학생이라고는 믿기지 않을 정도로 자신감 있더라. 플라스틱 쓰레기 문제를 해결하겠다는 그 열정이 대단했어."

"그 나이 때 우리는 어땠더라?" 하은이 물었다. 그녀는 창업 경험을 바탕으로 '사업계획서 작성법' 세션을 이끌었다.

"하은아, 네가 고등학교 때 만든 그 앱 기억나? 학교 급식표 확인하는 거?" 준영이 웃으며 말했다. "그때 얼마나 헤맸는지. 아이디어는 있는데 어떻게 발전시켜야 할지, 어디서부터 시작해야 할지 몰라서 몇 개월을 날려버렸잖아."

하은이 고개를 끄덕였다. "맞아. 급식 앱을 만들겠다고 마음먹고 나서도 코딩 배우는 데만 두 달, 앱 디자인 구상하는 데 한 달…. 결국 출시할 때쯤에는 비슷한 앱이 이미 다섯 개나 나와있더라."

테이블에 잠시 침묵이 흘렀다. 우리 모두 각자의 생각에 잠겨 있었다.

"난 오늘 캠프에서 가장 많이 받은 질문이 뭔지 알아?" 내가 커피잔을 내려놓으며 말했다.

"뭔데?" 수현이 궁금한 표정으로 물었다. 그녀는 '창업가 마인드셋' 세션을 담당했었다.

"'어떻게 아이디어를 내야 할지 모르겠어요.'였어." 내가 진지하게 대답했다. "그리고 두 번째로 많이 받은 질문은 '이 아이디어가 이미 있는 건지 어떻게 알 수 있나요?'였지."

"맞아, 나도 그런 질문 많이 받았어." 민지가 고개를 끄덕였다. "한 아이는 자신만의 독특한 보드게임 아이디어가 있다고 했는데, 그게 독창적인지 확인하는 방법을 몰라 6개월 동안 아무것도 못했다고 하더라. 사실 우리도 처음에는 같은 고민이었잖아. 아이디어 내는 방법부터 특허 검색까지. 모든 걸 스스로 찾아야 했으니까."

"그래서…." 내가 눈을 반짝이며 말했다. "내가 생각한 게 있어."

모두의 시선이 나에게 집중됐다. 카페의 은은한 조명 아래, 다섯 쌍의 눈이 기대에 찬 빛을 발했다.

"플랫폼을 만들자. 청소년들이 쉽게 아이디어를 발상하고, 그걸 실제 창업까지 발전시킬 수 있는 온라인 플랫폼!"

민지의 눈이 커졌다. "와, 그거 정말 좋은데? 오늘 캠프에서 가르친 트리즈나 스캠퍼 같은 발명 기법들을 소프트웨어로 만들면…."

"정확해!" 내가 손뼉을 쳤다. "창업의 가장 큰 장벽은 '시작'이잖아. 아이디어가 있어도 뭐부터 해야 할지 몰라서 포기하는 경우가 너무 많아. 우리가 겪었던 그 시행착오와 좌절을 다른 아이들은 겪지 않게 해주자고."

그날 밤, 우리는 아침까지 카페에 남아 새로운 플랫폼의 청사진을 그렸다. 거기에는 우리 각자의 경험이 녹아들었다. 고등학교 때 특히 검색에 헤맸던 민지의 경험, 디자인 툴을 배우느라 고생했던 정우의 경험, 투자 유치에 실패했던 준영의 경험… 모두가 자신의 실패와 성공을 플랫폼에 녹여냈다.

서로나의 미션이 확장되는 순간이었다. 우리는 더 이상 단순한 교육 키트 회사가 아니었다. 청소년 창업 생태계를 만드는 빌더가 되어가고 있었다.

진입장벽을 허무는 첫 발걸음

"드디어 베타 출시!" 준영이 환호했다.

캠프 후 두 달, 우리는 '꿈틀(DreamTLE)'이라는 청소년 발명창업 플랫폼의 베타 버전을 출시했다. 이름에는 '꿈이 틀을 깨고 나오는' 이미지와 '꿈을 틀어낸다'는 중의적 의미가 담겨 있었다. 정우가 디자인한 로고는 알에서 깨어나는 나비의 모습이었다.

꿈틀의 핵심 철학은 단순했다. '창업의 진입장벽을 최대한 낮추자.' 우리가 겪었던 모든 어려움과 시행착오를 분석해 가장 큰 장애물부터 제거하는 방식으로 접근했다.

첫 번째 허들은 '아이디어 발상'이었다. 많은 청소년들이 "좋은 아이디어가 없어서" 창업을 시도조차 못 하고 있었다.

"세 번의 클릭으로 당신의 아이디어를 찾아보세요."

꿈틀의 홈페이지 중앙에 떠 있는 이 문구는 단순한 마케팅 문구가 아니었다. 우리는 실제로 누구나 몇 번의 클릭만으로 자신만의 혁신적인 아이디어를 발견할 수 있도록 시스템을 설계했다.

"방금 네가 한 세 번의 클릭으로 600개 이상의 새로운 아이디어가 생성됐어. 그것도 모두 너의 관심 분야에 맞춘 것들이지."

첫날 테스트에 참여한 15세 학생 지현이는 놀란 표정을 감추지 못했다. 그녀는 환경 문제에 관심이 많았지만, 구체적으로 무엇을 해야 할지 막막했었다. 꿈틀에서 '환경과 지속가능성', '트리즈', '분할의 원리'를 선택하자마자 화면에는 다양한 아이디어들이 쏟아져 나왔다.

두 번째 허들은 '특허와 지식재산권'이었다. 독창적인 아이디어를 생각해도, 그것이 이미 존재하는지 확인하는 방법을 모르는 학생들이 많았다. 특허 검색은 복잡한 법률 용어와 전문적인 데이터베이스 활용 능력이 필요한 영역이었다.

"특허 탐험가를 한번 사용해 봐." 내가 지현이에게 제안했다. "네가 선택한 아이디어와 비슷한 특허들을 보여줄 거야. 하지만 걱정하지 마. 법률 용어 없이 쉽게 이해할 수 있게 설명해줄 거니까."

세 번째 허들은 '프로토타입 제작'이었다. 많은 청소년들이 아이디어는 있어도 이를 실제로 만드는 방법을 몰랐다.

"아이디어가 있어도 어떻게 만들어야 할지 모르겠어요. 공구도 없고요." 16세 준호의 고민이었다.

꿈틀은 이 문제를 혁신적인 '스케치-투-프로토타입' 서비스로 해결했다. 청소년들이 자신의 아이디어를 스케치하면, AI가 이를 3D 모델로 변환하고 실제 제품으로 출력해 배송해주는 시스템이었다. 학생 할인가로 접근성을 높였고, 더 전문적인 제작이 필요한 경우 '제작 의뢰 네트워크'를 통해 지역 메이커들과 연결해주었다.

네 번째 허들은 '고립감'이었다. 창업의 여정은 외롭다. 특히 청소년들은 주변에 비슷한 관심사를 가진 친구나 멘토를 찾기 어렵다.

"우리 학교에서는 저만 이런 것에 관심 있어요. 다들 공부나 게임에만 관심 있지." 중학생 민준이는 한숨을 쉬었다.

꿈틀의 '커뮤니티'와 '팀 빌딩' 기능은 이런 고립감을 해소하기 위해 설계되었다. '프로젝트 협업 허브'에서 청소년들은 온라인으로 만나 실시간 협업이 가능했다. 서로 다른 지역의 학생들이 함께 연구하고, 논문을 작성하며, 발명대회를 준비했다. '대회 알리미' 기능은 프로젝트에 맞는 대회 정보를 추천했고, '멘토-멘티 매칭' 시스템을 통해 전문가들의 지도를 받을 수 있었다.

이것이 꿈틀의 핵심 철학이었다. 단순히 도구를 제공하는 것을 넘어, 청소년들이 창업 과정에서 마주하는 모든 도전과 어려움을 함께 헤쳐나가며 성장할 수 있도록 돕는 것. 기술적 스킬과 소프트 스킬, 지식과 경험, 도구와 커뮤니티를 모두 아우르는 총체적인 접근법을 통해, 꿈틀은 청소년 창업의 모든 장벽을 낮추고자 했다.

아이디어 폭발의 순간

출시 첫 달, 꿈틀은 학생들 사이에서 입소문을 타기 시작했다. 특히 "세 번의 클릭으로 아이디어 찾기" 기능은 SNS에서 '#꿈틀챌린지'라는 해시태그와 함께 유행하기 시작했다.

서울 당현중학교 2학년 민준이는 환경 문제에 관심이 많았지만, 구체적으로 무엇을 해야 할지 몰랐다. 어느 날 친구의 추천으로 꿈틀에 가입한 그는 호기심에 "아이디어 탐험 시작하기" 버튼을 클릭했다.

1단계에서 그는 "환경과 지속가능성"을 선택했다.

2단계에서는 "트리즈"를 선택했다.

3단계에서는 "분할의 원리", "추출의 원리", "국소적 품질 원리"를 선택했다.

화면에 나타난 AI 가이드 '꿈돌이'는 귀여운 펭귄 캐릭터로, 친근하게 민준을 안내했다.

"안녕하세요, 민준님! 환경과 지속가능성 분야에서 트리즈의 세 가지 원리를 적용해볼까요? 어떤 구체적인 환경 문제에 관심이 있으신가요?"

민준은 "플라스틱 쓰레기"라고 입력했다. 학교 앞 카페에서 테이크아웃 컵이 넘쳐나는 것을 보고 오랫동안 고민해온 문제였다.

화면에 트리즈의 분할 원리에 대한 간단한 설명과 함께, 플라스틱 쓰레기 문제에 적용할 수 있는 다양한 아이디어가 나타났다.

'와, 이건 진짜 미쳤다.' 민준은 자신의 눈을 의심했다.

모니터에는 그가 몇 달, 어쩌면 몇 년이 걸려도 떠올리지 못했을 아이디어들이 펼쳐져 있었다. 그중에서도 그의 시선을 사로잡은 것은 "완전분리형 에코 워터보틀"이었다. 이 아이디어는 쉽게 분해되어 재활용할 수 있는 물병에 관한 것이었다.

민준이 이 아이디어를 클릭하자, 꿈돌이는 더 구체적인 정보를 제공했다.

"이 물병은 소비자가 간단한 동작으로 라벨, 뚜껑, 병 본체를 완전히 분리할 수 있는 디자인입니다. 각 부분이 다른 재질로 만들어져 재활용이 더 효율적이죠. 특히 반 바퀴만 돌리면 완전히 분리되는 혁신적 뚜껑 구조가 핵심입니다."

민준은 화면을 뚫어져라 바라보았다. 평소 물병의 라벨을 떼는 것이 귀찮아 그냥 버렸던 경험이 떠올랐다. 이 아이디어는 그런 문제를 완벽하게 해결해줄 수 있었다.

꿈이 현실이 되는 순간

민준은 다음 날 점심시간에 친구 지연이와 현우를 만나 자신의 발견에 대해 신나게 이야기했다.

"야, 어제 이걸 발견했는데 완전 미쳤어!" 민준이 스마트폰으로 꿈틀 페이지를 보여주었다. "내가 환경 문제에 관심 있다는 거 알지? 이 앱에서 몇 번 클릭했더니 이런 아이디어가 나왔어. 완전 분리되는 물병! 재활용하기 쉬운 거야."

지연이는 예술에 관심이 많은 학생이었다. "디자인이 중요할 것 같은데…. 근데 난 그런 거 잘 몰라."

"그래서 꿈틀이 대단한 거야." 민준이 흥분해서 말했다. "팀 찾기 기능이 있어서 디자인 잘하는 친구를 찾을 수 있어. 지연아, 너 디자인 잘하잖아. 같이 해볼래?"

지연이의 눈이 커졌다. "진짜? 근데 나는 환경 문제에 대해 잘 모르는데…."

“괜찮아! 중요한 건 너의 디자인 능력이야. 나는 환경 부분, 너는 디자인 부분을 담당하면 돼. 꿈틀에서는 이걸 ‘역할 기반 팀 빌딩’이라고 부른대.”

현우가 의아한 표정으로 물었다. “근데 이걸 어떻게 만들 수 있을지 모르겠어. 우리한테 그런 기술이나 장비가 있어?”

“그것도 꿈틀에서 해결해 줘!” 민준이 자신 있게 말했다. “꿈틀은 ‘스케치-투-프로토타입’ 서비스가 있어. 지연이가 디자인을 스케치하면 그걸 업로드해서 바로 3D 모델링으로 변환할 수 있어. 그리고 원하면 그 자리에서 바로 출력 주문도 가능해. 3~5일 내로 집으로 배송까지 해준대!”

지연이의 눈이 반짝였다. “정말? 그럼 내가 그리기만 하면 되는 거야?”

“맞아! 그리고 더 전문적인 제작이 필요하면 ‘제작 의뢰 네트워크’를 이용할 수도 있어. 지역 메이커들과 연결해서 맞춤 제작을 의뢰할 수 있대. 가격도 학생 할인이 있고.”

그날 저녁, 세 친구는 지연이네 집에 모였다. 지연이는 태블릿으로 물병 디자인을 스케치했고, 완성된 그림을 꿈틀 앱에 업로드했다.

“이제 ‘3D 변환’ 버튼을 누르면…” 민준이 설명했다. 몇 초 후, 화면에 지연이의 스케치가 3D 모델로 변환되어 나타났다. 물방울 모양에 파스텔 색상의 심플한 디자인이 화면에서 360도로 회전했다.

“와, 이거 진짜 프로답다!” 현우가 감탄했다. “이제 어떻게 해?”

“여기 ‘프로토타입 주문’ 버튼이 있어. 누르면 출력 비용이 나오는데 우리 디자인은 학생 할인 적용해서 32,000원이래. 3일 후에 배송된대.”

일주일 후, 택배가 도착했다. 세 친구는 흥분된 마음으로 상자를 열었다. 그 안에는 지연이가 디자인한 그대로의 물병 프로토타입이 들어 있었다. 뚜껑은 민준이가 구상했던 ‘반 바퀴 회전’ 메커니즘이 적용되어 있었다.

“이제 이걸 학교에서 테스트해 볼까?” 민준이 제안했다. “사용자 피드백을 모아서 디자인을 개선한 다음, 꿈틀의 ‘소량 생산 연결’ 서비스로 첫 배치를 만들어볼 수 있을 거야.”

민준이와 지연이, 현우의 프로젝트는 학교 과학 전시회에서 큰 관심을 받았고, 이후 지역 환경 단체의 후원을 받아 소량 생산에 성공했다. 그들의 여정은 꿈틀 커뮤니티에서 다른 청소년들에게 영감을 주는 성공 사례가 되었다.

날개를 펴다

출시 6개월 차, 꿈틀은 전국 1,200개 학교의 15,000명 이상 청소년들이 사용하는 플랫폼으로 성장했다. 서로나 사무실에는 새 직원들이 합류했고, 우리는 더 넓은 공간으로 이전해야 했다.

"믿을 수 없어. 벌써 500개의 프로젝트가 킥스타터 단계로 진입했어." 하은이 사무실 화이트보드 앞에서 감탄했다. 벽면에는 꿈틀 플랫폼에서 시작된 청소년 창업 프로젝트들의 성공 사례들이 빼곡히 붙어 있었다.

민지가 커피를 홀짝이며 노트북 화면을 가리켰다. "이것 봐. 인천 효성고등학교 윤서와 가온이의 '스마트 안전 지팡이' 프로젝트가 크라우드 펀딩에서 목표액의 300%를 달성했대. 1,500만 원이야!"

"작년 캠프에서 만났던 애들 아니야?" 수현이 고개를 들었다. "처음에는 별 생각 없이 참여했다가 할머니를 위한 지팡이를 만들어보고 싶다고 했던 친구들?"

준영이 고개를 끄덕였다. "맞아. 처음에는 단순한 LED 조명 달린 지팡이였는데, 꿈틀의 '아이디어 확장하기' 기능을 통해 GPS 추적, 긴급 알림, 심지어 보행 패턴 분석까지 추가했지. 요양원에서 첫 주문이 들어왔다고 연락이 왔어."

"사실 이게 꿈틀의 진짜 힘이지." 내가 말했다. "아이디어를 찾는 것에서 그치지 않고, 그걸 계속 발전시키고 구체화하는 과정을 안내하는 거. 윤서와 가온이도 처음에는 단순한 아이디어였지만, 꿈틀의 '단계별 혁신 가이드'를 따라가면서 진짜 기업가가 된 거야."

그러나 모든 성장에는 도전이 따르기 마련이다. 출시 3개월 차에 서버가 다운되는 사고가 있었고, 일부 학부모들은 "아이들이 공부는 안 하고 창업만 생각한다"며 우려의 목소리를 내기도 했다.

특히 큰 위기는 경쟁 플랫폼의 등장이었다. 대기업 계열사가 비슷한 컨셉의 '영 이노베이터스'라는 플랫폼을 출시한 것이다. 그들은 막대한 마케팅 예산과 기업 네트워크를 앞세워 빠르게 시장을 잠식하기 시작했다.

"어떡하지?" 정우가 걱정스러운 표정으로 물었다. "그쪽은 대기업이니까 학교 연계도 쉽고, 투자 유치 네트워크도 탄탄하고."

사무실에 무거운 침묵이 흘렀다. 우리 모두 불안감에 휩싸였다.

"잠깐만," 하은이 눈을 반짝이며 말했다. "우리의 강점은 뭐지? 왜 학생들이 꿈틀을 선택하지?"

"커뮤니티," 민지가 즉시 대답했다. "꿈틀은 단순한 도구가 아니라 하나의 커뮤니티야. 학생들이 서로 돕고 격려하는 공간."

"맞아," 준영이 동의했다. "그리고 우리는 청소년 관점에서 만들었잖아. 우리가 실제로 겪었던 문제들, 장벽들에 초점을 맞추고 있고."

수현이 고개를 끄덕였다. "그리고 무엇보다, 우리는 진정성이 있어. 돈을 벌기 위해서가 아니라, 정말로 청소년들이 꿈을 펼칠 수 있도록 돕고 싶어서 시작한 거니까."

그 순간, 우리는 중요한 결정을 내렸다. 대기업과 정면으로 경쟁하는 대신, 우리만의 강점을 더욱 강화하기로 한 것이다.

우선, 꿈틀 커뮤니티를 더욱 활성화게 운영했다. '멘토-멘티 매칭 시스템'을 개선하고, 지역별 오프라인 모임 '꿈틀 클럽'을 전국으로 확대했다. 청소년들이 직접 운영하는 '피어 리뷰 시스템'도 도입하여, 서로의 아이디어에 피드백이 가능하게 만들었다.

두 번째로, 교육 기관과의 연계를 강화했다. 대기업이 학교 행정부와 연결된다면, 우리는 현장 교사들과 직접 소통했다. '꿈틀 티처스'라는 교사 커뮤니티를 만들어, 창의적인 교사들이 꿈틀을 수업에 활용할 수 있는 방법을 공유하고 발전시켰다.

마지막으로, 우리는 가장 중요한 사용자인 청소년들에게 직접 물었다. "꿈틀이 어떻게 더 나아질 수 있을까?" 그들의 피드백을 바탕으로 '청소년 어드바이저리 보드'를 구성하여, 플랫폼의 중요한 의사결정에 청소년들의 목소리를 반영했다.

그리고 가장 과감한 결정을 내렸다. 꿈틀의 핵심 기능 중 일부를 오픈소스로 공개한 것이다. '아이디어 생성 엔진'과 '프로토타입 가이드'를 누구나 사용하고 발전시킬 수 있게 했다. 이는 단기적으로는 수익 감소를 의미했지만, 장기적으로는 플랫폼의 가치와 영향력을 크게 확대할 수 있는 결정이었다.

"정말 이렇게 해도 될까?" 정우가 걱정스럽게 물었다.

"이게 우리가 처음부터 원했던 거잖아." 내가 확신에 찬 목소리로 대답했다. "최대한 많은 청소년들이 창업의 기회를 접할 수 있게 하는 거. 우리가 독점하는 게 중요한 게 아니라, 생태계를 만드는 게 중요한 거야."

9개월이 지난 후, 우리의 전략은 효과를 보이기 시작했다. 대기업의 플랫폼이 화려한 마케팅으로 주목받는 동안, 꿈틀은 깊이 있는 커뮤니티와 실질적인 성공 사례들로 차별화되었다. 특히 오픈소스 결정은 예상치 못한 결과를 가져왔다. 개발자들이 자발적으로 기능을 개선하고, 다양한 언어로 번역하기 시작한 것이다.

그리고 마침내, 우리가 꿈꿔왔던 소식이 들려왔다.

"믿을 수 없어." 성우가 사무실에 뛰어들어오며 외쳤다 "교육부에서 연락이 왔어! 내년부터 '청소년 기업가정신 교육'을 전국 학교에 확대한대. 그리고… 우리 꿈틀을 공식 플랫폼으로 도입하고 싶다고!"

순간 사무실에 침묵이 흘렀다가, 이내 환호성이 터져 나왔다.

"드디어… 우리가 꿈꿨던 변화가 일어나고 있어." 하은이 눈시울을 붉혔다.

그날 저녁, 우리는 첫 캠프를 열었던 학교 앞 카페에 다시 모였다. 2년 전 이 자리에서 꿈틀의 첫 아이디어가 떠올랐고, 이제 그 씨앗은 크고 단단한 나무로 자라고 있었다.

"처음 생각했던 것보다 훨씬 더 큰 임팩트를 만들고 있어." 내가 커피를 마시며 말했다. "단순한 교육 키트 회사에서 시작해서, 이제는 청소년 창업 생태계를 바꾸고 있잖아."

수현이 웃으며 덧붙였다. "서로나…. 우리 회사 이름처럼 서로가 서로에게 나침반이 되어주는 청소년들이 많아지고 있어."

그때 정우의 휴대폰이 울렸다. 그는 메시지를 확인하더니 환하게 웃었다.

"민준이 팀의 에코 워터보틀이 학교 매점에 첫 입고됐대! 사진 보내왔어."

그가 보여준 사진에는 교복을 입은 민준이와 지연이가 환하게 웃으며 자신들이 디자인한 물병을 들고 있었다. 투명한 물병 바닥에는 QR코드가 보였고, 뚜껑은 민준이가 구상했던 '반 바퀴 회전' 메커니즘을 적용한 디자인이었다.

"이게 바로 우리가 하는 일의 의미지." 하은이 감동적인 표정으로 말했다. "청소년들의 아이디어가 단순한 상상에서 그치지 않고 실제 제품으로, 실제 변화로 이어지는 것"

1년 후, 꿈틀은 한국을 넘어 아시아 전역으로 확장되고 있었다. 베트남, 인도네시아, 필리핀의 청소년들도 꿈틀을 통해 자신만의 창업 여정을 시작하고 있었다. 특히 개발도상국에서는 꿈틀의 가치가 더욱 빛났다. 자원과 인프라가 제한된 환경에서도, 청소년들은 꿈틀을 통해 자신의 아이디어를 발견하고 실현할 수 있었기 때문이다.

우리는 모두는 대학 입학을 미루고 있었지만, 대학 생활보다 더 값진 경험이었다. 실제로 우리는 대학에서 배우는 이론을 이미 현장에서 경험하고 적용해본 상태였다. 창업 이론, 사용자 경험 디자인, 비즈니스 모델 개발 등 교수님들이 가르치는 내용을 우리는 이미 실전에서 체득한 상태였다.

"다음은 어디로 가야 할까?" 준영이 물었다.

"아직 갈 길이 멀어," 내가 대답했다. "전 세계 모든 청소년이 자신의 아이디어를 발견하고 실현할 수 있는 세상을 만들어야지."

청소년 여러분에게: 가치를 찾아 도전하라

친구들은 때로 물어봅니다. "대학도 안 가고 창업한다고? 미쳤어?" 또 어른들은 말합니다. "너무 이른 거 아니니? 공부 먼저 해라."

여러분도 이런 말들을 들어본 적이 있을지 모릅니다. 아니, 어쩌면 여러분 스스로가 자신에게 이런 말을 하고 있을지도 모르지요. "난 아직 어려.", "더 배워야 해.", "실패하면 어떡하지?"

우리도 그랬습니다. 불안했고, 두려웠고, 확신이 없었습니다. 하지만 서로나팀이 꿈틀을 통해 깨달은 가장 중요한 교훈은 이것입니다. 진정한 창업은 단순히 비즈니스를 시작하는 게 아니라, 세상의 문제를 해결하고 가치를 창출하는 것입니다.

여러분의 나이는 그저 숫자에 불과합니다. 여러분의 아이디어, 여러분의 열정, 여러분의 시각은 바로 지금, 이 순간에도 가치가 있습니다. 오히려 여러분이 가진 신선한 관점과 순수한 열정은 세상을 변화시킬 수 있는 놀라운 힘이 됩니다.

우리는 대학 입학을 미루는 결정을 내렸고, 그것은 우리 인생에서 가장 값진 시간이 되었습니다. 때로는 정해진 길에서 벗어나 자신만의 길을 찾아가는 용기가 필요합니다. 그리고 그 용기는 반드시 보상받습니다.

창업이 반드시 대단한 기술이나 혁신적인 제품을 만드는 것이라고 생각하지 마세요. 여러분의 주변에 있는 작은 문제, 여러분이 직접 경험하고 공감하는 불편함, 그것을 해결하려는 작은 시도가 바로 진정한 창업의 시작입니다.

실패해도 괜찮습니다. 우리도 수없이 많은 실패를 겪었습니다. 서비스가 다운되기도 했고, 대기업과의 경쟁에서 위기를 맞기도 했습니다. 하지만 그 실패들이 우리를 성장시켰고, 더 나은 방향으로 이끌었습니다. 실패는 끝이 아니라 새로운 시작입니다.

여러분이 혼자라고 느낄 때도 있을 겁니다. 주변 친구들은 공부와 게임에만 관심이 있고, 여러분의 아이디어를 이해해주는 사람이 없을지도 모릅니다. 하지만 외롭게 걸었던 그 길 위에서 진정한 동료와 멘토를 만나게 될 것입니다. 꿈틀 커뮤니티에서 민준이가 지연이와 현우를 만났듯이, 여러분도 같은 꿈을 꾸는 친구들을 만날 것입니다.

마지막으로, 가장 중요한 것은 '왜' 여러분이 그 일을 하려고 하는지를 명확히 하는 것입니다. 돈과 명예가 아니라, 세상에 어떤 의미 있는 변화를 가져오고 싶은지를 고민하세요. 그 진정성이 여러분을 끝까지 밀어주는 원동력이 될 것입니다.

우리 서로나 팀이 그랬듯이, 여러분도 도전하면 무엇이든 할 수 있습니다. 여러분의 아이디어가 세상을 바꿀 수 있는 첫 번째 씨앗이 될 것입니다. 꿈틀처럼, 여러분의 꿈도 틀을 깨고 나와 날개를 펼칠 때가 왔습니다.

"우리는 청소년들이 꿈을 틀어내는 세상을 만들었다."

이제는 여러분 차례입니다. 여러분의 꿈을 틀어내세요. 세상은 이미 준비되어 있습니다.

나만 알고 싶은 창업 끝판왕: 고등 · 성인편

초판발행 2025년 10월 20일

지은이 이광수 · 김가현 · 박인엽 · 이진영 · 정동완
펴낸이 노 현

편 집 이혜미
기획/마케팅 이선경
표지디자인 이은지
제 작 고철민 · 김원표

펴낸곳 ㈜피와이메이트
서울특별시 금천구 가산디지털2로 53, 210호(가산동, 한라시그마밸리)
등록 2014.2.12. 제2018-000080호
전 화 02)733-6771
f a x 02)736-4818
e-mail pys@pybook.co.kr
homepage www.pybook.co.kr
ISBN 979-11-7279-149-0 13320

정 가 29,000원

박영스토리는 박영사와 함께하는 브랜드입니다.